"十三五"职业教育国家规划教材

会计综合模拟实训

（第四版）

李凤云 周雨冬 张华 ◎ 主　编
王秀娟 陈楠 王琳 马璐璐 ◎ 副主编
王欢 ◎ 主　审

中国财经出版传媒集团
经济科学出版社
Economic Science Press

图书在版编目（CIP）数据

会计综合模拟实训 / 李凤云，周雨冬，张华主编．
—4版．—北京：经济科学出版社，2021.3
ISBN 978-7-5218-0619-9

Ⅰ．①会… Ⅱ．①李…②周…③张… Ⅲ．①会计学－教材 Ⅳ．①F230

中国版本图书馆CIP数据核字（2019）第118906号

责任编辑：凌　敏
责任校对：郑淑艳
责任印制：李　鹏

会计综合模拟实训
（第四版）

李凤云　周雨冬　张　华　主编
经济科学出版社出版、发行　新华书店经销
社址：北京市海淀区阜成路甲28号　邮编：100142
教材分社电话：010-88191343　发行部电话：010-88191540
网址：www.esp.com.cn
电子邮箱：lingmin@esp.com.cn
天猫网店：经济科学出版社旗舰店
网址：http://jjkxcbs.tmall.com
北京密兴印刷有限公司印装
787×1092　16开　26印张　670000字
2021年6月第4版　2021年6月第1次印刷
ISBN 978-7-5218-0619-9　定价：76.00元（全三册）
（图书出现印装问题，本社负责调换。电话：010-88191510）
（版权所有　侵权必究　打击盗版　举报热线：010-88191661
QQ：2242791300　营销中心电话：010-88191537
电子邮箱：dbts@esp.com.cn）

第四版说明

为满足职业中专、高职高专等各类院校对会计和税收等专业人才培养需要，结合会计行业高速发展、国家税收政策大幅调整及职业学校学生就业情况，在不忘初心地坚持以行业素质教育为基础、以技能操作能力培养为核心的教学理念下，编者整合前三版教材的精华，根据现行的企业会计准则及2019年4月1日开始实施的最新税收政策对本版会计实践性教材加以修订，并在前三版的基础上做了大幅度的修整。

修订的第四版教材在承续了前三版教材精华内容的基础上，力争突出以下特色：

一、与时俱进，反映最新会计准则和税收法律法规动态

实训内容中涉及的增值税相关内容修订至2019年4月1日由财政部、税务总局、海关总署三部委联合发布实施的《关于深化增值税改革有关政策的公告》中要求的最新税率及相关要求，本次修订过程中历经了增值税税率由17%降至16%、16%降至13%的两次大幅度调整，以及增值税专用发票版面样式、财务报表格式等相关凭证的大幅度变化，同时，为及时反映会计模拟实训教学最新发展的内容，教材涉及的资产负债表、利润表均修订为最新样式财务报表；会计处理中"信用减值损失"会计科目的调整、盘亏固定资产进项税额转出的新规定，都已融入新修订的本版教材中，充分体现会计职业的严谨性和准确性。

二、着重提高学生动手操作能力

本教材第一部分"会计实训基础"中"能力内容一"精准介绍了进行会计实训所必须掌握的账务处理程序及相关的理论知识，通过经济业务及大量直观的图表真实还原了实际工作中会计凭证、账簿、报表的填制方法；"能力内容二"介绍了实际工作中最常用的如增值税专用发票、支票等结算方式的处理方法，最常见的如职工借款、报销差旅费等经济业务的处理，以及最常发生的如销售商品、职工薪酬等企业事务的处理，大量的基本技能练习题和业务技能实训题，使学生能够及时进行各种业务知识的实训练习，使其在学中训、在训中学，不仅能有效地检测教学效果和学生的学习状况，还可以提高学生的实践技能，有效实现与实际工作岗位对接。

三、理论与实际工作密切结合

本教材第二部分"会计综合模拟实训"中，充分考虑会计行业的发展情况、会计岗位需要情况及学生就业情况，仿真模拟工业企业一个月的经济业务，以其发生的真实经济业务贯穿，构成一套完整的会计模拟实训，强化学生实践动手能力，学以致用，真正实现了会计实训教学与会计岗位的完美对接。

四、实用性强，贴近学生能力需求

本教材第三部分"会计实训习题"，与前两部分内容遥相呼应，考虑到教学中学生对知识和能力的要求，将经济业务中基本常见的、易错的业务类型，从库存现金实训、支票实训开始，到职工薪酬计算、原材料核算、成本核算直至会计报表，浓缩成十七类实训习题，内容排列由简到繁，由易到难，梯度明晰，顺序合理。同时，会计手工技能作为目前升高职考试的必考科目，为便于参加高职考试的学生需要，在会计实训习题后，编者根据近二十年高职教学研究，针对高职考试中出现的题型，提供了四套模拟实训习题，使参考学生能在实训练习中强化所学知识，快速提升考试成绩。

本实训教材具有较强的理论性、实践性和通用性，既可以作为职业中专、高职高专财经类专业实践操作及高职升学的教学用书，也可以作为成人自学和企业培训的参考用书。为方便教师教学和学生自学，本教材配有参考答案，如有需要，请与经济科学出版社联系。

本教材由李凤云、周雨冬、张华担任主编，王秀娟、陈楠、王琳、马璐璐担任副主编，李维、吴娇、徐一琳参加了编写。全书由王欢主审，李凤云、周雨冬负责总纂并定稿。

由于编者的水平有限，书中难免有疏漏及不足之处，恳请各相关院校和读者在使用本教材的过程中给予关注，并将意见及时反馈给我们，以便及时得以改进和完善！

编　者

2020 年 12 月

第三版说明

本教材是编者在多年的会计模拟实训教学、会计工作以及指导学生实践实习的经验和摸索中，整合第一版、修订版、第二版的精华，根据现行的企业会计准则修订的一本会计实践性教材，并在前几版的基础上做了大幅度的修整。

本书共分三部分：

第一部分"会计实训基础"中，"能力内容一"精准、详细地介绍了进行会计实训所必须掌握的会计核算程序及相关的理论知识，其特点是通过经济业务及大量直观的图表真实还原了实际工作中会计凭证、账簿、报表的填报方法，每一部分辅之以"想一想""相关链接""特别提示"等内容，既给实训者提供足够的思考、学习空间，又打破以往实训教材中大多只提供"训"、少提供"答"的模式，提供了标准填制方法及标准格式，既便于教师的教学需要，又使学生学习时有所参照、有感性认知、一目了然。此外，编者在教材中列举了实际工作中处理经济业务时可能出现的不同处理方法，例如在介绍记账凭证编制方法时，将实际工作中的"总字编号法""三类编号法""五类编号法""分数编号法"逐一进行介绍，在"总字编号法"中又囊括了"双金额栏通用记账凭证的填写方法""单金额栏通用记账凭证的填写方法（一）""单金额栏通用记账凭证的填写方法（二）"三种填制方法，教材中每一部分内容均涵盖了会计准则中允许出现的各种处理方法，每一种处理方法都填制出标准填法，适用不同的企业特点、不同的会计工作者的工作习惯。

"能力内容二"介绍了实际工作中最常用的如支票、银行汇票等结算方法的处理；最常见的如职工借款、报销差旅费等经济业务的处理；最常发生的如销售商品、职工薪酬等企业事务的处理，将学生实训过程中应知应会的知识点逐一详细介绍，例如对"发货票"的介绍中，将发货票的种类、适用范围、用途、增值税专用发票的填制内容、填制人、基本联次等都做了详尽的介绍，使学生对经济业务中涉及的原始凭证和账务处理有全面的理论认识，为实际动手操作打下牢固的理论基础。

第二部分"会计综合模拟实训"中，仿真模拟工业企业一个月的经济业务，以其发生的真实经济业务贯穿，构成一套完整的会计模拟实训，外来的原始凭证已全部填制完成，自制的原始凭证、记账凭证等由实训者填制完成，将实训的全部过程营造在企业真实的业务活动中，真正实现了会计实训教学与会计岗位的完美对接。教材同时提供实训所需的所有凭证、不同格式的账簿、科目汇总表、会计报表等会计资料，并将账簿装订成册，便于学生操作。实训结束后形成的两本记账凭证、四本账簿、两张报表，即会计工作者一个月经济业务的完美体现，大大提高了学生实践操作能力及职业成就感。

第三部分为"会计实训习题"，呼应前两部分内容，将经济业务中基本常见的、易错的业务类型，从库存现金实训、支票实训开始，到职工薪酬计算、原材料核算、成本核算直至会计报表，浓缩成十七类实训习题，配合教学、逐项练习、循序渐进，起到温故知新、加强记忆、巩固练习的作用。

同时，作为目前升高职考试的必考科目，为满足教材稀缺的教学需要，针对会计实训习题部分，既有给出必要原始凭证要求学生填制相关凭证及账簿的类型，也有给出经济业务文字描述，填制相应凭证及账簿的类型，涵盖了高职考试中出现过、会出现、能出现的试题类型。为便于掌握高职考试的基本题型和拔高题型两种题型，在拔高题型前加※号，教师和学生可以根据自身情况选择使用。特别地，为利于参加高职考试的学生需要，在会计实训习题后，编者根据近二十年高职考试教学研究，针对高职考试中出现的题型，提供了四套模拟实训习题，可使复习者短时间内提高考试成绩，可谓"复习宝典"。

本书参与者均为具有多年会计实践教学经验的实践型教师、升高职考试一线辅导教师及从事会计工作的人员，既贴近会计工作岗位，符合学生的实际情况，容易被学生接受，又给教师教学提供了参照；既可用于就业，又可用于升学。

本教材由张华、李凤云任主编，周雨冬、杨亚杰、王秀娟、王琳任副主编，陈楠、何锦梅、王欢、付艳秋也参加了编写。全书由李凤云、张华负责总纂并定稿。

由于成书时间较短，加之编者水平有限，书中错误之处在所难免，敬请读者批评指正。

编　者

2016年6月

目　　录

第一部分　会计实训基础 …………………………………………………………（1）

能力内容一　账务处理程序 ……………………………………………………（1）
一、常用的账务处理程序 ……………………………………………………（1）
二、原始凭证的填制和审核 …………………………………………………（2）
三、记账凭证的填制和审核 …………………………………………………（4）
四、会计账簿的设置和登记 …………………………………………………（8）
五、对账和结账 ………………………………………………………………（17）
六、财务报表的编制 …………………………………………………………（20）

能力内容二　有关会计核算的原始凭证和账务处理 …………………………（21）
一、增值税专用发票 …………………………………………………………（21）
二、收据 ………………………………………………………………………（21）
三、现金缴款单 ………………………………………………………………（22）
四、借款单和出差旅费报销单 ………………………………………………（22）
五、支票 ………………………………………………………………………（23）
六、银行汇票 …………………………………………………………………（25）
七、银行本票 …………………………………………………………………（26）
八、汇兑 ………………………………………………………………………（28）
九、托收承付 …………………………………………………………………（29）
十、商业汇票 …………………………………………………………………（30）
十一、委托收款 ………………………………………………………………（33）
十二、材料核算 ………………………………………………………………（35）
十三、职工薪酬核算 …………………………………………………………（36）
十四、固定资产核算 …………………………………………………………（37）
十五、成本和费用核算 ………………………………………………………（38）
十六、销售收入、销售成本和销售税金核算 ………………………………（39）

第二部分　会计综合模拟实训 ……………………………………………………（41）

能力内容一　实训目的和岗位 …………………………………………………（41）
一、实训目的 …………………………………………………………………（41）
二、实训岗位 …………………………………………………………………（41）

能力内容二　实训的操作程序和要求 …………………………………（41）
　　　一、实训的操作程序 ………………………………………………（41）
　　　二、实训的操作要求 ………………………………………………（42）
　　能力内容三　实训的准备工作 ……………………………………（42）
　　　一、实训所需的账簿、凭证、报表及用具 ………………………（42）
　　　二、实训者应交的作业 ……………………………………………（42）
　　能力内容四　实训主体的基本情况 ………………………………（43）
　　　一、实训主体的概况 ………………………………………………（43）
　　　二、实训主体的基本资料 …………………………………………（43）
　　　三、实训主体的期初余额 …………………………………………（45）
　　能力内容五　会计综合模拟实训的经济业务 ……………………（50）
　　能力内容六　会计综合模拟实训的原始凭证 ……………………（54）

第三部分　会计实训习题 …………………………………………（55）

　　习题一　库存现金实训 ……………………………………………（55）
　　习题二　支票实训 …………………………………………………（62）
　　习题三　银行汇票实训 ……………………………………………（69）
　　习题四　银行本票实训 ……………………………………………（74）
　　习题五　汇兑实训 …………………………………………………（81）
　　习题六　托收承付实训 ……………………………………………（85）
　　习题七　商业汇票实训 ……………………………………………（90）
　　习题八　委托收款实训 ……………………………………………（95）
　　习题九　银行存款余额调节表实训 ………………………………（100）
　　习题十　记账规则和结账实训 ……………………………………（103）
　　习题十一　原材料核算实训 ………………………………………（104）
　　习题十二　职工薪酬核算实训 ……………………………………（113）
　　习题十三　成本费用核算实训 ……………………………………（116）
　　习题十四　错账更正实训 …………………………………………（122）
　　习题十五　财产清查实训 …………………………………………（128）
　　习题十六　利润核算实训 …………………………………………（131）
　　习题十七　财务报表实训 …………………………………………（137）
　　会计技能模拟试题一 ………………………………………………（142）
　　会计技能模拟试题二 ………………………………………………（152）
　　会计技能模拟试题三 ………………………………………………（160）
　　会计技能模拟试题四 ………………………………………………（170）

第一部分 会计实训基础

能力内容一 账务处理程序

会计综合实训，是会计专业学生在完成全部会计课程之后进行的一项综合实际操作。初学者要想做好实训，必须掌握账务处理程序，才能明确实训操作的先后顺序，以便切实完成实训工作。

一、常用的账务处理程序

企业常用的账务处理程序，主要有记账凭证账务处理程序、科目汇总表账务处理程序和汇总记账凭证账务处理程序等。各种账务处理程序的主要区别在于登记总账的依据和方法不同。

（一）记账凭证账务处理程序

1. 根据各种原始凭证或原始凭证汇总表填制记账凭证；
2. 根据收款、付款记账凭证逐笔登记库存现金日记账和银行存款日记账；
3. 根据记账凭证及其所附原始凭证或原始凭证汇总表，逐笔登记各种明细账；
4. 根据各种记账凭证逐笔登记总账；
5. 月末，库存现金日记账、银行存款日记账和各种明细账分别与总账核对；
6. 月末，根据总账和明细账记录编制财务报表。

记账凭证账务处理程序见图1。

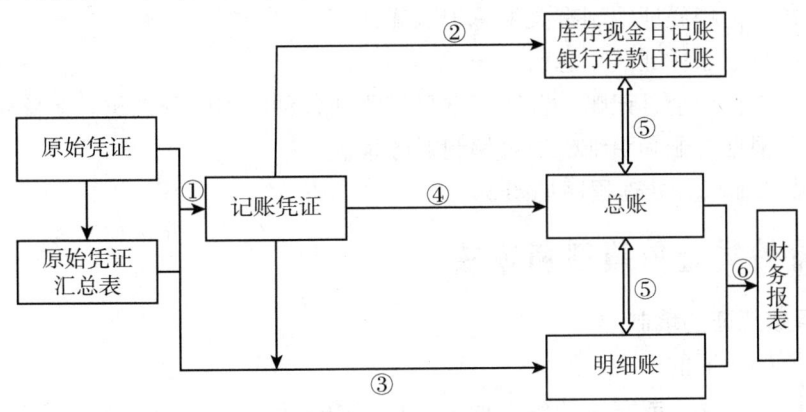

图1 记账凭证账务处理程序

（二）科目汇总表账务处理程序

科目汇总表账务处理程序，又称记账凭证汇总表账务处理程序。

1. 根据各种原始凭证和原始凭证汇总表填制记账凭证；
2. 根据收款、付款记账凭证逐笔登记库存现金日记账和银行存款日记账；
3. 根据记账凭证及其所附原始凭证或原始凭证汇总表，逐笔登记各种明细账；
4. 根据各种记账凭证汇总编制科目汇总表；
5. 根据科目汇总表登记总账；
6. 月末，库存现金、银行存款日记账和明细账分别与总账相核对；
7. 根据总账和明细账记录编制财务报表。

科目汇总表账务处理程序见图2。

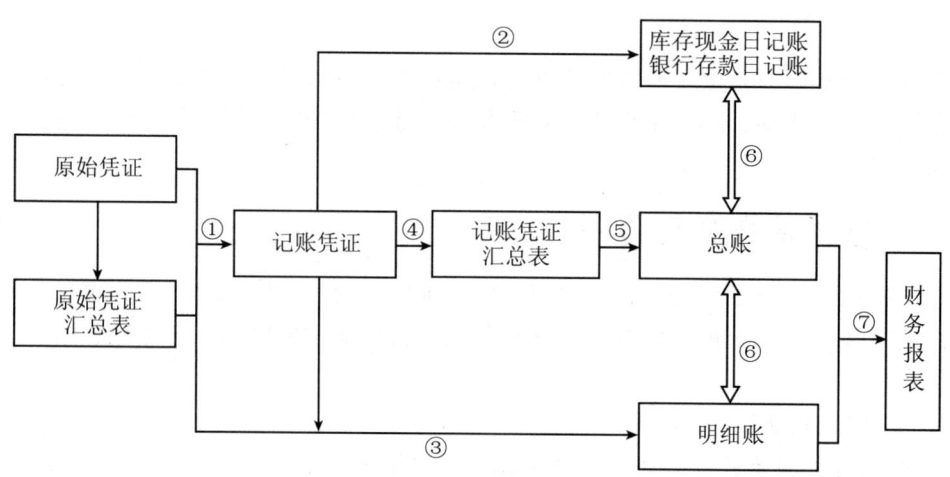

图2 科目汇总表账务处理程序

（三）汇总记账凭证账务处理程序

1. 根据各种原始凭证或原始凭证汇总表填制记账凭证；
2. 根据收款、付款记账凭证逐笔登记库存现金日记账和银行存款日记账；
3. 根据记账凭证及其所附原始凭证或原始凭证汇总表，逐笔登记各种明细账；
4. 根据各种记账凭证编制有关汇总记账凭证；
5. 根据汇总记账凭证登记总账；
6. 月末，库存现金日记账、银行存款日记账和各种明细账分别与总账核对；
7. 月末，根据总账和明细账记录编制财务报表。

汇总记账凭证账务处理程序见图3。

二、原始凭证的填制和审核

（一）原始凭证的填制

1. 填制原始凭证的形式。

（1）根据实际发生或完成的经济业务，由经办人员直接填制，如"入库单""出库单"等。

（2）根据已经入账的有关经济业务，由会计人员利用账簿资料加工整理填制。

（3）根据若干张反映同类经济业务的原始凭证定期汇总填制汇总原始凭证。

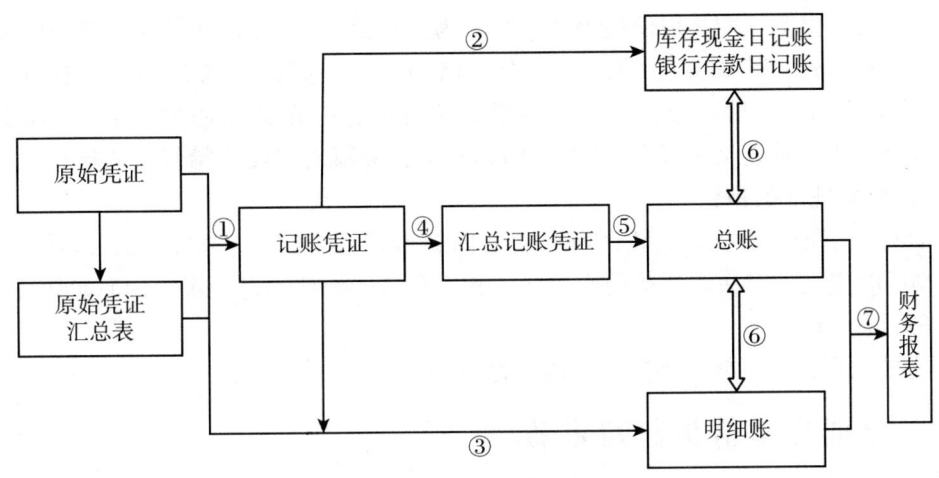

图 3　汇总记账凭证账务处理程序

2. 填制原始凭证的要求。

（1）记录真实。原始凭证所填列经济业务的内容和数字，必须真实可靠，符合实际情况。

（2）内容完整。原始凭证所要求填列的项目必须逐项填列齐全，不得遗漏或省略。原始凭证中的年、月、日要按照填制原始凭证的实际日期填写；名称要齐全，不能简化；品名或用途要填写明确，不能含糊不清；有关人员的签章必须齐全。

（3）手续完备。单位自制的原始凭证必须有经办单位相关负责人的签名盖章；对外开出的原始凭证必须加盖本单位公章或者财务专用章；从外部取得的原始凭证，必须盖有填制单位的公章或者财务专用章；从个人取得的原始凭证，必须有填制人员的签名或盖章。

（4）书写清楚、规范。原始凭证要按规定填写，文字要简明，字迹要清楚，易于辨认，不得使用未经国务院公布的简化汉字。大小写金额必须符合填写规范，小写金额用阿拉伯数字逐个书写，不得写连笔字。在金额前要填写人民币符号"¥"，且与阿拉伯数字之间不得留有空白。金额数字一律填写到角、分，无角无分的，写"00"或符号"—"；有角无分的，分位写"0"，不得用符号"—"。大写金额用汉字壹、贰、叁、肆、伍、陆、柒、捌、玖、拾、佰、仟、万、亿、元、角、分、零、整等，一律用正楷或行书书写。大写金额前未印有"人民币"字样的，应加写"人民币"三个字且和大写金额之间不得留有空白。大写金额到元或角为止的，后面要写"整"或"正"字；有分的，不写"整"或"正"字，如小写金额为¥1 007.00，大写金额应写成"壹仟零柒元整"。

（5）编号连续。各种凭证要连续编号，以便检查。如果凭证已预先印定编号，如发票、支票等重要凭证，在因错作废时，应加盖"作废"戳记，妥善保管，不得撕毁。

（6）不得涂改、刮擦、挖补。原始凭证金额有错误的，应当由出具单位重开，不得在原始凭证上更改，原始凭证有其他错误的，应当由出具单位重开或更正，更正处应当加盖出具单位印章。

（7）填制及时。各种原始凭证一定要及时填写，按规定的程序及时送交会计机构审核。

银行票据的出票日期必须使用中文大写。为防止变造票据的出票日期，在填写票据的月、日时，月为壹、贰和壹拾的，日为壹至玖和壹拾、贰拾、叁拾的，应在其前面加"零"字；日为拾壹至拾玖的，月为拾月至拾贰月的，应在其前面加"壹"。如1月15日，应写成"零壹月壹拾伍日"；再如10月20日，应写成"零壹拾月零贰拾日"。

（二）原始凭证的审核

1. 合规性审核。审核原始凭证所记载的内容是否符合国家法律、法令，是否符合企业会计制度的规定。对涂改伪造的原始凭证和不合法、手续不符合规定的原始凭证，会计人员有权拒绝受理。

2. 完整性审核。审核原始凭证的内容是否完整。

三、记账凭证的填制和审核

（一）记账凭证的填制

1. 填制依据。审核无误的原始凭证是编制记账凭证的依据。

2. 填写日期。

◆一般为填制记账凭证的当天日期。例如，某公司采购员2019年6月5~12日出差，14日报销差旅费，填写记账凭证的日期为6月14日。

◆可以是填写经济业务发生的日期或月末最后一天。例如，编制收付款业务的记账凭证，应该按照实际收付现金或银行存款的日期填写，如果收付款原始凭证的日期与实际办理业务的日期相隔较远，也可以为填制记账凭证的当天日期；月末分配费用、结转损益等转账业务，应当填写月末最后一天。

3. 填写凭证编号。记账凭证按用途不同，分为专用记账凭证和通用记账凭证两类。专用记账凭证按其反映的经济内容不同，分为收款凭证、付款凭证和转账凭证三种；通用记账凭证按设置的金额栏数量，分为单金额栏和双金额栏两种。不论哪种记账凭证，必须分月进行连续编号，每月从第一号凭证开始，至月末最后一张结束。

记账凭证的编号方法有总字编号法、三类编号法、五类编号法和分数编号法。会计人员要根据不同的记账凭证采用相应的编号方法。

◆总字编号法，是将全部记账凭证按照经济业务发生时间的先后顺序编号，适用通用记账凭证，这种记账凭证编号应为01、02、03……。例如，6月15日收到一笔银行存款业务，是该月第51笔业务，记录该笔业务的记账凭证编号为"第51号"。

◆三类编号法，是按照收款、付款和转账三类分类编号用以编制记账凭证的方法，适用收付转凭证。这种记账凭证编号应为收字第01号、收字第02号……付字第01号、付字第02号……转字第01号、转字第02号……。例如，6月15日收到一笔银行存款业务，是该月第20笔收款业务，记录该笔业务的记账凭证编号为"收字第20号"。

◆五类编号法，是按照现收、现付、银收、银付和转账五类分类编号用以编制记账凭证的方法，适用收付转凭证。这种记账凭证编号应为现收字第01号、现收字第02号……银收字第01号、银收字第02号……转字第01号、转字第02号……。例如，6月15日收到一笔银行存款业务，是该月第9笔银行存款收款业务，记录该笔业务的记账凭证编号为"银收字第09号"。

◆分数编号法，是指一笔经济业务需要填制两张或两张以上的记账凭证。例如，一笔业务要填制三张记账凭证，凭证号为18号，则三张的编号分别为18（1/3）、18（2/3）和18（3/3）。

4. 附件张数。记账凭证应注明所附的原始凭证的张数，一般按原始凭证的实际张数计算。如果根据同一原始凭证需要填制几张记账凭证时，应该将原始凭证粘贴在比较重要的记账凭证上，在未粘贴原始凭证的记账凭证上注明"附件××张，见第××号记账凭证"。需要特别注意的，除结账和更正错账的记账凭证可以不附原始凭证外，其他记账凭证必须附有原始凭证。

想一想
　　结账的记账凭证可以没有原始凭证，为什么？
　　更正错账的记账凭证没有原始凭证，为什么？

5. 摘要准确、简明。
6. 正确填写会计分录。
7. 签名或盖章。有关人员在记账凭证上签名或盖章，以明确责任。

【例1】按照总字编号法编制记账凭证。

向环宇公司销售甲产品，增值税专用发票上价款1 200元，增值税156元，款项尚未收到。

双金额栏通用记账凭证见表1；单金额栏通用记账凭证见表2。

表1

通 用 记 账 凭 证

2019 年 3 月 1 日　　　　　　　　　　　　　　　　　　凭证编号：1

摘要	会计科目		借方金额										贷方金额										记账符号
	总账科目	明细科目	千	百	十	万	千	百	十	元	角	分	千	百	十	万	千	百	十	元	角	分	
销售甲产品	应收账款	环宇公司					1	3	5	6	0	0											√
	主营业务收入	甲产品															1	2	0	0	0	0	√
	应交税费	应交增值税（销项税额）																1	5	6	0	0	√
附单据 1 张　　　　合　　　　计					¥	1	3	5	6	0	0			¥	1	3	5	6	0	0			

会计主管人员　郑伟　　　记账　王松　　　审核　孙丽　　　制单　王力　　　出纳　李元　　　交领款人

想一想
　　表1记账凭证中所附的1张原始凭证是什么？

表2

通用记账凭证

2019 年 3 月 1 日　　　　　　　　　　　　　　　　　　　　　　　凭证编号：1

摘要	借方科目		贷方金额		金额									记账符号
	总账科目	明细科目	总账科目	明细科目	千	百	十	万	千	百	十	元	角	分	
销售甲产品	应收账款	环宇公司	主营业务收入	甲产品			1	2	0	0	0	0			√
	应收账款	环宇公司	应交税费	应交增值税（销项税额）				1	5	6	0	0			√
附单据 1 张　　　合　　计						¥	1	3	5	6	0	0			

会计主管人员　郑伟　　记账　王松　　审核　孙丽　　制单　王力　　出纳　李元　　交领款人

【例2】 按照三类编号法编制记账凭证。

收到现金800元，系宝地公司魏洪交付的押金，有关人员的签字用"××"表示，记账凭证见表3。

表3

收 款 凭 证

借方科目：库存现金　　　　　　　2019 年 3 月 9 日　　　　　　　　　　　收字第 9 号

摘要	结算方式	票号	贷方科目		金额									记账符号
			总账科目	明细科目	千	百	十	万	千	百	十	元	角	分	
收到押金			其他应付款	宝地公司					8	0	0	0	0		√
附单据 1 张　　　　　　　合　　　　计								¥	8	0	0	0	0		√

会计主管××　　记账××　　审核××　　制单××　　出纳××　　交款人　魏洪

想一想
　　表3记账凭证中有关人员签字了吗？

【例3】 按照五类编号法编制记账凭证。

2019年3月21日，某公司购入A材料，买价100 000元，增值税进项税额13 000元，已验收入库，签发转账支票113 000元支付款项；3月22日，将销货款现金10 000元存入银行；3月25日，生产甲产品领用A材料200 000元。记账凭证见表4、表5和表6。

表4

付 款 凭 证

贷方科目：银行存款　　　　　2019 年 3 月 21 日　　　　　　银付字第 56 号

摘要	结算方式	票号	借方科目		金额	记账符号
			总账科目	明细科目	千百十万千百十元角分	
购入A材料			原材料	A材料	1 0 0 0 0 0 0 0	
			应交税费	应交增值税（进项税额）	1 3 0 0 0 0 0	
附单据 3 张			合　　计		¥ 1 1 3 0 0 0 0 0	√

会计主管×× 　　记账×× 　　审核×× 　　制单×× 　　出纳×× 　　领款人

表5

付 款 凭 证

贷方科目：库存现金　　　　　2019 年 3 月 22 日　　　　　　现付字第 68 号

摘要	结算方式	票号	借方科目		金额	记账符号
			总账科目	明细科目	千百十万千百十元角分	
将现金存入银行			银行存款		1 0 0 0 0 0 0	√
附单据 1 张			合　　计		¥ 1 0 0 0 0 0 0	

会计主管×× 　　记账×× 　　审核×× 　　制单×× 　　出纳×× 　　领款人

表6

转 账 凭 证

2019 年 3 月 25 日　　　　　　转字第 45 号

摘要	会计科目		借方金额	贷方金额	记账符号
	总账科目	明细科目	千百十万千百十元角分	千百十万千百十元角分	
生产产品领料	生产成本	甲产品	2 0 0 0 0 0 0 0		
	原材料	A产品		2 0 0 0 0 0 0 0	
附单据 1 张 合计			¥ 2 0 0 0 0 0 0 0	¥ 2 0 0 0 0 0 0 0	

会计主管×× 　　　记账×× 　　　审核×× 　　　制单××

> **想一想**
> 表4付款凭证中所附的3张原始凭证是什么？原材料和应交税费明细账登账了吗？
> 表5将现金存入银行业务，编制的是现金付款凭证，能编制银行存款收款凭证吗？为什么？

（二）记账凭证的审核

1. 记账凭证各项目填制是否齐全、手续是否完备、有关人员是否签章等。

2. 记账凭证是否附有真实、合法、有效的原始凭证。在有些情况下，记账凭证与原始凭证所反映的金额是不相等的，如有些费用只能按规定的标准报销，在原始凭证金额超过报销标准的情况下，记账凭证只能按批准的报销金额填列，会计人员也只能按经批准的报销金额办理款项收付和登记会计账簿。

四、会计账簿的设置和登记

（一）选择不同格式的会计账簿

1. 三栏式账簿。基本结构为"借方""贷方""余额"三栏。适用于现金、银行存款日记账，以及"应收账款"等只需要对金额进行核算的明细账和总账。

2. 数量金额式账簿。基本结构也采用"借方""贷方""余额"三栏，但在每栏下面，又分别设置"数量""单价""金额"三个小栏目。适用于既需要进行金额核算，又需要进行具体的实物数量核算的经济业务，如"原材料""库存商品"等明细账。

3. 多栏式账簿。基本结构为一般在"借方""贷方"栏下设立若干专栏，也可在借、贷双方栏下分别设立若干栏。收入、成本、费用明细账一般采用多栏式，如"生产成本"和"管理费用"等明细账。

（二）会计账簿的启用要求

在启用会计账簿时，应在账簿封面上写明单位名称和账簿名称。在账簿扉页上附"账簿使用登记表"，包括启用日期、账簿页数、记账人员和会计机构负责人、会计主管人员姓名，并加盖名章和单位公章。会计人员调动时，应办理交接手续。

（三）会计账簿的登记要求

1. 账簿登记要正确、及时。登记账簿时，将会计凭证日期、编号、摘要、金额和其他有关资料逐项记入账内。登记完毕后，要在会计凭证上签名或盖章，并注明已经登账的符号（如"√"），表示已经记账，防止重记或漏记。

2. 账簿登记要清晰、整洁。账簿中书写的文字和数字上面要留有适当的空距，不要写满格，一般应占格长的1/2。登记账簿要用蓝黑或黑色墨水书写，不得使用圆珠笔（银行复写账簿除外）或铅笔书写。禁止刮擦、挖补、涂抹或用褪色药水更改消除字迹。红色墨水必须按照规定使用，如划线、改错，或用红色墨水填写红字记账凭证冲销错误记录；在不设借贷等栏的多栏式账页中，登记减少数；在三栏式账户的余额栏前，如未印明余额方向的，在余额栏内登记负数金额。

3. 各种账簿必须按照编定的页次，连续记录，不得隔页、跳行。如不慎发生隔页、缺号、跳行时，应将空页或空行用红色墨水划对角线注销，或者注明"此行空白""此页空白"字样，并由记账人员在空白处签名或盖章。

4. 每一张账页记录结束，在本账页最末一行和下一张账页的第一行办理转页手续。即在本账页最末一行加计本页借方、贷方发生额合计并结出余额，在"摘要"栏注明"过次页"，同时将计算出的借方、贷方发生额合计和余额记入下一页第一行内的"借方""贷方""余额"栏内，并在"摘要"栏注明"承前页"。

5. 凡需要结出余额的账户，结出余额后，应当在"借或贷"栏目内写明"借""贷"字样。没有余额的账户，应当在"借或贷"栏内写"平"字，并在余额栏"元"位处用"0"表示。库存现金和银行存款日记账必须逐日结出余额。

（四）登记账簿格式

账簿按账页格式不同，分为三栏式账簿、数量金额式账簿、多栏式账簿，下面介绍其账簿格式和登账方法。

1. 三栏式账簿。

> **相关链接**
>
> **三栏式账簿基本结构和适用范围**
>
> ● 基本结构为"借方""贷方""余额"三栏。分为设对方科目和不设对方科目两种。
> ● 一般用于日记账、只需要对金额进行核算的三栏式明细账和总账。

以康顺公司2019年4月发生经济业务编制的记账凭证为例（见表7），介绍三栏式账簿的登记方法。

表7　　　　　　　　　　　　记账凭证

2019年		凭证号	摘要	总账科目	明细科目	借方金额	贷方金额
月	日						
4	2	现收1	收到押金	库存现金 其他应付款	光大公司	800	800
	8	现收2	收到罚款	库存现金 营业外收入	罚款收入	500	500
	18	现付1	将现金存入银行	银行存款 库存现金		3 000	3 000
	22	现付2	归还押金	其他应付款 库存现金	光大公司	800	800
	29	银付1	提现备用	库存现金 银行存款		4 000	4 000

（1）三栏式日记账的格式和登记方法。

【例4】根据记账凭证（见表7）登记设对方科目的银行存款日记账和不设对方科目的库存现金日记账，其账簿格式见表8和表9。

表8

银行存款日记账

第　页

2019年		凭证编号	摘　要	对方科目	借方										贷方										借或贷	余额									
月	日				千	百	十	万	千	百	十	元	角	分	千	百	十	万	千	百	十	元	角	分		千	百	十	万	千	百	十	元	角	分
4	1		期初余额																						借			1	0	0	0	0	0	0	0
	18	现付1	将现金存入银行	库存现金					3	0	0	0	0	0											借			1	0	3	0	0	0	0	0
	29	银付1	提现备用	库存现金															4	0	0	0	0	0	借				9	9	0	0	0	0	0
			本月合计						3	0	0	0	0	0					4	0	0	0	0	0	借				9	9	0	0	0	0	0

想一想

　　表8银行存款日记账中，为什么会出现"现付1"而不是"银收1"号记账凭证？

　　可以根据银行存款收款、付款凭证和库存现金付款凭证登记银行存款日记账，这种说法是否正确？为什么？

表9

库存现金日记账

2019年		凭证种类	凭证编号	摘　要	借方										贷方										借或贷	余额									
月	日				千	百	十	万	千	百	十	元	角	分	千	百	十	万	千	百	十	元	角	分		千	百	十	万	千	百	十	元	角	分
4	1			期初余额																					借				5	0	0	0	0	0	0
	2	现收	1	收到押金					8	0	0	0	0	0											借				5	8	0	0	0	0	0
	8	现收	2	收到罚款						5	0	0	0	0											借				6	3	0	0	0	0	0
	18	现付	1	将现金存入银行															3	0	0	0	0	0	借				3	3	0	0	0	0	0
	22	现付	2	归还押金																8	0	0	0	0	借				2	5	0	0	0	0	0
	29	银付	1	提现备用					4	0	0	0	0	0											借				6	5	0	0	0	0	0
				本月合计					5	3	0	0	0	0					3	8	0	0	0	0	借				6	5	0	0	0	0	0

想一想

　　表9库存现金日记账中，为什么会出现"银付1"而不是"现收3"号记账凭证？

　　可以根据库存现金收款、付款凭证和银行存款付款凭证登记库存现金日记账，这种说法是否正确？为什么？

　　（2）三栏式明细账的格式和登记方法。

　　【例5】根据记账凭证（见表7）登记三栏式明细账，其账簿格式和登记方法见表10。

表 10

明 细 账

会计科目：其他应付款　　细目：光大公司　　子目：

2019 年		凭证编号	摘要	借方 千百十万千百十元角分	贷方 千百十万千百十元角分	借或贷	余额 千百十万千百十元角分
月	日						
4	2	现收1	收到押金		8 0 0 0 0	贷	8 0 0 0 0
	22	现付2	归还押金	8 0 0 0 0		平	0

(3) 三栏式总账的格式和登记方法。

我国会计实务中常用登记总账的方法有三种，包括根据记账凭证登记总账，根据科目汇总表（也称记账凭证汇总表）登记总账，根据汇总记账凭证登记总账，企业可以根据自身情况选择使用。

◆第一种登记总账的方法——根据记账凭证登记三栏式总账

【例6】根据记账凭证（见表7）登记库存现金总账，其账簿格式见表11。

表 11

总 账

会计科目：库存现金

2019 年		凭证编号	摘要	借方 千百十万千百十元角分	贷方 千百十万千百十元角分	借或贷	余额 千百十万千百十元角分
月	日						
4	1		期初余额			借	5 0 0 0 0 0
	2	现收1	收到押金	8 0 0 0 0		借	5 8 0 0 0 0
	8	现收2	收到罚款	5 0 0 0 0		借	6 3 0 0 0 0
	18	现付1	将现金存入银行		3 0 0 0 0 0	借	3 3 0 0 0 0
	22	现付2	归还押金		8 0 0 0 0	借	2 5 0 0 0 0
	29	银付1	提现备用	4 0 0 0 0 0		借	6 5 0 0 0 0
			本月合计	5 3 0 0 0 0	3 8 0 0 0 0	借	6 5 0 0 0 0

特别提示

● 根据记账凭证登记的库存现金总账，见表11；
● 根据记账凭证登记的库存现金日记账，见表9；
● 结论：登账依据相同，即都是记账凭证，登账结果也相同。

◆第二种登记总账的方法——根据科目汇总表登记三栏式总账

【例7】根据记账凭证（见表7）编制科目汇总表（见表12）；根据科目汇总表登记

库存现金总账,其账簿格式见表13。

表12

科目汇总表

2019年4月1日至30日   汇字第1号

会计科目	借方发生额	贷方发生额
库存现金	5 300	3 800
银行存款	3 000	4 000
其他应付款	800	800
营业外收入		500
合计	9 100	9 100
附记账凭证 5 张		

会计主管   记账   制表

表13

总　　账

会计科目：库存现金

2019年		凭证编号	摘要	借方	贷方	借或贷	余额
月	日			千百十万千百十元角分	千百十万千百十元角分		千百十万千百十元角分
4	1		期初余额			借	5 0 0 0 0
	30	汇1	1~30日凭证汇总	5 3 0 0 0 0	3 8 0 0 0 0	借	6 5 0 0 0 0
			本月合计	5 3 0 0 0 0	3 8 0 0 0 0	借	6 5 0 0 0 0

◆ 第三种登记总账的方法——根据汇总记账凭证登记三栏式总账

【例8】根据记账凭证(见表7)编制汇总收款凭证(见表14)、汇总付款凭证(见表15和表16);根据汇总记账凭证登记库存现金总账,其账簿格式见表17。

表14

汇总收款凭证

借方科目：库存现金   2019年4月   汇收字第1号

贷方科目	金额				总账页次	
	1日至10日收款凭证1号至2号2张	11日至20日收款凭证 号至 号 张	21日至30日收款凭证 号至 号 张	合计	借方	贷方
其他应付款	800			800	略	略
营业外收入	500			500		
本月合计	1 300			1 300		

表 15

汇总付款凭证

贷方科目：库存现金 　　　　　　2019 年 4 月 　　　　　　汇付字第 1 号

借方科目	金额				总账页次	
	1 日至 10 日付款凭证 　号至 　号 　张	11 日至 20 日付款凭证 1 号至 1 号 1 张	21 日至 30 日付款凭证 2 号至 2 号 1 张	合计	借方	贷方
银行存款		3 000		3 000	略	略
其他应付款			800	800		
本月合计		3 000	800	3 800		

表 16

汇总付款凭证

贷方科目：银行存款 　　　　　　2019 年 4 月 　　　　　　汇付字第 2 号

借方科目	金额				总账页次	
	1 日至 10 日付款凭证 　号至 　号 　张	11 日至 20 日付款凭证 　号至 　号 　张	21 日至 30 日付款凭证 1 号至 1 号 1 张	合计	借方	贷方
库存现金			4 000	4 000	略	略
本月合计			4 000	4 000		

表 17

总　账

会计科目：库存现金

2019 年		凭证编号	摘要	借方 千百十万千百十元角分	贷方 千百十万千百十元角分	借或贷	余额 千百十万千百十元角分
月	日						
4	1		期初余额			借	5 000 00
	30	汇收 1	1~30 日凭证汇总	1 300 00		借	6 300 00
	30	汇付 1	1~30 日凭证汇总		3 800 00	借	2 500 00
	30	汇付 2	1~30 日凭证汇总	4 000 00		借	6 500 00
			本月合计	5 300 00	3 800 00	借	6 500 00

> **想一想**
>
> 表17库存现金总账中,为什么会出现"银行存款汇总付款凭证"?只根据库存现金汇总收款、付款凭证登记库存现金总账,可以吗?
>
> 同理,可以根据银行存款汇总收款、付款凭证和库存现金汇总付款凭证登记银行存款总账,是否正确?为什么?

2. 数量金额式账簿。

相关链接

数量金额式账簿基本结构和适用范围

- 基本结构为"借方""贷方""余额"三栏,但在每栏下面,又分别设置"数量""单价""金额"三个小栏目。
- 一般用于既需要进行金额核算,又需要进行具体的实物数量核算的经济业务,如"原材料""库存商品"等明细账。

【例9】数量金额式明细账账簿格式如"原材料"明细账见表18、表19和表20。

表18

原材料明细账

类别:　　　　品名: A材料　　规格型号: S1型　　计量单位: 千克　　存放地点: 2号库

2019年		凭证编号	摘要	借方			贷方			余额		
月	日			数量	单价	金额	数量	单价	金额	数量	单价	金额
3	1		期初余额							200	10	2000 00
	8	6	购入	50	9	450 00				200 50	10 9	2450 00
	15	21	领用				200	10	2000 00	50	9	450 00
	22	36	购入	100	11	1100 00				50 100	9 11	1550 00
	29	59	领用				50 20	9 11	670 00	80	11	880 00
	31		本月合计	150		1550 00	270		2670 00	80	11	880 00

特别提示

- 表18中,发出材料的计价方法是先进先出法。

表19

原材料明细账

类别：　　　品名：A材料　　　规格型号：51型　　　计量单位：千克　　　存放地点：2号库

2019年		凭证编号	摘要	借方			贷方			余额		
月	日			数量	单价	金额	数量	单价	金额	数量	单价	金额
3	1		期初余额							200	10	2000 00
	8	6	购入	50	9	450 00				250		2450 00
	15	21	领用				200			50		
	22	36	购入	100	11	1100 00				150		
	29	59	领用				70			80		
	31		本月合计	150		1550 00	270	10.14	2737 80	80	10.14	812 20

> **特别提示**
> - 表19中，发出材料的计价方法是月末一次加权平均法。
> - 月末一次加权平均单位成本 $= \dfrac{2\,000 + 450 + 1\,100}{200 + 50 + 100} = 10.14$（元/千克）
> - 月末发出材料成本 $=(200+70) \times 10.14 = 2\,737.80$（元）
> - 月末结存材料成本 $= 2\,000 + (450 + 1\,100) - 2\,737.80 = 812.20$（元）
>
> 注：如果一次加权平均单位成本不能整除，按发出数量和一次加权平均单位成本计算发出金额，倒挤期末结存金额。
> 加权平均单位成本保留两位小数。

表20

原材料明细账

类别：　　　品名：A材料　　　规格型号：51型　　　计量单位：千克　　　存放地点：2号库

2019年		凭证编号	摘要	借方			贷方			余额		
月	日			数量	单价	金额	数量	单价	金额	数量	单价	金额
3	1		期初余额							200	10	2000 00
	8	6	购入	50	9	450 00				250	9.80	2450 00
	15	21	领用				200	9.80	1960 00	50	9.80	490 00
	22	36	购入	100	11	1100 00				150	10.60	1590 00
	29	59	领用				70	10.60	742 00	80	10.60	848 00
	31		本月合计	150		1550 00	270		2702 00	80	10.60	848 00

特别提示

- 表 20 中，发出材料的计价方法是移动加权平均法。

  注：移动加权平均单位成本保留两位小数。

3. 多栏式账簿。

相关链接

多栏式账簿基本结构和适用范围

- 基本结构为一般在"借方""贷方""余额"栏下设立若干专栏。
- 适用于成本、费用等，如"管理费用""制造费用"等明细账。

【例10】多栏式明细账账簿格式见表 21 和表 22。

表 21

管理费用明细账

2019年		凭证种类	凭证编号	摘要	借方					贷方合计	借或贷	余额
月	日				职工薪酬	办公费	折旧费	其他	合计			
1	1	银付	1	购买办公用品		2500			2500		借	2500
	23	转	15	计提折旧			15000		15000		借	17500
	31	转	16	结转职工薪酬	80000				80000		借	97500
	31	转	20	结转管理费用						97500	平	0
	31			本月合计	80000	2500	15000		97500	97500	平	0

特别提示：

- 表 21 表明借方设置多栏。
- 根据单位的业务需要，按明细科目设置栏目，借方合计是某一行各专栏金额的合计。

表 22

应交增值税明细账

2019年		凭证号	摘要	借方				贷方				借或贷	余额
月	日			合计	进项税额	已交税金	转出未交增值税	合计	销项税额	进项税额转出	转出多交增值税		
5	1	1	销售产品					113000	113000			贷	113000
	8	5	购入材料	26000	26000							贷	87000
	10	8	在建工程领料					1300		1300		贷	88300
	19	10	交纳增值税	20000		20000						贷	68300
	31	36	转出未交增值税	68300			68300					平	0
	31		本月合计	114300	26000	20000	68300	114300	113000	1300		平	0

五、对账和结账

（一）对账

对账，是对账簿记录所进行的核对，也就是核对账目。对账工作一般在记账之后结账之前，即在月末进行。主要包括账证核对、账账核对、账实核对。

1. 账证核对。核对会计账簿记录与原始凭证、记账凭证的时间、凭证字号、内容、金额是否一致，记账方向是否相符。

2. 账账核对。核对不同会计账簿之间的账簿记录是否相符，包括总账有关账户的发生额和余额核对，总账与明细账核对，总账与日记账核对，会计部门的财产物资明细账与财产物资保管和使用部门的有关明细账核对等。其中总账有关账户的发生额和余额核对工作，可以通过定期编制总账账户本期发生额和余额试算平衡表进行。总账账户之间具有以下等量关系：

所有总账账户期末（期初）借方余额合计＝所有总账账户期末（期初）贷方余额合计

所有总账账户本期借方发生额合计＝所有总账账户本期贷方发生额合计

【例11】总账账户本期发生额和余额试算平衡表格式见表23。

表23

总账账户本期发生额和余额试算平衡表

2019年1月

账户名称	期初余额		本期发生额		期末余额	
	借方	贷方	借方	贷方	借方	贷方
库存现金	20 000		5 000		25 000	
银行存款	275 000		200 000	40 000	435 000	
原材料	150 000			125 000	25 000	
生产成本	50 000		125 000		175 000	
应付账款		60 000	35 000			25 000
长期借款		35 000		200 000		235 000
实收资本		400 000				400 000
合计	495 000	495 000	365 000	365 000	660 000	660 000

特别提示
- 期初余额是已知条件。
- 本期发生额是根据本期记账凭证汇总得出。
- 期末余额可以根据期初余额、本期发生额计算得出。

3. 账实核对。核对会计账簿记录与财产等实有数额是否相符，包括库存现金日记账账面余额与现金实际库存数相核对；银行存款日记账账面余额定期与银行对账单相核对；各种财物明细账账面余额与财物实存数额相核对；各种应收、应付款明细账账面余额与有关债务、债权单位或者个人核对等。其中银行存款日记账账面余额定期与银行对账单相核对，可以通过编制银行存款余额调节表进行。

【例12】银行存款余额调节表格式见表24。

表24

银行存款余额调节表
2019 年 1 月 31 日

项 目	金额	项 目	金额
企业银行存款日记账的账面余额	586 000	银行对账单余额	627 700
加：银行已收企业未收	20 000	加：企业已收银行未收	40 000
减：银行已付企业未付	3 500	减：企业已付银行未付	65 200
调节后的存款余额	602 500	调节后的存款余额	602 500

特别提示
- 填写日期为每月最后一天。
- 双方余额为当月银行存款日记账账面余额和银行对账单当月月末余额。如果双方余额由于记账差错出现错误，先将余额调节成正确数额。
- 找出未达账项进行调节。
- 调节后双方余额一定相等。

（二）结账

结账是将账簿记录定期结算清楚的会计工作。到会计期末，将本会计期内所发生的各项经济业务全部登记入账并核对相符的基础上，应当结计每个账户的本期发生额和期末余额。结账的方法，按照会计期间的不同，一般分为月度结账（月结）、季度结账（季结）和年度结账（年结）三种。

1. 对不需要按月结计本期发生额的账户，如各项应收、应付款明细账和各项财产物资明细账等，每次记账以后，都要随时结出余额，每月最后一笔余额是月末余额。月末结账时，只需要在最后一笔经济业务记录下面通栏划单红线，不需要再次结计余额。

2. 库存现金、银行存款日记账和需要按月结计发生额的收入、费用等明细账，每月结账时，要在最后一笔经济业务记录下面通栏划单红线，结出本月发生额和余额，在摘要栏内注明"本月合计"字样，并在下面通栏划单红线。

3. 对于需要结计本年累计发生额的明细账户，每月结账时，应在"本月合计"行下结出自年初起至本月末止的累计发生额，登记在月份发生额下面，在摘要栏内注明"本年累计"字样，并在下面通栏划单红线。12月末的"本年累计"就是全年累计发生额，全年累计发生额下面通栏划双红线。

4. 总账账户平时只需结出月末余额。年终结账时，为总括反映全年各项资金运动情况的全貌，核对账目，要将所有总账账户结出全年发生额和年末余额，在摘要栏内注明"本年合计"字样，并在合计数下面通栏划双红线。

5. 年度终了结账时，有余额的账户，应将其余额结转下年，并在摘要栏注明"结转下年"字样；在下一会计年度新建有关账户的第一行余额栏内填写上年结转的余额，并在摘要栏注明"上年结转"字样，使年末有余额账户的余额如实地在账户中加以反映，以免混淆有余额的账户和无余额的账户。

【例13】 结账的账簿格式见表25、表26和表27。

表25

总　账

会计科目：管理费用

2019年		凭证编号	摘要	借方	贷方	借或贷	余额
月	日			千百十万千百十元角分	千百十万千百十元角分		千百十万千百十元角分
1	15	汇1	1~15日凭证汇总	2　5　0　0　0	2　5　0　0　0	平	0
	31	汇2	16~31日凭证汇总	9　5　0　0　0	9　5　0　0　0	平	0
	31		本月合计	9　7　5　0　0	9　7　5　0　0	平	0

特别提示
- 月结时间为每个会计期的最后一天，不能提前或延后。

表26

管理费用明细账

2019年		凭证种类	凭证编号	摘要	借方					贷方合计	借或贷	余额
月	日				职工薪酬	办公费	折旧费	其他	合计			
1	1	银付	1	购买办公用品		2500			2500		借	2500
	23	转	15	计提折旧			15000		15000		借	17500
	31	转	16	结转职工薪酬	80000				80000		借	97500
	31	转	20	结转管理费用						97500	平	0
	31			本月合计	80000	2500	15000		97500	97500	平	0
	31			本年累计	80000	2500	15000		97500	97500	平	0
2	6	转	12	王玉报销差旅费				4600	4600		借	4600
	23	转	18	计提折旧			15000		15000		借	19600
	25	转	25	结转职工薪酬	80000				80000		借	99600
	25	转	30	结转管理费用						99600	平	0
	28			本月合计	80000		15000	4600	99600	99600	平	0
	28			本年累计	160000	2500	30000	4600	197100	197100	平	0

特别提示

- 表26为需要按月结计本年累计发生额的账户。
- 月结时间为每个会计期的最后一天,不能提前或延后。
- 1月的月度结账。

本月最后一笔业务"转20"下面划一条通栏红线。

月末"本月合计"一行表明1月1日至31日一个月的发生额和月末余额。在下面划一条通栏红线。

月末"本年累计"一行表明至2019年1月止的1个月的累计发生额和月末余额。在下面划一条通栏红线。

- 2月的月度结账。1月的月度结账资料,对于2月来说是已知条件。

月末"本月合计"一行表明2月1日至28日一个月的发生额和月末余额。

月末"本年累计"一行表明2019年1月至2月止的2个月的累计发生额和余额。

表27

明 细 账

会计科目:应收账款　　细目:大业公司　　子目:

2019年		凭证编号	摘要	借方	贷方	借或贷	余额
月	日			千百十万千百十元角分	千百十万千百十元角分		千百十万千百十元角分
3	1		期初余额			借	8 0 0 0 0 0 0
	12	转1	销售产品	5 8 5 0 0 0 0		借	1 3 8 5 0 0 0 0
	25	银收1	收到货款		8 5 0 0 0 0	借	1 3 0 0 0 0 0 0

特别提示

- 表27为不需要按月结计本期发生额的账户。
- 只需要在最后一笔经济业务(银收1)记录下面划一条通栏红线即可。因为往来结算明细账账户,每次记账后,都要随时结出余额。

六、财务报表的编制

(一)资产负债表

资产负债表是反映企业在某一特定日期的财务状况的报表。

相关链接

- 会计基本等式为资产=负债+所有者权益。
- 我国资产负债表是按账户式反映的。
- 编制资产负债表的依据为总账和明细账的期末余额。
- 资产负债表提供"期末余额"和"上年年末余额"两栏。

（二）利润表

利润表，又称损益表，是反映企业在一定会计期间的经营成果的报表。

> **相关链接**
> - 会计等式为利润＝收入－费用。
> - 我国一般采用多步式利润表。
> - 编制依据为损益类账户的发生额。
> - 利润表提供"本期金额"和"上期金额"两栏。

能力内容二　有关会计核算的原始凭证和账务处理

一、增值税专用发票

1. 基本联次规定为一式三联，各联次必须按以下规定用途使用：

   第一联为记账联，销货单位记账凭证；

   第二联为抵扣联，购货单位作扣税凭证；

   第三联为发票联，购货单位记账凭证。

2. 开具发票单位为销售单位。
3. 账务处理。
（1）销货单位。销售商品，收到现金时，根据增值税专用发票记账联，作会计分录如下：

借：库存现金

　　贷：主营业务收入

　　　　应交税费——应交增值税（销项税额）

（2）购货单位。购进材料，并验收入库，根据增值税专用发票发票联、收料单，作会计分录如下：

借：原材料

　　应交税费——应交增值税（进项税额）

　　贷：库存现金

二、收据

1. 适用范围为非经营性收款，不能代替发票使用。
2. 开具收据单位为收款单位。
3. 基本联次规定为一式三联，各联次必须按以下规定用途使用：

   第一联为存根联，收款单位留存；

   第二联为收款单位记账凭证；

   第三联为付款单位记账凭证。

4. 账务处理。
（1）收款单位。收到款项时，根据收据第二联，作会计分录如下：

借：库存现金
　　贷：有关科目
（2）付款单位。支付款项时，根据收据第三联，作会计分录如下：
借：有关科目
　　贷：库存现金

三、现金缴款单

1. 现金缴款单是企业将收到的现金存入银行时使用。
2. 开具现金缴款单的单位为存款单位。
3. 基本联次规定为一式三联，各联次必须按以下规定用途使用：
   第一联为回单联，存款单位记账用；
   第二联为银行记账凭证；
   第三联为银行记账凭证。
4. 账务处理。存款单位将现金存入银行时，根据现金缴款单回单联，作会计分录如下：
借：银行存款
　　贷：库存现金
注意：使用收付转记账凭证时，应编制现金付款凭证。

四、借款单和出差旅费报销单

（一）借款单
1. 借款单是在企业内部有关部门或个人因公事借款时使用。
2. 填制借款单者是借款部门或借款人。
3. 基本联次规定为一式三联，各联次必须按以下规定用途使用：
   第一联为存根联，交给借款人；
   第二联为会计结算凭证，报销时记账凭证；
   第三联为会计记账凭证，借款时记账凭证。

（二）出差旅费报销单
1. 适用范围为企业内部有关部门或个人出差回来报销差旅费时使用。
2. 出差人填制出差旅费报销单。
3. 基本联次为单联式，按规定使用。

（三）账务处理
1. 借款人预借差旅费时，根据借款单记账联，作会计分录如下：
借：其他应收款
　　贷：库存现金
2. 报销差旅费时，根据借款单结算联和出差旅费报销单，作会计分录如下：
借：管理费用
　　贷：其他应收款
　　借或贷：库存现金

五、支票

(一) 支票的概念

支票是出票人签发的,委托办理支票存款业务的银行见票时无条件支付确定的金额给收款人或者持票人的票据。

(二) 支票结算的基本规定

1. 支票一律记名;
2. 出票日期一律大写;
3. 支票的有效期为10天;
4. 支票的金额起点为100元;
5. 签发支票应使用黑墨水,用钢笔或碳素笔填写,必须加盖预留银行印鉴;
6. 签发人必须在银行账户余额内按规定签发支票,否则,银行不予受理,并处以罚款;
7. 转账支票可背书转让,已签发的现金支票遗失,可以向银行申请挂失,已签发的转账支票遗失,银行不受理挂失。

(三) 支票的基本联次

支票的基本联次规定为单联式,必须按以下规定用途使用:

分左右两部分,左边为支票存根,签发单位作为记账用的原始凭证;右边交付收款单位。

(四) 支票结算程序

1. 现金支票结算程序。
（1）付款人开出现金支票给收款人;
（2）收款人持现金支票向付款人开户银行提取现金。
2. 转账支票结算方式（两种）。

第一种方式是由签发人交收款人办理结算。转账支票结算程序见图4。

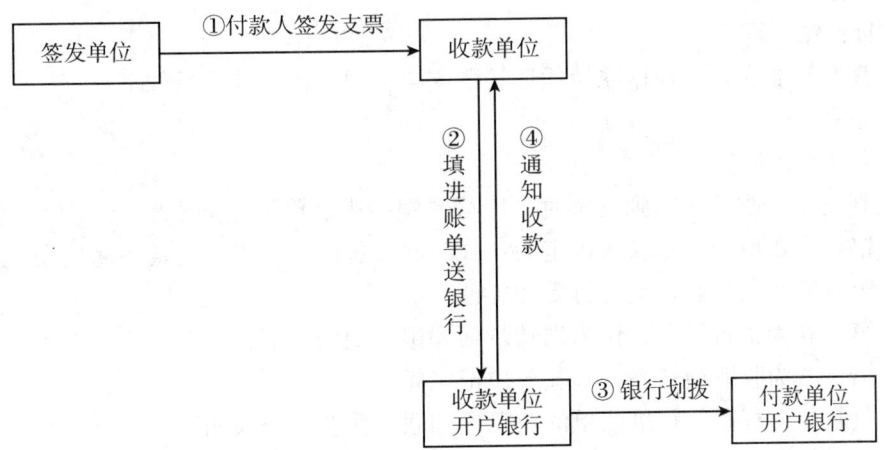

图4 转账支票结算程序

（1）付款人签发支票交收款人；
（2）收款人持票并填进账单到开户银行办理入账；
（3）银行间办理划拨；
（4）收款人开户银行下达收款通知。

第二种方式是由签发人交签发人开户银行办理结算。转账支票结算程序见图5。

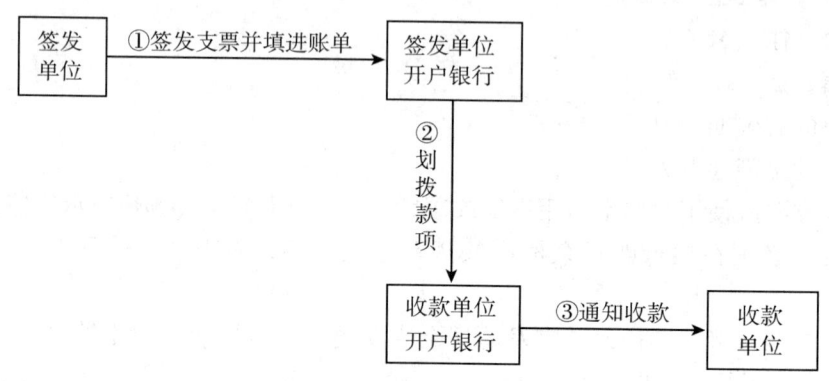

图5 转账支票结算程序

（1）签发支票并填进账单办理转账；
（2）银行间办理划拨；
（3）收款人开户银行下达收款通知。

（五）账务处理

1. 购买支票。向银行购买，由出纳员填写"银行收费凭证"。

借：财务费用
　　贷：银行存款

2. 签发支票。

（1）签发现金支票，根据原始凭证现金支票存根，作会计分录如下：

借：库存现金
　　贷：银行存款

（2）签发转账支票，根据原始凭证转账支票存根，作会计分录如下：

借：有关科目
　　贷：银行存款

3. 收到支票。收款人收到支票时，填写"银行进账单"连同支票送存银行。

（1）银行进账单的基本联次规定为一式三联，各联次按以下规定用途使用：

　　第一联为回单联，是银行受理凭证；
　　第二联为银行留存，作为划转款项和银行记账凭证；
　　第三联为收账通知联，收款单位记账凭证。

（2）收款单位根据银行进账单的收账通知联，作会计分录如下：

借：银行存款
　　贷：有关科目

六、银行汇票

（一）银行汇票的概述

1. 银行汇票是指由出票银行签发的，由其在见票时按实际结算金额无条件支付给收款人或者持票人的票据。

2. 银行汇票适用于同城、异地单位和个人各种款项的结算，特别适用于企业先收款后发货或钱货两清的商品交易。

3. 银行汇票的特点。

（1）票随人到，用款及时。

（2）付款有保证。银行汇票以银行信誉作保证，不会出现"空头"或无款支付的情况。

（3）兑现性强，使用灵活。

4. 银行汇票基本联次规定为一式四联，各联次必须按以下规定用途使用：

第一联为卡片，由出票银行留存；

第二联为银行汇票，交汇票申请人；

第三联为银行汇票解讫通知，交汇票申请人；

第四联为多余款项收账通知，汇款单位收到银行退回的汇票多余款时作为记账凭证。

（二）银行汇票结算的基本规定

1. 银行汇票一律记名，出票日期必须大写。

2. 银行汇票的汇款金额起点为500元。

3. 银行汇票的付款期为一个月。逾期的汇票，兑付银行不予受理。

4. 银行汇票在付款期内可以背书转让。

（三）银行汇票结算程序

1. 汇款人委托银行办理汇票；

2. 银行签发汇票；

3. 汇款人使用汇票结算；

4. 收款人持汇票进账或取款；

5. 通知汇票已解付；

6. 结算划拨；

7. 结算汇票退回余额。

银行汇票结算程序见图6。

（四）账务处理

1. 汇款单位。

（1）汇款人办理银行汇票时，填写一式三联的"银行汇票委托书"。

① 银行汇票委托书的基本联次一般为一式三联，各联次必须按以下规定用途使用：

第一联为回单联，汇款人记账凭证；

第二联为出票行留存；

第三联为出票行留存。

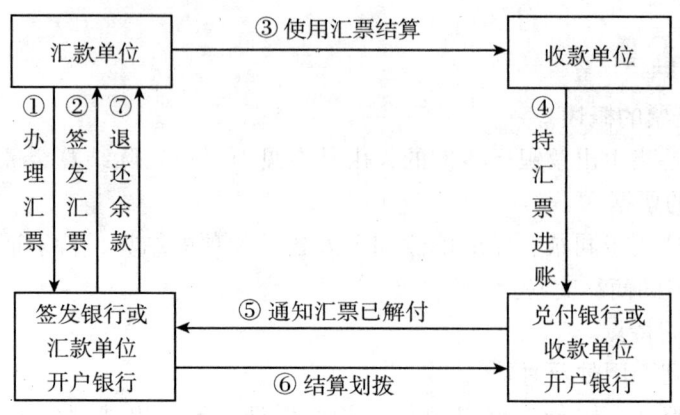

图 6　银行汇票结算程序

② 汇款人根据银行盖章的银行汇票委托书回单联，作会计分录如下：

借：其他货币资金——银行汇票
　　贷：银行存款

同时汇款人取得银行签发的银行汇票和银行汇票解讫通知。

（2）汇款人持银行汇票付款。

借：有关科目
　　贷：其他货币资金——银行汇票

（3）汇款人根据银行汇票多余款项收账通知联，结清银行汇票余款。

借：银行存款
　　贷：其他货币资金——银行汇票

2. 收款单位。收款单位收到银行汇票时填写银行进账单，连同银行汇票送存其开户银行，根据银行进账单的收账通知联，作会计分录如下：

借：银行存款
　　贷：有关科目

七、银行本票

（一）银行本票的概述

1. 银行本票是银行签发的，承诺自己在见票时无条件支付确定的金额给收款人或持票人的票据。

2. 银行本票适用于同城的商品交易、劳务供应等各种款项的结算。

3. 银行本票的种类。

（1）定额本票，面额有 1 000 元、5 000 元、10 000 元和 50 000 元。

（2）不定额本票。

4. 银行本票基本联次。

（1）定额本票规定为单联式，由签发银行盖章后交给银行本票申请人以办理转账结算或取现。

（2）不定额本票规定为一式二联，各联次必须按以下规定用途使用：

　　第一联为卡片，由出票银行留存；

第二联为银行本票，由签发银行盖章后交给银行本票申请人。

（二）银行本票结算的基本规定

1. 银行本票一律记名，出票日期一律大写。

2. 银行本票实行金额进账制，即按票面金额进账；票面金额大于实际结算金额部分银行不予受理，结算单位自行办理。

3. 银行本票的付款期为两个月。逾期的本票，兑付银行不予受理。

4. 银行本票在付款期内可以背书转让。

（三）银行本票结算程序

1. 付款人委托银行办理本票；

2. 银行签发本票；

3. 付款人使用本票结算；

4. 收款人持本票进账或取款；

5. 通知本票已解付；

6. 结算划拨。

银行本票结算程序见图7。

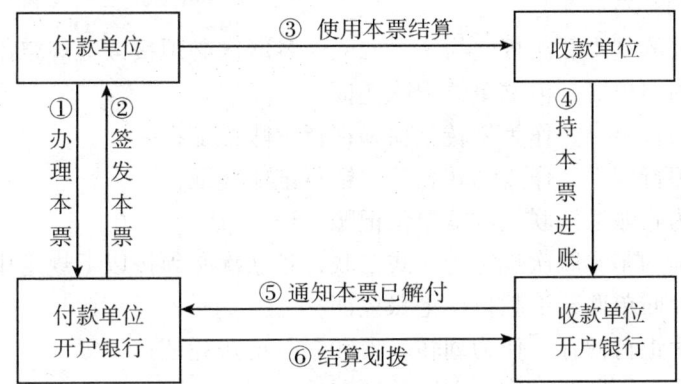

图7　银行本票结算程序

（四）账务处理

1. 付款单位。

（1）付款人办理银行本票时，填写一式三联的"银行本票委托书"。

① 银行本票委托书的基本联次一般为一式三联，各联次必须按以下规定用途使用：

第一联为回单联，付款人记账凭证；

第二联银行使用；

第三联银行使用。

② 付款人根据银行盖章的银行本票委托书回单联，作会计分录如下：

借：其他货币资金——银行本票

　　贷：银行存款

同时付款人取得银行签发的银行本票。

（2）付款人持银行本票付款。

借：有关科目

贷：其他货币资金——银行本票

　2. 收款单位。收款单位填写银行进账单，连同银行本票送存其开户银行，根据银行进账单的收账通知联，作会计分录如下：

　　借：银行存款
　　　　贷：有关科目

八、汇兑

（一）汇兑的概述

汇款人委托银行将其款项支付给外地收款人的一种结算方式。

1. 汇款人为付款单位或个人。
2. 汇兑适用于异地单位和个人的各种款项的结算。
3. 汇兑分为信汇和电汇两种。信汇是汇款人向银行提出申请并交存一定的金额，银行以邮寄方式汇出，同时收取一定的手续费；电汇是汇款人向银行提出申请并交存一定的金额，银行以电报或电传方式汇出，同时收取一定的手续费。
4. 填写汇兑凭证者为汇款人。
5. 汇兑凭证的基本联次。

（1）信汇凭证的基本联次规定为一式四联，各联次必须按以下规定用途使用：
　　第一联为回单联，汇款单位记账凭证；
　　第二联银行留存，作为划转款项和银行记账凭证；
　　第三联银行留存，作为划转款项和银行记账凭证；
　　第四联为收账通知联，收款单位记账凭证。

（2）电汇凭证的基本联次规定为一式三联，各联次必须按以下规定用途使用：
　　第一联为回单联，汇款单位记账凭证；
　　第二联为银行留存，作为划转款项和银行记账凭证；
　　第三联为银行留存，作为划转款项和银行记账凭证。

（二）汇兑结算程序

1. 汇款人委托开户银行办理汇款，汇款人填写信汇凭证或电汇凭证；
2. 银行受理后，将汇兑结算凭证回单交汇款人；
3. 银行间划拨款项；
4. 收款人开户银行通知收款人汇款已到。

汇兑结算程序见图8。

（三）账务处理

1. 付款单位。

（1）汇出款项时，根据信汇或电汇凭证回单联，作会计分录如下：

　　借：有关科目
　　　　贷：银行存款

（2）支付汇兑手续费时，根据手续费收费凭证，作会计分录如下：

　　借：财务费用
　　　　贷：银行存款

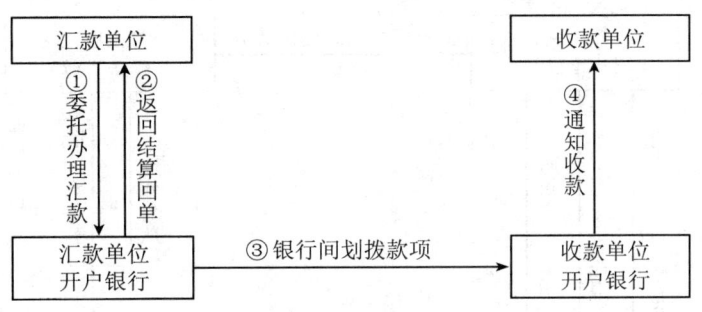

图 8　汇兑结算程序

2. 收款单位。收到信汇汇款时，根据信汇凭证收账通知单（收到电汇汇款时，根据从银行得到的电汇凭证收账通知），作会计分录如下：

借：银行存款
　　贷：有关科目

九、托收承付

（一）托收承付的概述

1. 托收承付是指收款单位根据经济合同发货后，委托银行向异地付款单位收取款项，由付款单位按经济合同规定核对结算单证或验货后向银行承认付款的一种结算方式。

2. 托收承付分为邮划和电划两种。

3. 托收承付结算方式适用于异地签有合同的商品交易以及由商品交易而产生的劳务供应等款项的结算。

4. 填制托收承付凭证者为收款单位。

5. 托收承付凭证的基本联次为一式五联，各联次必须按以下规定用途使用：

第一联为回单联，银行盖章后退回，收款单位记账凭证；

第二联为贷方凭证，银行记账凭证；

第三联为借方凭证，银行记账凭证；

第四联为收账通知联，银行盖章后通知收款单位收款，收款单位记账凭证；

第五联为付款通知联，银行盖章后通知付款单位付款，付款单位记账凭证。

（二）托收承付结算程序

1. 收款单位发出商品或提供劳务；

2. 收款单位委托银行办理托收手续；

3. 银行间传递托收凭证；

4. 银行通知付款单位付款；

5. 付款单位同意付款；

6. 银行间划转款项；

7. 银行通知收款单位收款。

托收承付结算程序见图9。

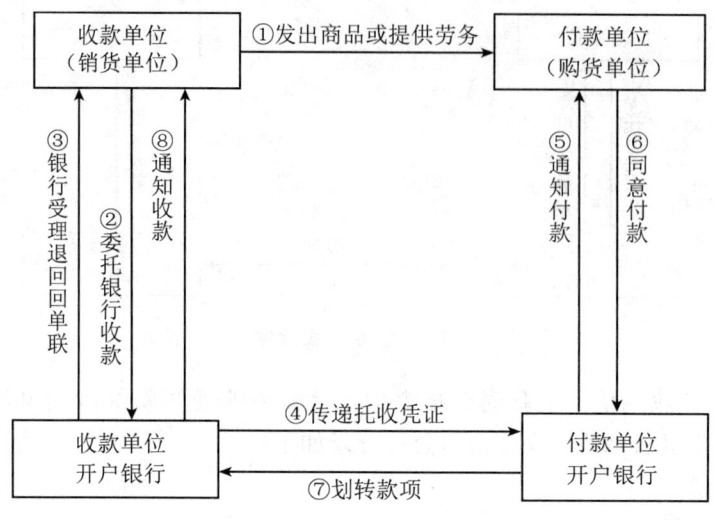

图 9　托收承付结算程序

（三）账务处理

1. 收款单位。

（1）办妥托收手续时，根据商品发货票、货物运费发票和托收承付结算凭证回单联，作会计分录如下：

借：应收账款——××单位
　　贷：主营业务收入
　　　　应交税费——应交增值税（销项税额）
　　　　银行存款

（2）收到银行盖章的委托收款收账通知联时，作会计分录如下：

借：银行存款
　　贷：应收账款——××单位

2. 付款单位。支付款项，根据托收承付结算凭证付款通知联，作会计分录如下：

借：有关科目
　　贷：银行存款

十、商业汇票

（一）商业汇票的概述

商业汇票是收款人或付款人（或承兑申请人）签发，由承兑人承兑，并于到期日向收款人或被背书人支付款项的票据。

1. 签发者为收款人或付款人。
2. 商业汇票适用于同城或异地签有购销合同的商品交易。
3. 商业汇票的种类。按承兑人不同，分为商业承兑汇票和银行承兑汇票。商业承兑汇票是由付款人或收款人签发，经付款人承兑的票据；银行承兑汇票是由承兑申请人申请，经银行审核同意承兑的票据。
4. 商业汇票一律记名，可以背书转让，可以贴现，付款期限不超过6个月。

5. 商业承兑汇票的基本联次为一式三联，各联次必须按以下规定用途使用：

第一联承兑人留存；

第二联交收款单位，收款单位到期存入银行；

第三联出票人存查。

6. 银行承兑汇票的基本联次为一式三联，各联次必须按以下规定用途使用：

第一联银行记账用；

第二联交收款单位，收款单位到期存入银行；

第三联出票人存查。

（二）商业承兑汇票的结算程序

1. 根据购销合同，收款单位依据经付款单位承兑的商业承兑汇票发运商品；
2. 收款单位将要到期的商业汇票连同填制的委托收款凭证委托银行收款；
3. 银行间结算及划款。

商业承兑汇票的结算程序见图10。

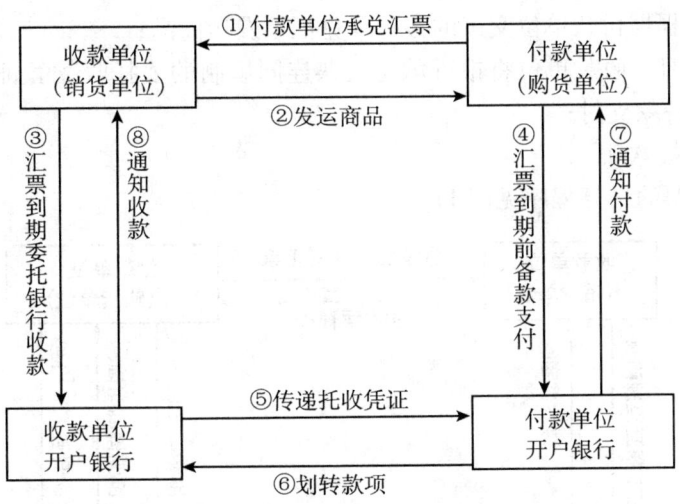

图10 商业承兑汇票结算程序

（三）商业承兑汇票的账务处理

1. 收款单位。

（1）销售商品，收到商业承兑汇票时，根据商品发货票，作会计分录如下：

借：应收票据——××单位

　　贷：主营业务收入

　　　　应交税费——应交增值税（销项税额）

（2）商业承兑汇票到期存入银行时，根据银行盖章的委托收款凭证收账通知联，作会计分录如下：

借：银行存款

　　贷：应收票据——××单位

（3）商业承兑汇票到期，承兑人违约拒付或无力支付票款时，根据银行退回的商业承兑汇票、委托收款凭证、未付款通知或拒绝付款证明等，作会计分录如下：

借：应收账款——××单位
　　贷：应收票据——××单位

2. 付款单位。

（1）购入原材料并验收入库，根据商品发货票、收料单和商业承兑汇票第一联，作会计分录如下：

借：原材料
　　应交税费——应交增值税（进项税额）
　　贷：应付票据——××单位

（2）支付款项时，根据委托收款凭证付款通知联，作会计分录如下：

借：应付票据——××单位
　　贷：银行存款

（四）银行承兑汇票的结算程序

1. 承兑申请单位持购销合同填写银行承兑委托书向开户银行申请签发银行承兑汇票，开户银行根据有关规定与承兑申请单位签订承兑协议，同意承兑；

2. 收款单位根据付款单位交来的银行承兑汇票发运商品；

3. 汇票到期日，收款单位将银行承兑汇票连同填制的委托收款凭证委托开户银行收款，付款单位应备款支付；

4. 银行间划拨款项。

银行承兑汇票的结算程序见图11。

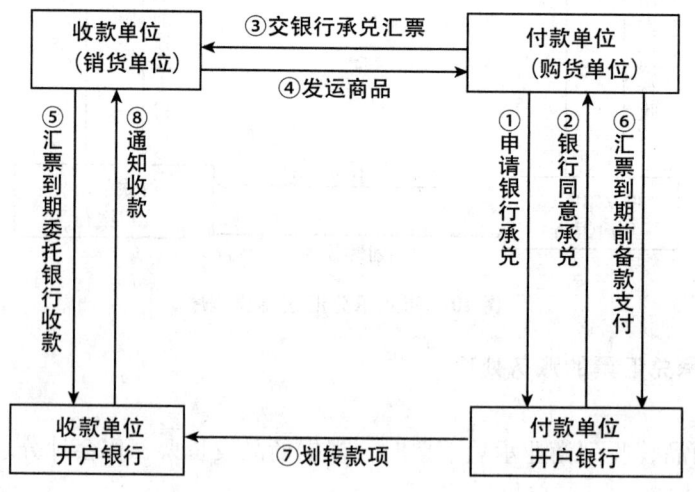

图11　银行承兑汇票结算程序

（五）银行承兑汇票的账务处理

1. 收款单位。

（1）销售商品，收到银行承兑汇票时，根据商品发货票，作会计分录如下：

借：应收票据——××单位
　　贷：主营业务收入
　　　　应交税费——应交增值税（销项税额）

(2) 银行承兑汇票到期存入银行时，根据银行盖章的委托收款凭证收账通知联，作会计分录如下：

借：银行存款
　　贷：应收票据——××单位

2. 付款单位。

(1) 购入原材料并验收入库，根据商品发货票、收料单和银行承兑汇票第三联，作会计分录如下：

借：原材料
　　应交税费——应交增值税（进项税额）
　　贷：应付票据——××单位

(2) 支付款项时，根据委托收款凭证付款通知联，作会计分录如下：

借：应付票据——××单位
　　贷：银行存款

（六）商业汇票贴现

1. 贴现是指企业将未到期的票据转让给银行，银行在扣除按贴现率计算的贴现利息后，将其差额支付给贴现企业的行为。

2. 办理贴现者为持有商业汇票的单位或个人。

3. 贴现的计算。其计算公式如下：

$$贴现利息 = 票据到期值 \times 贴现率 \times 贴现期$$

$$贴现金额 = 票据到期值 - 贴现利息$$

4. 贴现凭证的基本联次为一式五联，各联次按以下规定用途使用：

第一联代申请书，由银行作贴现付出传票；

第二联收入凭证，由银行作贴现申请人收入传票；

第三联收入凭证，由银行作贴现利息收入传票；

第四联收款通知，贴现申请人记账凭证；

第五联银行到期日作贴现收入传票。

5. 贴现的账务处理。贴现申请人收到贴现款时，根据贴现凭证收款通知联，作会计分录如下：

借：银行存款
　　财务费用
　　贷：应收票据——××单位

十一、委托收款

（一）委托收款的概述

委托收款是指由收款人委托银行向付款人收取款项的一种结算方式。

1. 填写委托收款凭证者为收款单位或收款人。

2. 委托收款适用于同城或异地单位和个人的各种款项的结算。

3. 委托收款分为邮寄和电划两种。邮寄是以邮寄方式，由付款人开户银行向收款人开户银行转送委托收款凭证，提供收款依据的方式；电划是以电报方式，由付款人开户银行向收款人开户银行转送收款凭证，提供收款依据的方式。

4. 委托收款凭证的基本联次为一式五联，各联次必须按以下规定用途使用：

第一联回单联，银行盖章后退回，收款单位记账凭证；

第二联贷方凭证，银行记账凭证；

第三联借方凭证，银行记账凭证；

第四联为收账通知联，银行盖章后通知收款单位收款，收款单位记账凭证；

第五联为付款通知联，银行盖章后通知付款单位付款，付款单位记账凭证。

（二）委托收款的基本规定

1. 不受金额起点的限制，即不论金额多少，都可办理；

2. 付款人可以拒绝付款，可填写"全部或部分拒付理由书"；

3. 付款期为3天；付款人无款支付时，按期退回有关凭证，否则，银行将给予罚款。

（三）委托收款的结算程序

1. 收款单位向付款单位提供商品或劳务供应；

2. 收款单位委托银行收款；

3. 收款单位收到委托回单；

4. 收款单位开户银行将凭证传递给付款单位开户银行；

5. 付款单位开户银行通知付款单位付款；

6. 付款单位付款；

7. 收款单位开户银行通知收款单位款已收到。

委托收款结算程序见图12。

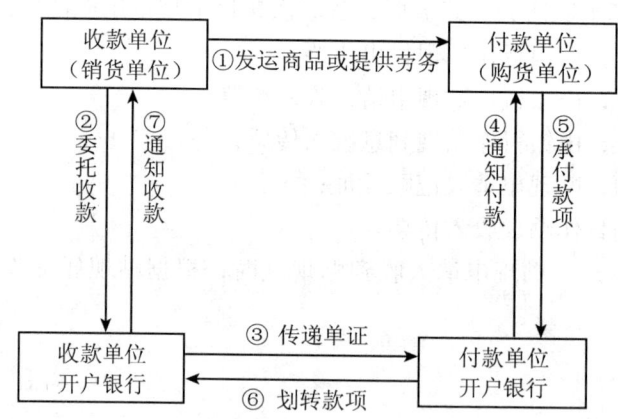

图12 委托收款结算程序

（四）账务处理

1. 收款单位。

（1）收款单位委托银行收款时，根据发货票和委托收款凭证回单联，作会计分录如下：

借：应收账款——××单位
　　　贷：主营业务收入

应交税费——应交增值税（销项税额）

（2）收款单位收到款项时，根据委托收款凭证收账通知联，作会计分录如下：

借：银行存款

　　贷：应收账款——××单位

2. 付款单位。付款单位付款时，根据委托收款凭证付款通知联，作会计分录如下：

借：有关科目

　　贷：银行存款

十二、材料核算

材料核算的原始凭证有收料单、领料单和材料费用分配表等。

（一）收料单（又称材料入库单）

1. 收料单是指材料到达企业，经验收审核合格办理入库时按规定填写的原始凭证。

2. 填写者是材料保管人员。

3. 账务处理。企业外购材料按实际成本核算，根据材料到货及货款支付情况可分为以下几种情况：

（1）材料与账单同时到达。根据收料单、增值税专用发票和银行结算凭证等原始凭证，作会计分录如下：

借：原材料

　　应交税费——应交增值税（进项税额）

　　贷：银行存款（或应付票据、其他货币资金）

（2）材料未到而账单先到并付款。根据增值税专用发票和银行结算凭证等原始凭证，作会计分录如下：

借：在途物资

　　应交税费——应交增值税（进项税额）

　　贷：银行存款（或应付票据、其他货币资金）

材料验收入库时，根据收料单，作会计分录如下：

借：原材料

　　贷：在途物资

（3）材料已入库，但账单尚未到达。企业可暂不处理，待账单到达后按（1）所述方法处理；如果月末账单仍未到达，应按暂估价入账。根据收料单，作会计分录如下：

借：原材料

　　贷：应付账款——暂估应付账款

（二）领料单（又称材料出库单）

1. 领料单是一种一次性领料凭证，是用料部门在领料时由经办人填写。

2. 填写者是经办人员。

3. 发出材料的计价方法。按实际成本核算时，发出材料的计价方法主要有以下四种：

（1）先进先出法。这种方法是假定先入库的材料最先发出。在这种方法下，每次购入材料时，应按时间的先后顺序逐笔登记其数量、单价和金额，每次发出材料时，按照先入库材料的单价计算发出材料的实际成本。

（2）月末一次加权平均法。这种方法是根据本月月初结存材料的数量和金额与本月收入材料的数量和金额，在月末一次计算本月材料的加权平均单位成本，作为计算本月发出材料和月末结存材料价格，一次性计算本月发出材料的实际成本。其计算公式如下：

$$加权平均单位成本 = \frac{月初结存材料金额 + 本月收入材料金额}{月初结存材料数量 + 本月收入材料数量}$$

$$本月发出材料的实际成本 = 本月发出材料的数量 \times 加权平均单价$$

（3）移动加权平均法。这种方法是在企业每次收到材料后，即根据库存材料数量和金额计算平均单价，作为发出材料的价格，计算发出材料的实际成本。

（4）个别计价法。这种方法是以每批材料的实际单位成本作为该批材料发出的单价来计算发出材料的成本。这种方法一般适用于能够明显区分的大件贵重商品。

（三）账务处理

材料按实际成本核算，领用材料时，可根据领料单、领用材料汇总表或材料费用分配表，作会计分录如下：

借：生产成本
　　制造费用
　　管理费用
　　销售费用
　贷：原材料

十三、职工薪酬核算

职工薪酬核算的原始凭证有工资结算单和工资费用分配表等。

（一）工资结算单（又称工资单、工资表、工资计算表等）

1. 工资结算单是按每个职工填列应付工资、代扣款项和实发金额的原始记录，一般按车间、部门编制，每月一张。

2. 编制工资结算单的原始依据是职工的考勤记录、产量记录和工时记录等。

3. 工资结算单一般一式三份，每份的用途如下：一份由劳动工资部门存查；一份按职工姓名裁成"工资条"，连同工资一起发放给每个职工以便核对；一份在发放工资时由职工签字或盖章后，作为工资结算和支付的原始凭证。

4. 工资结算汇总表是按企业人员类别和各车间、部门类别以及工资和代扣款的种类汇总编制，并结出整个企业应付的各种工资总额、代扣款项和实发工资总额，它是根据各车间、部门的工资结算单汇总编制的。

（二）工资费用分配表

1. 工资费用分配表是根据各车间、部门的工资结算单编制的，反映各车间、部门职工工资费用的分配情况，是进行工资费用分配的原始凭证。

2. 工资分配汇总表是财会部门根据各车间、部门的工资分配表汇总编制的，反映整个企业工资费用的分配情况，是工资费用分配的原始凭证。

（三）工资核算的账务处理

1. 提取现金，准备发放工资。按照工资结算汇总表上的实发工资额签发现金支票提取现金，根据现金支票存根作会计分录如下：

借：库存现金
　　贷：银行存款

2. 用现金发放工资，并结转代扣款项。根据工资结算单或工资结算汇总表，作会计分录如下：

（1）用现金发放工资。

借：应付职工薪酬——工资
　　贷：库存现金

（2）结转代扣款项。

借：应付职工薪酬——工资
　　贷：其他应付款（代扣房租、水费等）
　　　　应交税费——应交个人所得税

3. 分配工资费用。月末，分配本月工资费用，按照不同车间、部门和不同人员的工资，根据工资分配汇总表，作会计分录如下：

借：生产成本
　　制造费用
　　管理费用
　　销售费用
　　在建工程
　　贷：应付职工薪酬——工资

十四、固定资产核算

固定资产核算的原始凭证有固定资产验收单和固定资产折旧计算表等。

（一）固定资产验收单（或固定资产交接单、固定资产验收交接单）

1. 固定资产验收单一般由企业固定资产管理部门和使用部门填制。
2. 企业取得固定资产时，将其作为增加固定资产的原始凭证。
3. 固定资产增加的账务处理。外购固定资产并交付使用，根据增值税专用发票、固定资产验收交接单和银行结算凭证，作会计分录如下：

借：固定资产
　　应交税费——应交增值税（进项税额）
　　贷：银行存款

（二）固定资产折旧计算表

1. 折旧的计算。固定资产折旧，应根据月初可计提折旧的固定资产原值和月折旧率，按月计提折旧。其计算公式如下：

$$\frac{\text{本月应计提}}{\text{折旧额}} = \frac{\text{上月固定资产}}{\text{计提的折旧额}} + \frac{\text{上月增加固定资产}}{\text{应计提的折旧额}} - \frac{\text{上月减少固定资产}}{\text{应计提的折旧额}}$$

2. 固定资产折旧计算表一般按使用部门分别编制，然后由财务部门根据"固定资产折旧计算表"汇总编制"固定资产折旧汇总表",也可直接由财务部门编制。

3. 账务处理。根据固定资产折旧计算表或固定资产折旧汇总表,作会计分录如下:

借:制造费用
　　管理费用
　　销售费用
　　贷:累计折旧

(三) 固定资产的清查

1. 固定资产盘盈、盘亏报告表。

固定资产保管、使用部门定期对固定资产进行盘点,并将盘点结果送交财务部门,财务部门接到清查盘点表后,与固定资产账面记录核对,编制"固定资产盘盈、盘亏报告表",并报请上级审批。

2. 账务处理。

(1) 发现盘盈、盘亏报请审批时,根据固定资产盘盈、盘亏报告表,作会计分录如下:

盘盈固定资产:

借:固定资产
　　贷:以前年度损益调整

盘亏固定资产:

借:待处理财产损溢
　　累计折旧
　　贷:固定资产

借:待处理财产损溢
　　贷:应交税费——应交增值税(进项税额转出)

(2) 经批准转销时,根据固定资产批准报告单,作会计分录如下:

结转盘盈固定资产:

借:以前年度损益调整
　　贷:有关科目

转销盘亏固定资产:

借:有关科目
　　贷:待处理财产损溢

十五、成本和费用核算

(一) 制造费用分配表

1. 制造费用分配表由企业财务部门从事成本核算的会计人员编制。

2. 一般在月末时,按车间分别分配本车间的制造费用,编制制造费用分配表,作为分配制造费用的原始凭证。

3. 账务处理。月末,分配制造费用时,根据制造费用分配表,作会计分录如下:

借:生产成本——基本生产成本(甲产品)
　　　　　　——基本生产成本(乙产品)
　　贷:制造费用

（二）产品成本计算单

1. 产品成本计算单由企业财务部门从事成本核算的会计人员编制。

2. 按品种法计算产品成本时，一般在月末，按产品分别设置明细账，按成本项目归集生产费用，计算产品成本。

3. 按约当产量法将生产费用在完工产品和月末在产品之间分配的程序为：

（1）计算月末在产品约当产量。

$$月末在产品约当产量 = 月末在产品数量 \times 在产品完工程度（或投料程度）$$

（2）计算各费用分配率（按成本项目分别计算）。

$$各项费用分配率 = \frac{月初在产品费用 + 本月生产费用}{完工产品数量 + 月末在产品约当产量}$$

（3）完工产品费用 = 完工产品数量 × 该项费用分配率。

（4）月末在产品费用 = 月末在产品约当产量 × 该项费用分配率。

注意：如费用分配率不能整除，为避免尾差，计算月末在产品费用时，应采用倒挤的方法，公式如下：

$$月末在产品费用 = 月初在产品费用 + 本月生产费用 - 完工产品费用$$

4. 账务处理。完工产品验收入库时，根据产品入库单和产品成本计算单，作会计分录如下：

借：库存商品——××产品
　　贷：生产成本——基本生产成本（××产品）

十六、销售收入、销售成本和销售税金核算

（一）销售收入的账务处理

1. 销售产品，确认销售收入时，根据增值税专用发票和结算凭证，作会计分录如下：

借：银行存款（或其他货币资金、应收票据、应收账款等）
　　贷：主营业务收入
　　　　应交税费——应交增值税（销项税额）

2. 月末，将销售收入转入本年利润。

借：主营业务收入
　　贷：本年利润

（二）销售成本的账务处理

1. 月末，结转产品销售成本，根据产品出库单和产品销售成本计算表，作会计分录如下：

借：主营业务成本
　　贷：库存商品

2. 月末，将销售成本转入本年利润。

借：本年利润
　　贷：主营业务成本

（三）销售税金的账务处理

1. 月末，计算本月应交的各种销售税费，根据应交税费计算表，作会计分录如下：

借：税金及附加
　　贷：应交税费——应交城市维护建设税
　　　　　　　　——应交教育费附加

2. 月末，将销售税费转入本年利润。

借：本年利润
　　贷：税金及附加

第二部分 会计综合模拟实训

能力内容一 实训目的和岗位

一、实训目的

1. 会计理论和会计实践相结合,加深学生对会计理论的认识;
2. 通过实际操作,增强学生的感性认识,提高学生的动手操作能力;
3. 通过仿真实训教学,使学生毕业以后能尽快独立进行会计工作,胜任会计工作。

二、实训岗位

（一）会计岗位的设置

企业应根据本身规模的大小、业务量的多少等情况来设置会计岗位。一般来说,大中型企业应设置财务主管、会计主管、出纳、固定资产核算、材料物资核算、职工薪酬核算、成本核算、利润核算和报表等会计岗位。

小型企业因业务量较少,可设置会计主管、出纳、明细账核算和总账报表等会计岗位。

（二）各种会计岗位的职责

1. 会计主管的职责。

（1）组织会计人员按照会计制度,进行记账、算账和报账工作,做到账账、账证和账实相符。

（2）审核原始凭证和记账凭证,保证会计凭证的真实性和准确性。

（3）做好企业内部的控制管理,保证财产物资的安全完整。

（4）处理好与税务、工商、银行和主管部门的沟通工作,按时报送报表等各种资料。

2. 出纳岗位的职责。

（1）按照国家有关现金管理制度、银行账户管理办法和银行结算制度的规定,办理现金和银行结算业务。

（2）保管有关印鉴、空白收据等。

能力内容二 实训的操作程序和要求

一、实训的操作程序

1. 设置账户登记期初余额。要求按本模拟实训的会计主体——锦州振华棉纺厂2019

年 12 月的期初余额表,设置总账和明细账,并登记期初余额。

2. 取得和填制原始凭证。本实训所需的外来原始凭证和自制原始凭证均已印制,但是否填制完成分为两种情况:第一种情况是模拟会计的实际工作,外来原始凭证已填制完成;第二种情况是自制原始凭证,涉及出纳部分和成本计算部分的已印制空白凭证,需实训者自己填制,其余部分都已填制完成。

3. 编制记账凭证。按经济业务的先后顺序,根据原始凭证,编制记账凭证,并予以编号。本模拟实训采用通用记账凭证,每半个月汇总一次,编制记账凭证汇总表,据以登记总账。

4. 登记日记账、明细账和总账。根据记账凭证及所附的原始凭证登记库存现金日记账、银行存款日记账和各种明细账,根据记账凭证汇总表登记总账。

5. 试算平衡。

6. 对账。要求账证相符,即记账凭证和账簿记录核对相符;账账相符,即日记账、明细账和有关的总账核对相符。

7. 成本计算。要求按品种法计算出本月完工产品成本。

8. 结账。月末时,将各种账户有余额的结算出期末余额,无余额的结平。

9. 编制财务报表。要求编制资产负债表和利润表。

二、实训的操作要求

1. 数字的书写要符合要求。
2. 记账过程中如出现错误,应按正确的方法予以更正。
3. 使用统一的计算工具,以珠算、计算器作为主要的计算工具。
4. 其余各项按规定使用。

能力内容三 实训的准备工作

一、实训所需的账簿、报表、凭证及用具

1. 每名实训者所需账簿、报表(本教材已附)。
(1)库存现金日记账;
(2)银行存款日记账;
(3)明细账(三栏式);
(4)明细账(多栏式);
(5)总账;
(6)财务报表,包括资产负债表、利润表。

2. 每名实训者所需凭证及用具。通用记账凭证 100 张,记账凭证汇总表 8 张,会计凭证封皮 2 张,另有钢笔、铅笔、碳素笔、红色水性笔、直尺和橡皮等文具。

二、实训者应交的作业

(1)《会计综合模拟实训》会计账簿、报表一本;

（2）记账凭证两册，要求附有对应的记账凭证汇总表（12月1~15日一册、16~31日一册）；

（3）财务报表。

能力内容四　实训主体的基本情况

一、实训主体的概况

会计综合模拟实训的主体是锦州振华棉纺厂。该厂是一中型工业企业，设有一个基本生产车间，生产的产品名称为棉纱。本模拟实训是锦州振华棉纺厂2019年12月的经济业务。

1. 采用品种法计算产品成本。

2. 生产过程中所用材料投料率为100%，其他费用随着加工进度陆续发生，在产品完工程度为50%，采用约当产量法计算完工产品和月末在产品成本。

3. 材料、产成品等均按实际成本核算，材料、产成品等的计价方法均采用一次加权平均法。

4. 一次性结转耗用的材料成本、验收入库产成品成本和产品销售成本。

5. 费用分配率或加权平均单位成本应精确到0.0001，计算应分配的成本费用应精确到0.01。

6. 该厂为增值税一般纳税人，适用的增值税税率为13%。

7. 该厂经银行核定的库存现金限额为5 000.00元。

8. 为了使实训者便于理解和掌握会计实际操作知识，本模拟按照企业的生产经营过程，即供应过程、生产过程和销售过程的顺序，安排会计综合模拟教材内容的先后次序。

二、实训主体的基本资料

1. 基本资料。

名称：锦州振华棉纺厂

纳税人识别号：912107117016255318

地址：锦州市中央大街21号

电话：3125789

开户行：工商银行和平支行　　账号：245687

预留银行印鉴

2. 财务岗位设置。

（1）财务科长：赵宾，负责审核记账凭证、登记总分类账、编制会计报表和主持财务科的全面工作。

（2）会计：郑涛，负责编制记账凭证等工作。

（3）会计：孙小岩，负责登记各种明细分类账等工作。

（4）出纳：会计综合模拟实训者本人，负责出纳工作。

会计凭证中其他有关人员签字可用"××"表示。

3. 涉及的结算方式。

（1）现金。

（2）支票。

（3）汇兑，包括信汇和电汇两种。

（4）委托收款。

（5）异地托收承付。

（6）银行汇票。

（7）商业汇票。

（8）银行本票。

4. 企业往来账户的有关资料：

（1）锦州市中百商厦。
纳税人识别号：912107112271254638
地址：锦州市长春路6号
电话：5144789
账号：14563
开户银行：工商银行中山支行

（2）锦州市经贸公司。
纳税人识别号：91210711227123786T
地址：锦州市中央大街10号
电话：2458967
账号：90010021
开户银行：工商银行中山支行

（3）大连纺织公司。
纳税人识别号：912102541287412545
地址：大连市太原街15号
电话：2547813
账号：25874631
开户银行：工商银行星海支行

（4）锦州商贸城。
纳税人识别号：912107254781365487
地址：锦州市府路18号
电话：3880754
账号：2145873
开户银行：农业银行凌河支行

（5）大连秋林公司。
纳税人识别号：912102112277940786
地址：大连市黑石礁路61号
电话：2154896
账号：90123657
开户银行：工商银行滨海支行

（6）葫芦岛棉麻公司。
账号：5487623
开户银行：农业银行新区支行

（7）锦州振华公司。
账号：2258461
开户银行：工商银行站前办事处

（8）兴城农贸公司。
账号：547896212
开户银行：工商银行上海路支行

（9）锦州机械厂。
账号：2547813
开户银行：工商银行东山支行

（10）本溪棉麻公司。
账号：287635
开户银行：工商银行城东支行

三、实训主体的期初余额

（一）总账期初余额表

总账期初余额

2019 年 12 月 1 日

序号	编号	账户名称	期初余额	
			借方金额	贷方金额
1	1001	库存现金	2 000.00	
2	1002	银行存款	476 800.00	
3	1012	其他货币资金		
4	1101	交易性金融资产	20 000.00	
5	1121	应收票据	184 000.00	
6	1122	应收账款	190 400.00	
7	1123	预付账款		
8	1132	应收利息	3 200.00	
9	1221	其他应收款		
10	1231	坏账准备		340.80
11	1402	在途物资		
12	1403	原材料	298 300.00	
13	1405	库存商品	243 000.00	
14	1411	周转材料	2 700.00	
15	1601	固定资产	2 820 385.00	
16	1602	累计折旧		1 442 424.03
17	1606	固定资产清理		
18	1901	待处理财产损溢		
19	2001	短期借款		60 000.00
20	2201	应付票据		9 860.00
21	2202	应付账款		55 360.20
22	2211	应付职工薪酬		71 000.00
23	2221	应交税费		24 250.00
24	2231	应付利息		800.00
25	2241	其他应付款		
26	2501	长期借款		
27	4001	实收资本		2 190 000.00

续表

序号	编号	账户名称	期初余额	
			借方金额	贷方金额
28	4002	资本公积		100 000.00
29	4101	盈余公积		
30	4103	本年利润		313 514.97
31	4104	利润分配		20 000.00
32	5001	生产成本	46 765.00	
33	5101	制造费用		
34	6001	主营业务收入		
35	6301	营业外收入		
36	6401	主营业务成本		
37	6403	税金及附加		
38	6601	销售费用		
39	6602	管理费用		
40	6603	财务费用		
41	6702	信用减值损失		
42	6711	营业外支出		
43	6801	所得税费用		
		合　计	4 287 550.00	4 287 550.00

（二）明细账期初余额表

明细账期初余额

2019年12月1日

序号	编号	账户名称	期初余额	
			借方金额	贷方金额
1	1001	库存现金	2 000.00	
2	1002	银行存款	476 800.00	
3	101201	其他货币资金——银行本票（锦州机械厂）		
4	101202	其他货币资金——银行汇票（本溪棉麻公司）		
5	110101	交易性金融资产——债券投资（大连织布厂）	20 000.00	
6	112101	应收票据——鞍山贸易大厦	120 000.00	
7	112102	应收票据——锦州商贸城		

续表

序号	编号	账户名称	期初余额	
			借方金额	贷方金额
8	112103	应收票据——大连织布厂	64 000.00	
9	112201	应收账款——大连秋林公司		
10	112202	应收账款——锦州市中百商厦		
11	112203	应收账款——锦州振华公司	40 000.00	
12	112204	应收账款——大连织布厂	150 400.00	
13	112205	应收账款——大连纺织公司		
14	112301	预付账款——锦州华兴日报社		
15	113201	应收利息——债券投资（大连织布厂）	3 200.00	
16	122101	其他应收款——齐小亮		
17	122102	其他应收款——厂供销科		
18	122103	其他应收款——冯扬		
19	122104	其他应收款——出纳员		
20	1231	坏账准备		340.80
21	140201	在途物资——一级棉花		
22	140301	原材料——一级棉花	225 000.00	
23	140302	原材料——二级棉花	72 000.00	
24	140303	原材料——修理用备件	500.00	
25	140304	原材料——废旧材料	800.00	
26	140501	库存商品——棉纱	243 000.00	
27	141101	周转材料——一般工具	1 500.00	
28	141102	周转材料——专用工具	1 200.00	
29	160101	固定资产——车间房屋建筑物	1 110 385.00	
30	160102	固定资产——厂部房屋建筑物	850 000.00	
31	160103	固定资产——车间机器设备（A型纺织机）	200 000.00	
32	160103	固定资产——车间机器设备（B型纺织机）	300 000.00	
33	160103	固定资产——车间机器设备（C型纺织机）	360 000.00	
34	160104	固定资产——厂部运输设备		
35	160201	累计折旧——车间房屋建筑物		530 764.03
36	160202	累计折旧——厂部房屋建筑物		406 300.00
37	160203	累计折旧——车间机器设备（A型纺织机）		191 200.00

续表

序号	编号	账户名称	期初余额	
			借方金额	贷方金额
38	160203	累计折旧——车间机器设备（B型纺织机）		142 800.00
39	160203	累计折旧——车间机器设备（C型纺织机）		171 360.00
40	160601	固定资产清理——车间机器设备（A型纺织机）		
41	1901	待处理财产损溢		
42	200101	短期借款——流动资金借款		60 000.00
43	220101	应付票据——大连棉麻公司		9 860.00
44	220102	应付票据——沈阳棉麻公司		
45	220201	应付账款——兴城农贸公司		40 000.00
46	220202	应付账款——葫芦岛棉麻公司		15 360.20
47	221101	应付职工薪酬——工资		71 000.00
48	221102	应付职工薪酬——职工福利费		
49	221103	应付职工薪酬——工会经费		
50	222101	应交税费——应交增值税		
51	222102	应交税费——应交所得税		21 000.00
52	222103	应交税费——未交增值税		
53	222104	应交税费——应交城市维护建设税		2 300.00
54	222105	应交税费——应交教育费附加		950.00
55	222106	应交税费——应交个人所得税		
56	224101	其他应付款——房产部门		
57	223101	应付利息——流动资金借款利息		800.00
58	250101	长期借款——更新改造借款		
59	400101	实收资本——宏运棉麻公司		1 490 000.00
60	400102	实收资本——大连织布厂		700 000.00
61	400201	资本公积——资本溢价		100 000.00
62	410101	盈余公积——法定盈余公积		
63	410102	盈余公积——任意盈余公积		
64	4103	本年利润		313 514.97
65	410401	利润分配——提取法定盈余公积		
66	410402	利润分配——提取任意盈余公积		
67	410403	利润分配——未分配利润		20 000.00
68	50010101	生产成本——基本生产成本（棉纱）	46 765.00	
69	510101	制造费用——车间		
70	600101	主营业务收入——棉纱		
71	6301	营业外收入		
72	640101	主营业务成本——棉纱		

续表

序号	编号	账户名称	期初余额	
			借方金额	贷方金额
73	6403	税金及附加		
74	6601	销售费用		
75	6602	管理费用		
76	6603	财务费用		
77	670201	信用减值损失——计提的坏账准备		
78	6711	营业外支出		
79	6801	所得税费用		
		合　　计	4 287 550.00	4 287 550.00

（三）明细账期初余额详细说明

1. 原材料明细账资料。

账户名称	期初余额		
	数　量	单位成本	金　额
原材料——一级棉花	25 吨	9 000.00	225 000.00
原材料——二级棉花	10 吨	7 200.00	72 000.00
原材料——废旧材料	200 千克	4.00	800.00
原材料——修理用备件	5 件	100.00	500.00
合　　计			298 300.00

2. 周转材料：专用工具 12 件，单位成本 100.00 元，金额 1 200.00 元；
一般工具 150 件，单位成本 10.00 元，金额 1 500.00 元。

3. 库存商品：棉纱，数量 18 吨，单位成本 13 500.00 元，金额 243 000.00 元。

4. 生产成本明细账期初余额。

生产成本——基本生产成本（棉纱）

成本项目	直接材料	燃料及动力	直接人工	制造费用	合　　计
金　　额	41 000.00	650.00	2 015.00	3 100.00	46 765.00

5. 产品产量资料。

产品品种	月初在产品	本月投入	本月完工	月末在产品
棉纱	4 吨	31 吨	22 吨	13 吨

6. 固定资产明细账期初余额。

（1）车间房屋建筑物，原值 1 110 385.00 元，1999 年 12 月建造，预计使用年限 40 年，预计净残值率 4%，年折旧率 2.4%，已提折旧额 530 764.03 元（月折旧额为 2 220.77 元）。

（2）厂部房屋建筑物，原值 850 000.00 元，1999 年 12 月建造，预计使用年限 40 年，预计净残值率4%，年折旧率2.4%，已提折旧额406 300.00元（月折旧额为1 700.00元）。

(3) 车间机器设备。

A型纺织机，原值200 000.00元，1999年12月购建并投入使用，预计使用年限20年，预计净残值率4%，年折旧率4.8%，已提折旧额191 200.00元（月折旧额为800.00元）。

B型纺织机，原值300 000.00元，2009年12月购建并投入使用，预计使用年限20年，预计净残值率4%，年折旧率4.8%，已提折旧额142 800.00元（月折旧额为1 200.00元）。

C型纺织机，原值360 000.00元，2009年12月购建并投入使用，预计使用年限20年，预计净残值率4%，年折旧率4.8%，已提折旧额171 360.00元（月折旧额为1 440.00元）。

能力内容五　会计综合模拟实训的经济业务

锦州振华棉纺厂2019年12月发生下列经济业务：

1. 12月1日，向本市中百商厦销售棉纱0.5吨，单价20 000.00元，价款10 000.00元，增值税销项税额1 300.00元，款项11 300.00元尚未收到。增值税专用发票见证表1-1。

2. 12月1日，收到职工张为违章罚款200.00元。收款收据见证表2-1。

3. 12月1日，将现金200.00元送存银行（面值100元，2张）。现金缴款单见证表3-1。

4. 12月3日，厂办齐小亮到哈尔滨出差，预借差旅费1 500.00元，以现金支付。借款单见证表4-1。

5. 12月5日，厂办齐小亮出差归来，报销差旅费1 395.00元，交回剩余现金105.00元。出差旅费报销单和收款收据见证表5-1和证表5-2。

6. 12月5日，开出现金支票，提取现金4 300.00元备用。现金支票见证表6-1。

7. 12月5日，购买办公用复印纸3箱，单价200.00元，价款600.00元，增值税进项税额78.00元，以转账支票支付，办公用品当日发放使用，其中厂部400.00元，车间200.00元。业务支出凭单、转账支票、增值税专用发票和用品领用表见证表7-1、证表7-2、证表7-3、证表7-4和证表7-5。

8. 12月5日，收到锦州振华公司开出的转账支票20 000.00元，此款是上月所欠货款，当日送存银行。银行转账支票和银行进账单见证表8-1和证表8-2（本题与期初余额有关）。

9. 12月6日，需到本溪棉麻公司采购棉花，委托开户银行以其存款办理银行汇票60 000.00元，收到银行汇票和解讫通知书。银行汇票委托书、银行汇票见证表9-1、证表9-2和证表9-3。

10. 12月6日，持银行汇票到本溪棉麻公司购买二级棉花7吨，单价7 200.00元，价款50 400.00元，增值税进项税额4 536.00元，价税合计54 936.00元，对方代垫运费1 308.00元，总计56 244.00元。增值税专用发票、收料单见证表10-1、证表10-2、证表10-3、证表10-4和证表10-5。

11. 12月7日，接到开户银行转来的银行汇票多余款收账通知，汇票多余款3 756.00

元已转入银行账户。银行汇票多余款收账通知见证表11-1。

12. 12月7日，收到银行汇票10 000.00元，此款是大连织布厂上月所欠货款，当日送存银行。银行汇票、银行汇票解讫通知书和银行进账单见证表12-1、证表12-2和证表12-3。

13. 12月7日，需到锦州机械厂采购修理用备件，委托开户银行以其存款办理银行本票2 260.00元，收到银行本票。银行本票委托书、银行本票见证表13-1和证表13-2。

14. 12月7日，持银行本票到锦州机械厂购入修理用备件20件，单价100.00元，价款2 000.00元，增值税进项税额260.00元，价税合计2 260.00元。增值税专用发票和收料单见证表14-1、证表14-2和证表14-3。

15. 12月7日，售给锦州市经贸公司棉纱1吨，单价20 000.00元，价款20 000.00元，增值税销项税额2 600.00元，价税合计22 600.00元，开出增值税专用发票，当日收到银行本票一张，并送存银行。增值税专用发票、银行本票和银行进账单见证表15-1、证表15-2和证表15-3。

16. 12月8日，上交所得税21 000.00元，城市维护建设税2 300.00元，教育费附加950.00元。税收缴款书见证表16-1。

17. 12月8日，通过信汇方式，支付前欠葫芦岛棉麻公司货款15 360.20元，同时支付汇兑手续费15.00元。信汇凭证和银行收费凭证见证表17-1和证表17-2（本题与期初余额有关）。

18. 12月8日，应收大连织布厂3 200.00元的利息已收到。信汇凭证、收款收据见证表18-1和证表18-2。

19. 12月8日，到银行购买转账支票支付30.00元。银行收费凭证见证表19-1。

20. 12月8日，向大连秋林公司销售棉纱2吨，单价20 000.00元，价款40 000.00元，增值税销项税额5 200.00元，价税合计45 200.00元，开出增值税专用发票，代垫运费1 300.00元，用转账支票支付，取得了锦州运输公司的增值税专用发票，已向银行办妥托收手续，托收金额为46 500.00元。增值税专用发票、转账支票存根、垫付费用报销凭证和托收承付凭证见证表20-1、证表20-2、证表20-3和证表20-4。

21. 12月11日，收到大连秋林公司的款项46 500.00元。托收承付凭证见证表21-1。

22. 12月12日，支付兴城农贸公司上月货款40 000.00元。电汇凭证见证表22-1。

23. 12月12日，从沈阳棉麻公司购入二级棉花16吨，单价7 100.00元，价款113 600.00元，增值税进项税额10 224.00元，价税合计123 824.00元，对方代垫运费4 360.00元，开出3个月期限的不带息的银行承兑汇票128 184.00元。增值税专用发票、收料单和银行承兑汇票见证表23-1、证表23-2、证表23-3、证表23-4和证表23-5（运费增值税专用发票抵扣联略，下同）。

24. 12月12日，将持有的鞍山贸易大厦开出的银行承兑汇票120 000.00元贴现，该票据是不带息票据，期限5个月，已持有4个月，银行月贴现率为0.4%。商业汇票贴现凭证见证表24-1。

25. 12月12日，应收大连织布厂的商业汇票到期，金额64 000.00元，采用委托收款方式收取货款。商业汇票、委托收款凭证见证表25-1和证表25-2。

26. 12月12日，从兴城农贸公司购入二级棉花50吨，单价7 000.00元，价款

350 000.00元，增值税进项税额 31 500.00 元，价税合计 381 500.00 元，对方代垫运费 2 180.00元，共计 383 680.00 元，材料已收到，款项尚未支付。增值税专用发票和收料单见证表26－1、证表26－2、证表26－3和证表26－4。

27. 12月13日，从营口棉麻公司购进一级棉花 10 吨，单价 10 000.00 元，价款 100 000.00元，增值税进项税额 9 000.00 元，价税合计 109 000.00 元，对方代垫运费 981.00元，共计 109 981.00 元，增值税专用发票已收到，采用电汇方式付款，支付手续费 15.00 元。增值税专用发票、银行收费凭证和电汇凭证见证表27－1、证表27－2、证表27－3、证表27－4和证表27－5。

28. 12月13日，上题购买的材料全部验收入库。收料单见证表28－1。

29. 12月14日，生产车间领用一级棉花 16 吨，二级棉花 15 吨，分配材料费用。领料单、材料费用分配表见证表29－1、证表29－2和证表29－3。

30. 12月14日，采用委托收款方式支付电费 22 600.00 元，其中增值税进项税额为 2 600.00元。车间生产耗用电费 13 000.00 元，车间管理耗用电费 1 000.00 元，厂部耗用电费 6 000.00 元。委托收款凭证、增值税专用发票和电费分配表见证表30－1、证表30－2、证表30－3和证表30－4。

31. 12月14日，采用委托收款方式支付水费 3 270.00 元，其中增值税进项税额 270.00元。车间耗用水费 1 000.00 元，厂部耗用水费 2 000.00 元。委托收款凭证、增值税专用发票和水费分配表见证表31－1、证表31－2、证表31－3和证表31－4。

32. 12月14日，车间领用一般工具 20 件，单位成本 10.00 元，金额 200.00 元。工具领用单见证表32－1。

33. 12月14日，职工楚宝权报销医药费，用现金支付（经批准可报销90%药费）。医药费收据见证表33－1。

34. 12月14日，签发转账支票支付职工体检费 10 346.60 元。转账支票存根、医疗费收据见证表34－1和证表34－2。

35. 12月14日，签发现金支票 70 890.00 元提取现金，准备发放工资。现金支票见证表35－1。

36. 12月14日，以现金发放上月职工工资 70 890.00 元，并结转代扣款项。工资结算表见证表36－1。

37. 12月15日，分配本月工资费用。本月工资费用 76 000.00 元，其中生产工人工资 65 000.00元，车间管理人员的工资 5 000.00 元，厂部管理人员的工资 6 000.00 元。工资费用分配表见证表37－1。

38. 12月15日，经单位研究决定发放本月职工福利费 10 640.00 元。职工福利费计算表见证表38－1。

39. 12月15日，按工资总额的2%计提本月的工会经费 1 520.00 元。工会经费计算表见证表39－1。

40. 12月15日，向银行借入更新改造资金 100 000.00 元，期限 3 年，年利率10%，款项存入银行。更新改造借款凭证见证表40－1。

41. 12月15日，收到银行付款通知单，支付本季度短期借款利息 1 200.00 元，本月负担利息费用 400.00 元。银行计息凭证和应计利息计算表见证表41－1和证表41－2。

42. 12月15日，收到银行存款的利息通知书，存款利息300.00元，全部计入当月费用。利息传票见证表42-1。

43. 12月15日，开出转账支票763.00元给锦州市华兴日报社，支付订阅下年度报刊费。转账支票和发票见证表43-1和证表43-2。

44. 12月15日，车间领用专用工具5件，单位成本100.00元，金额500.00元，专用工具领用单见证表44-1。

45. 12月17日，从长春长虹汽车有限公司购入小型货车一辆，价款40 000.00元，增值税进项税额5 200.00元，价税合计45 200.00元，运费3 379.00元，共计48 579.00元，货车已交付厂部使用。收到银行转来的托收承付凭证的付款通知联，同意付款。增值税专用发票、托收承付凭证和固定资产验收交接单见证表45-1、证表45-2、证表45-3和证表45-4。

46. 12月18日，计提本月固定资产折旧费。固定资产折旧计算表见证表46-1。

47. 12月19日，车间报废A型纺织机，原值200 000.00元，已提折旧192 000.00元，以现金支付清理费用206.00元，出售残料收入3 000.00元，收到锦州市物资回收公司交来的转账支票一张，进行固定资产报废的全部核算。固定资产报废申请书、固定资产卡片、转账支票、银行进账单、增值税专用发票和固定资产清理结果报告单见证表47-1、证表47-2、证表47-3、证表47-4、证表47-5和证表47-6。

48. 12月20日，车间楚文报销差旅费940.00元，以现金支付。差旅费报销单见证表48-1。

49. 12月20日，分配制造费用。分配表见证表49-1。

50. 12月21日，计算车间的产品成本，将完工产品验收入库。产成品入库单、产品成本计算单见证表50-1和证表50-2。

51. 12月22日，向锦州商贸城销售棉纱17吨，单价20 000.00元，价款340 000.00元，增值税销项税额44 200.00元，价税合计384 200.00元，收到锦州商贸城开来的不带息的商业汇票一张，面值384 200.00元，期限3个月。增值税专用发票、商业汇票见证表51-1和证表52-2。

52. 12月22日，对库存现金进行清查，发现现金日记账余额为3 465.60元，库存现金3 415.60元，库存现金短缺50.00元，原因待查。库存现金清点表见证表52-1。

53. 12月23日，对材料进行清查，发现盘亏修理用备件1件，单价100.00元。存货清查报告单见证表53-1。

54. 12月26日，经查库存现金短缺是由出纳员工作疏忽造成的，经批准由出纳员赔偿；盘亏修理用备件113.00元，系保管不善造成，由库管员冯扬赔偿。审批报告单见证表54-1。

55. 12月27日，收到出纳员的赔偿款50.00元，库管员的赔偿款113.00元，共计现金163.00元，开出现金收据。收款收据见证表55-1和证表55-2。

56. 12月27日，向大连纺织公司销售棉纱6吨，单价20 000.00元，价款120 000.00元，增值税销项税额15 600.00元，价税合计135 600.00元，开出增值税专用发票，代垫运费525.00元，以转账支票支付给锦州运输公司，共计136 125.00元，款项尚未收到。增值税专用发票、垫付费用报销凭证、转账支票存根见证表56-1、证表56-2和证表56-3。

57. 12月27日，开出现金支票，提取现金1 400.00元备用。现金支票见证表57-1。

58. 12月27日，厂供销科借入备用金1 400.00元，以现金支付（供销科实行定额备用金制度）。借款单见证表58-1。

59. 12月28日，供销科韩阳报销差旅费1 290.00元，以现金支付。差旅费报销单见证表59-1。

60. 12月28日，供销科周超开业务洽谈会归来，报销差旅费740.00元，以现金支付。差旅费报销单见证表60-1。

61. 12月29日，厂财务科结清供销科的备用金，供销科孙伊交回现金1 400.00元，厂财务科开出收款收据一张。收款收据见证表61-1。

62. 12月29日，开出转账支票1 030.00元支付市广告公司的广告费，其中增值税进项税额30.00元。转账支票和增值税专用发票见证表62-1和证表62-2。

63. 12月29日，以现金支付餐费636.00元。增值税普通发票见证表63-1。

64. 12月29日，开出转账支票向市民政局捐赠救灾款1 000.00元。编记账凭证时，误将1 000.00元写成10 000.00元，并已登账，登账后发现此错误，并改正。转账支票和收款收据见证表64-1和证表64-2。

65. 12月29日，按应收账款余额百分比法计提本年的坏账准备，该企业确定的坏账计提比例为3‰。坏账准备计算表见证表65-1。

66. 12月29日，本月共销售棉纱26.5吨，计算结转产品销售成本。计算产品销售成本的方法是月末一次加权平均法。产成品出库单、产品销售成本计算单见证表66-1、证表66-2、证表66-3、证表66-4、证表66-5和证表66-6。

67. 12月29日，计算本月应交的增值税。将"应交税费——应交增值税"账户金额转入"应交税费——未交增值税"账户。增值税计算表见证表67-1。

68. 12月31日，按本月应交增值税的7%计算结转应交城市维护建设税；按应交增值税的3%计算结转教育费附加。城市维护建设税和教育费附加计算表见证表68-1。

69. 12月31日，将各损益类账户的本月发生额转入"本年利润"账户。损益类账户发生额汇总表见证表69-1和证表69-2。

70. 12月31日，按本月利润总额的25%计算应交所得税（假设无税收调整项目）。所得税计算表见证表70-1。

71. 12月31日，将本月所得税费用转入本年利润。

72. 12月31日，将"本年利润"账户的余额转入"利润分配——未分配利润"明细账。

73. 12月31日，按全年净利润的10%提取法定盈余公积；按全年净利润的5%提取任意盈余公积。计算表见证表73-1。

74. 12月31日，结转利润分配的各明细账户，即将利润分配的各明细账户的余额转入"利润分配——未分配利润"明细账。利润分配明细表见证表74-1。

75. 总账本期发生额及余额表（试算平衡表）见证表75-1。

能力内容六 会计综合模拟实训的原始凭证

内容见附本。

第三部分 会计实训习题

习题一 库存现金实训

一、锦州振华公司是工业企业,增值税一般纳税人,有关资料如下:

纳税人登记号:912101548721093218

账号:2548716　　　　开户银行:工商银行梁云支行

2019年12月1日库存现金日记账期初余额:3 000.00元

该企业使用双金额栏通用记账凭证,凭证中相关人员签字可用"××"表示,结账可用红色水性笔。

该公司2019年12月发生以下经济业务:

1. 12月2日,向锦州广厦商场销售A产品,数量100件,单价200.00元,金额20 000.00元,税率13%,税额2 600.00元,价税合计22 600.00元,开出增值税专用发票,款项尚未收到。

锦州广厦商场有关资料如下:

纳税人登记号:912107124568542137

账号:125478—21　　　　开户银行:工商银行白云支行

辽宁增值税专用发票

No 00345871

2100175130

此联不作报销、扣税凭证使用　　开票日期:　　　年　　月　　日

购买方	名　　称:		密码区				
	纳税人识别号:						
	地　址、电　话:			(略)			
	开户行及账号:						
货物或应税劳务、服务名称	规格型号	单位	数量	单价	金　额	税率	税额
合　　　　计							
价税合计(大写)					(小写)		
销售方	名　　称:		备注				
	纳税人识别号:						
	地　址、电　话:						
	开户行及账号:						

第一联:记账联　销售方记账凭证

收款人:　　　　　复核:　　　　　开票人:　　　　　销售方:(章)

2. 12月5日，企业违规排污水被市环保站罚款200.00元，以现金支付，收到收据一张。

收据
2019年12月5日

今收到：锦州振华公司		
收款事由：排污水罚款	现金 √	
	支票 第 号	
人民币（大写）贰佰元整	￥200.00	
收款人：王见	会计：赵伟	交款人：张烟

第三联：收据

3. 12月6日，供销科采购员赵言赴太原参加商品交易会，预借差旅费2 000.00元，用现金支付。

借据
2019年12月6日

借款单位		
借款事由：	现金 √	
	支票 第 号	
人民币（大写）	￥	
财务负责人 王尚	借款单位负责人 张为	借款人

4. 12月10日，采购员赵言出差回来，报销差旅费1 660.00元，填制差旅费报销单一张，企业收到返回的现金340.00元，开出收据一张。

出差旅费报销单

单位：厂供销科 　　　　　　　　　　　　　　　　　　　　　　　　2019年12月10日填

月	日	时间	出发地	月	日	时间	到达地	机票费	车(船)费	卧铺费	夜行车补助		市内交通费		宿费		出差补助		其他	合计
											小时	金额	实支	包干	标准	实支	天数	金额		
12	6		锦州	12	6		太原	200						40		500				740
12	9		太原	12	9		锦州	200										720		920
		合计						400						40		500		720		1660

出差任务	开会	报销金额（大写）	零拾零万壹仟陆佰陆拾零元零角零分	预借金额	￥2000.00
		单位领导 周金	部门负责人 张为	出差人 赵言	报销金额 1660.00
					结余或超支 ￥340.00

会计主管人员 王尚　　　　记账　　　　审核　　　　附单据 10 张

收据

2019 年 12 月 10 日

今收到：		
收款事由：	现金	
	支票第 号	
人民币（大写）	￥	
收款人：李月　　会计：　　交款人：		

第二联：收据

5. 12 月 10 日，将收到的差旅费结余款 340 元现金送存银行（券种面值 100 元的 3 张、面值 10 元的 4 张）。

中国工商银行

现金存款凭条

日期：　年　月　日

存款人	全称							款项来源											
	账号							交款人											
	开户行							金额（小写）	亿	千	百	十	万	千	百	十	元	角	分
金额（大写）																			

票面	张数	十万	千	百	十	元	票面	张数	千	百	十	元	角	分	备注
壹佰元							伍角								
伍拾元							贰角								
贰拾元							壹角								
拾　元							伍分								
伍　元							贰分								
贰　元							壹分								
壹　元							其他								

第二联：客户核对联

要求：（1）审核原始凭证并将缺少的内容补充完整。
　　　（2）根据原始凭证编制记账凭证并连续编号。
　　　（3）登记库存现金日记账并结账。

通 用 记 账 凭 证

年　月　日　　　　　　　　　　　　　　　凭证编号：

摘要	会计科目		借方金额									贷方金额									记账符号
	总账科目	明细科目	千	百	十	万	千	百	十	元	角	分	千	百	十	万	千	百	十	元	角	分	
附单据　张	合　计																						

会计主管人员　　　记账　　　审核　　　制单　　　出纳　　　交领款人

通 用 记 账 凭 证

年　月　日　　　　　　　　　　　　　　　凭证编号：

摘要	会计科目		借方金额									贷方金额									记账符号
	总账科目	明细科目	千	百	十	万	千	百	十	元	角	分	千	百	十	万	千	百	十	元	角	分	
附单据　张	合　计																						

会计主管人员　　　记账　　　审核　　　制单　　　出纳　　　交领款人

通 用 记 账 凭 证

年　月　日　　　　　　　　　　　　　　　凭证编号：

摘要	会计科目		借方金额									贷方金额									记账符号
	总账科目	明细科目	千	百	十	万	千	百	十	元	角	分	千	百	十	万	千	百	十	元	角	分	
附单据　张	合　计																						

会计主管人员　　　记账　　　审核　　　制单　　　出纳　　　交领款人

通 用 记 账 凭 证

年　月　日　　　　　　　　　　　　　　　　凭证编号：

摘要	会计科目		借方金额										贷方金额										记账符号
	总账科目	明细科目	千	百	十	万	千	百	十	元	角	分	千	百	十	万	千	百	十	元	角	分	
附单据　张	合　计																						

会计主管人员　　　　记账　　　　审核　　　　制单　　　　出纳　　　　交领款人

通 用 记 账 凭 证

年　月　日　　　　　　　　　　　　　　　　凭证编号：

摘要	会计科目		借方金额										贷方金额										记账符号
	总账科目	明细科目	千	百	十	万	千	百	十	元	角	分	千	百	十	万	千	百	十	元	角	分	
附单据　张	合　计																						

会计主管人员　　　　记账　　　　审核　　　　制单　　　　出纳　　　　交领款人

库存现金日记账

年		凭证号	摘要	对方科目	借方									贷方									借或贷	余额								
月	日				千	百	十	万	千	百	十	元	角	分	千	百	十	万	千	百	十	元	角	分		千	百	十	万	千	百	十	元	角	分

二、2019年4月11日，凯富公司向微山公司销售产品（钢板），开出增值税专用发

票，收入 59 000.00 元，增值税销项税额 7 670.00 元，以现金结算全部款项。微山公司将收到的产品作为原材料核算，材料尚未验收入库。两公司均为增值税一般纳税人。

要求：（1）写出凯富公司销售产品的原始凭证名称。

（2）写出微山公司购买材料的原始凭证名称。

（3）以凯富公司为会计主体，根据原始凭证编制单金额栏通用记账凭证（凭证编号 17 号）。

（4）以微山公司为会计主体，根据原始凭证编制单金额栏通用记账凭证（凭证编号 5 号）。

答题用纸

（1）凯富公司销售产品的原始凭证名称：【举例】增值税专用发票（记账联）。

（2）微山公司购买材料的原始凭证名称：

【凯富公司记账凭证】

通用记账凭证

年　月　日　　　　　　　　　　　　　　　　凭证编号：

摘要	借方科目		贷方科目		金额										记账符号
	总账科目	明细科目	总账科目	明细科目	千	百	十	万	千	百	十	元	角	分	
附单据　　　　　张	合　　　　计														

会计主管人员　　　记账　　　审核　　　制单　　　出纳　　　交领款人

【微山公司记账凭证】

通用记账凭证

年　月　日　　　　　　　　　　　　　　　　凭证编号：

摘要	借方科目		贷方科目		金额										记账符号
	总账科目	明细科目	总账科目	明细科目	千	百	十	万	千	百	十	元	角	分	
附单据　　　　　张	合　　　　计														

会计主管人员　　　记账　　　审核　　　制单　　　出纳　　　交领款人

三、2019 年 3 月 19 日，向阳公司开出收据，收到远航公司交来的现金 3 600.00 元，系远航公司违约罚款。

要求：（1）写出向阳公司收到罚款的原始凭证名称。

（2）写出远航公司支付罚款的原始凭证名称。

（3）以向阳公司为会计主体，根据原始凭证编制单金额栏通用记账凭证（凭证编号 28 号）。

（4）以远航公司为会计主体，根据原始凭证编制单金额栏通用记账凭证（凭证编号 25 号）。

答题用纸

（1）向阳公司收到罚款的原始凭证名称：

（2）远航公司支付罚款的原始凭证名称：

【向阳公司记账凭证】

通 用 记 账 凭 证

年　月　日　　　　　　　　　　　　　　　　凭证编号：

摘要	借方科目		贷方科目		金额										记账符号
	总账科目	明细科目	总账科目	明细科目	千	百	十	万	千	百	十	元	角	分	
附单据　　　　　　　　张			合　　　计												

会计主管人员　　　记账　　　审核　　　制单　　　出纳　　　交领款人

【远航公司记账凭证】

通 用 记 账 凭 证

年　月　日　　　　　　　　　　　　　　　　凭证编号：

摘要	借方科目		贷方科目		金额										记账符号
	总账科目	明细科目	总账科目	明细科目	千	百	十	万	千	百	十	元	角	分	
附单据　　　　　　　　张			合　　　计												

会计主管人员　　　记账　　　审核　　　制单　　　出纳　　　交领款人

习题二 支票实训

一、资料：营口华枫公司是一家乳品加工企业，增值税一般纳税人，材料按实际成本核算。生产的产品是袋装优酸乳和鲜牛奶，所用材料有牛奶和白糖等。凭证中相关人员签字可用"××"表示，结账可用红色水性笔。

2019年10月1日银行存款账户的期初余额500 000.00元。

2019年10月发生以下经济业务：

1. 10月10日，购入牛奶，已验收入库，签发支票，支付货款。

辽宁增值税专用发票

　2100162130

发票联　　　　　　　　　　　No 00345610

开票日期：2019年10月10日

购买方	名称：营口华枫公司 纳税人识别号：9120354781245123 地址、电话：营口市中央大街21号 5519469 开户行及账号：工商银行华东支行 5478912	密码区	（略）

货物或应税劳务、服务名称	规格型号	单位	数量	单价	金额	税率	税额
牛奶		千克	1125	3.00	3375.00	9%	303.75
合计					¥3375.00		¥303.75

价税合计（大写）	⊗叁仟陆佰柒拾捌圆柒角伍分	（小写）¥3678.75

销售方	名称：营口顺义农场 纳税人识别号：9121070358321500026 地址、电话：营口市望山路14号 5554851 开户行及账号：工商银行东风支行 5648—14	备注	9121010358321500026

收款人：王艳　　复核：张红　　开票人：赵言　　销售方：（章）

第三联：发票联　购买方记账凭证

中国工商银行 转账支票存根 10202××× 00211×××	中国工商银行 转账支票（辽） 10202××× 00211×××
附加信息	出票日期（大写）　年　月　日　　付款行名称： 收款人：　　　　　　　　　　　　　出票人账号：
出票日期　年　月　日 收款人： 金额： 用途： 单位主管　　　会计	本支票付款期限十天　人民币（大写）　　亿千百十万千百十元角分 用途　　　　　　　　密码 　　　　　　　　　　行号 上列款项请从我账户内支付　　复核　　记账 出票人签章

2. 10月12日，销售产品，收到支票一张，存入银行。

辽宁增值税专用发票

No 0037410

 2100163130

此联不作报销、扣税凭证使用　　开票日期：2019年10月12日

购买方	名　　称：营口可新超市 纳税人识别号：91210789456321l348 地址、电话：营口市松山路49号 2451879 开户行及账号：建设银行站前支行 2548711	密码区	（略）

货物或应税劳务、服务名称	规格型号	单位	数量	单价	金额	税率	税额
优酸乳		袋	1000	4.00	4000.00	13%	520.00
合　　计					¥4000.00		¥520.00

价税合计（大写）	⊗肆仟伍佰贰拾圆整	（小写）¥4520.00

销售方	名　　称：营口华枫公司 纳税人识别号：91210354781245l123 地址、电话：营口市中央大街21号 5519969 开户行及账号：工商银行华东支行 5478912	备注	

收款人：王潭　　　复核：孙红　　　开票人：周为　　　销售方：（章）

第一联：记账联 销售方记账凭证

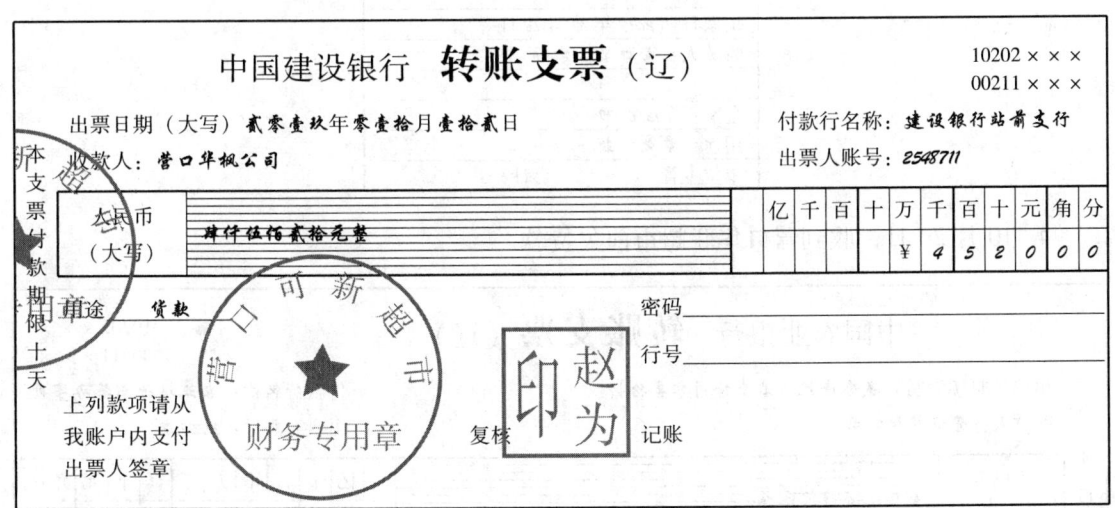

· 63 ·

中国工商银行 进账单（收账通知） 3

（进账单表格）

3. 10月13日，支付前欠货款。

4. 10月20日，收到营口华联超市前欠货款。

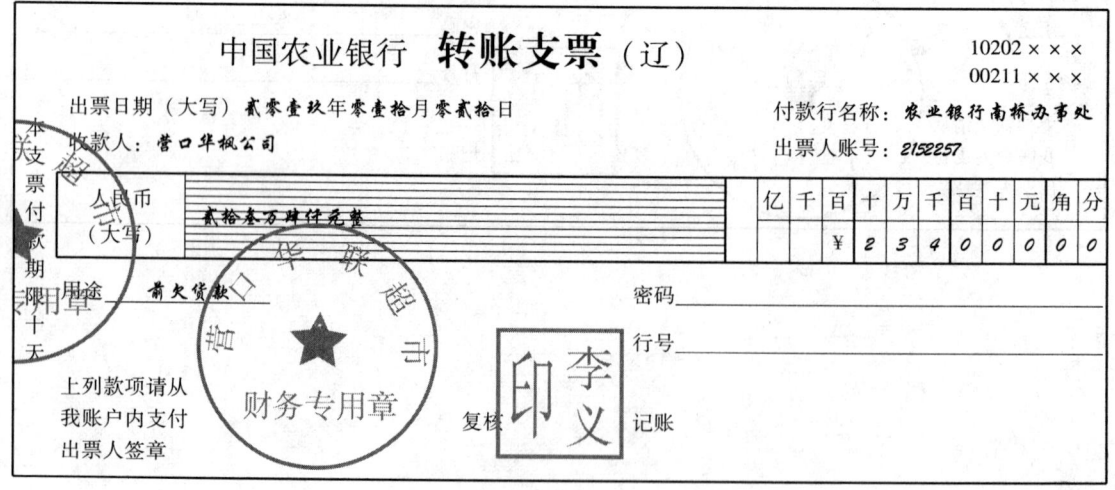

中国工商银行 进账单（收账通知）			3
			10021357

年　月　日

出票人	全称		收款人	全称	
	账号			账号	
	开户银行			开户银行	
金额	人民币（大写）			亿千百十万千百十元角分	
票据种类		票据张数			
票据号码					

复核：　　　记账：　　　　　　　收款人开户银行签章

此联是收款人开户银行交给收款人的收账通知

5. 10月30日，签发现金支票30 000.00元备用。

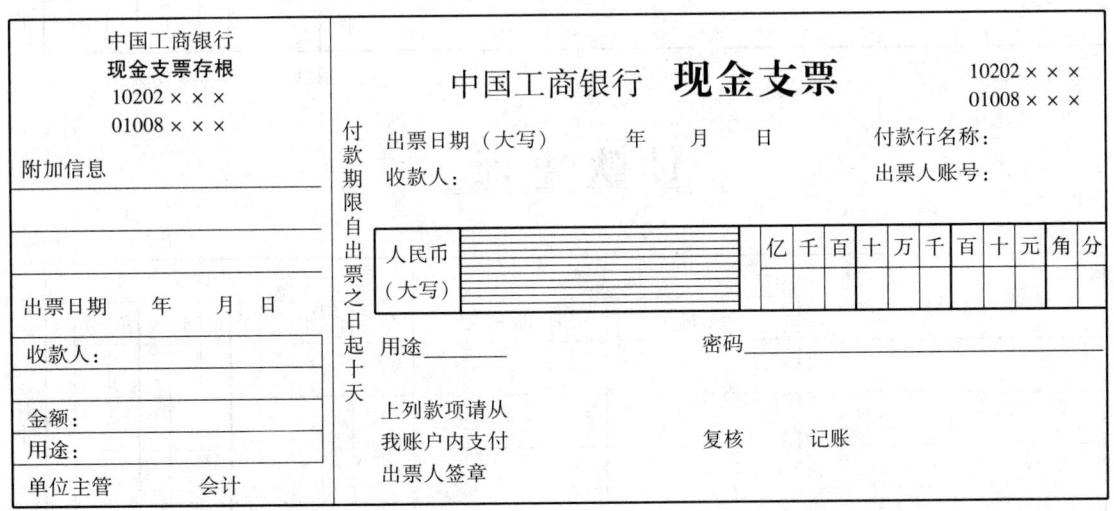

要求：（1）审核原始凭证，并将原始凭证中缺少的内容补充完整。
　　　（2）根据原始凭证，编制记账凭证，按收款凭证、付款凭证、转账凭证业务性质（5类）分类编号，签章处只需填写制单人。该企业收付款凭证由出纳周田制单，转账凭证由会计迟浩制单。
　　　（3）根据记账凭证，登记银行存款日记账并结账。

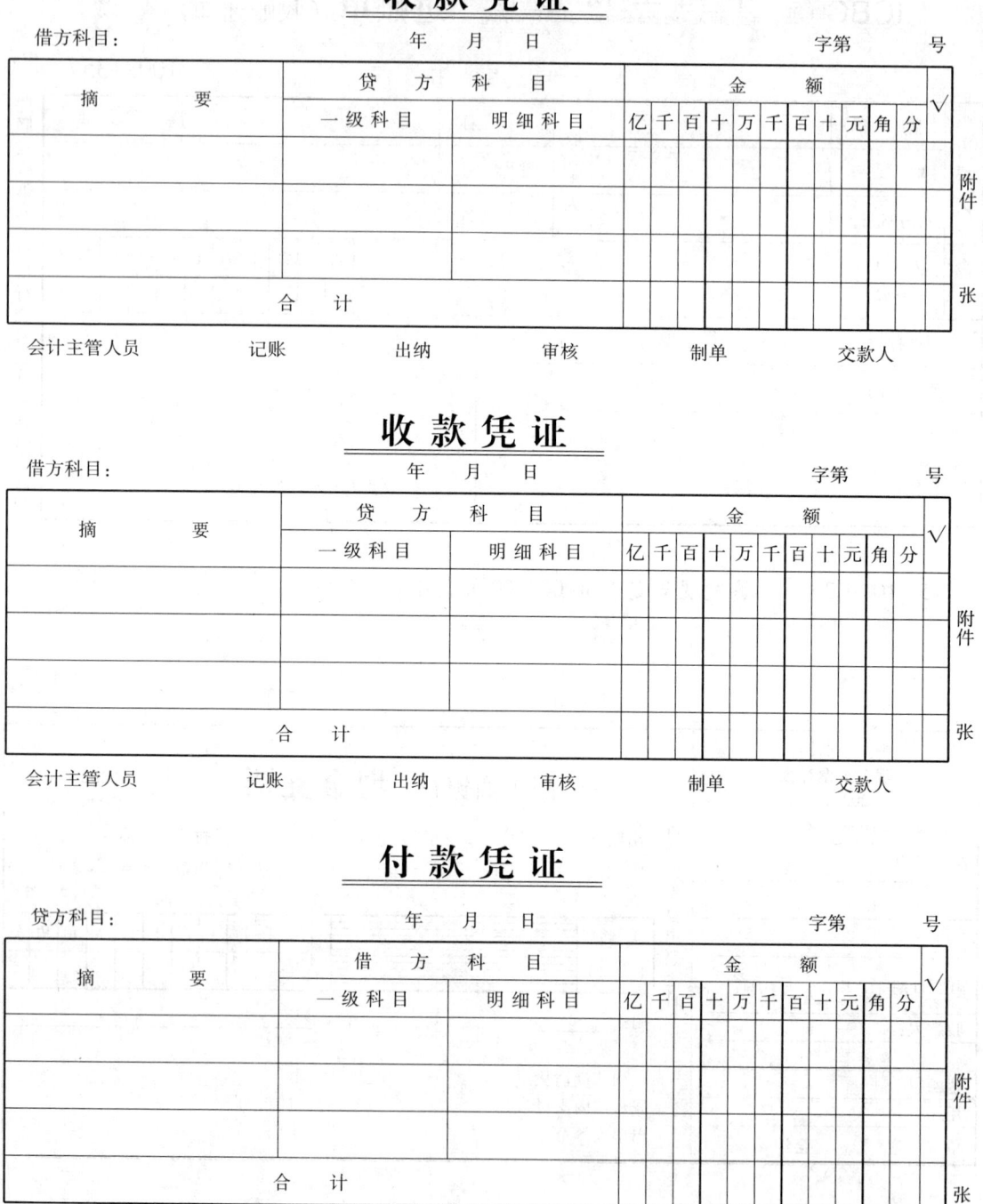

付 款 凭 证

贷方科目：　　　　　　　　　　　年　月　日　　　　　　　　　　　字第　　号

摘　　要	借　方　科　目		金　　额												√
	一级科目	明细科目	亿	千	百	十	万	千	百	十	元	角	分	
														附件
合　　计														张

会计主管人员　　　　　记账　　　　　出纳　　　　　审核　　　　　制单　　　　　领款人

付 款 凭 证

贷方科目　　　　　　　　　　　年　月　日　　　　　　　　　　　字第　　号

摘　　要	借　方　科　目		金　　额												√
	一级科目	明细科目	亿	千	百	十	万	千	百	十	元	角	分	
														附件
合　　计														张

会计主管人员　　　　　记账　　　　　出纳　　　　　审核　　　　　制单　　　　　领款人

银行存款日记账

第　　页

年		凭证号数		摘　　要	结算凭证		存入（收款）										支取（付款）										结　余									
月	日	收款	付款		种类	号数	千	百	十	万	千	百	十	元	角	分	千	百	十	万	千	百	十	元	角	分	千	百	十	万	千	百	十	元	角	分

二、华丰公司和辽远公司均为增值税一般纳税人，增值税税率为13%。2019年4月14日，华丰公司向辽远公司销售H产品，开出的增值税专用发票上标明数量700千克，单价350元，增值税税额31 850.00元，收到转账支票一张，存入银行。产品单位成本170元/千克。辽远公司收到H产品并验收入库，将H产品作为原材料核算。

要求：（1）写出华丰公司销售H产品和结转产品销售成本的原始凭证名称。

（2）写出辽远公司购买H材料的原始凭证名称。

（3）以华丰公司作为会计主体，根据原始凭证编制记账凭证（凭证编号85号和86号）。

（4）以辽远公司作为会计主体，根据原始凭证编制记账凭证（凭证编号55号）。

答题用纸

（1）华丰公司销售产品的原始凭证名称：

（2）华丰公司结转产品销售成本的原始凭证名称：

（3）辽远公司购买材料的原始凭证名称：

【华丰公司记账凭证】

通 用 记 账 凭 证

年　月　日　　　　　　　　　　　　　　　凭证编号：

摘要	借方科目		贷方科目		金额										记账符号
	总账科目	明细科目	总账科目	明细科目	千	百	十	万	千	百	十	元	角	分	
附单据　　　张			合　　计												

会计主管人员　　　记账　　　审核　　　制单　　　出纳　　　交领款人

通 用 记 账 凭 证

年　月　日　　　　　　　　　　　　　　　凭证编号：

摘要	借方科目		贷方科目		金额										记账符号
	总账科目	明细科目	总账科目	明细科目	千	百	十	万	千	百	十	元	角	分	
附单据　　　张			合　　计												

会计主管人员　　　记账　　　审核　　　制单　　　出纳　　　交领款人

【辽远公司记账凭证】

通 用 记 账 凭 证

年　月　日　　　　　　　　　　　　　　　　凭证编号：

摘要	借方科目		贷方科目		金　额										记账符号
	总账科目	明细科目	总账科目	明细科目	千	百	十	万	千	百	十	元	角	分	
附单据　　　　张			合　　　　计												

会计主管人员　　　记账　　　审核　　　制单　　　出纳　　　交领款人

习题三　银行汇票实训

一、资料：长春春雷公司是一家肉联加工企业，增值税一般纳税人。生产的产品是火腿肠和烤肉，所用材料有猪肉和食盐等。

凭证中相关人员签字可用"××"表示，结账可用红色水性笔。

2019年12月1日有关账户的期初余额如下：

　　银行存款　　　　　　　　　　　　　　　　　　　　512 000.00

　　其他货币资金——银行汇票（沈阳市和平农场）　借方　22 600.00

二、2019年12月发生以下经济业务：

1. 12月3日，购买鲜猪肉并验收入库，用银行汇票付款。

辽宁增值税专用发票

No 00314785

2100172130

发票联

开票日期：2019年12月03日

购买方	名　称：长春春雷公司 纳税人识别号：91301456213587 4078 地址、电话：长春市和平路1号 3154708 开户行及账号：农业银行凌云支行 45646564	密码区	（略）

货物或应税劳务、服务名称	规格型号	单位	数量	单价	金额	税率	税额
猪肉		千克	2000	10.00	20000.00	9%	1800.00
合　　　计					¥20000.00		¥1800.00

价税合计（大写）	⊗贰万壹仟捌佰圆整　　　（小写）¥21800.00		

销售方	名　称：沈阳市和平农场 纳税人识别号：91210145221365 4007 地址、电话：沈阳市崇山路14号 51547895 开户行及账号：农业银行城北支行 254256	备注	

收款人：王悦　　　复核：张恒　　　开票人：李小鞍　　　销售方：（章）

第三联：发票联　购买方记账凭证

中国农业银行 银行汇票 2

出票日期(大写): 贰零壹玖年壹拾贰月零叁日	代理付款行: 农业银行城北支行　行号: 2368
收款人: 沈阳市和平农场	账号: 254256
出票金额 人民币(大写): 贰万壹仟捌佰元整	
申请人: 长春春雷公司	账号: 45646564
出票行: 农业银行凌云支行　行号: 25445	
备注: 付货款	
凭票付款　2019.12.03	
出票行签章: 汇票专用章	

提示付款期限自出票之日起壹个月

此联代理付款行付款后作联行往账借方凭证附件

2. 12月5日，申请银行汇票。

中国农业银行　业务委托书

日期 2019 年 12 月 05 日　　00568379

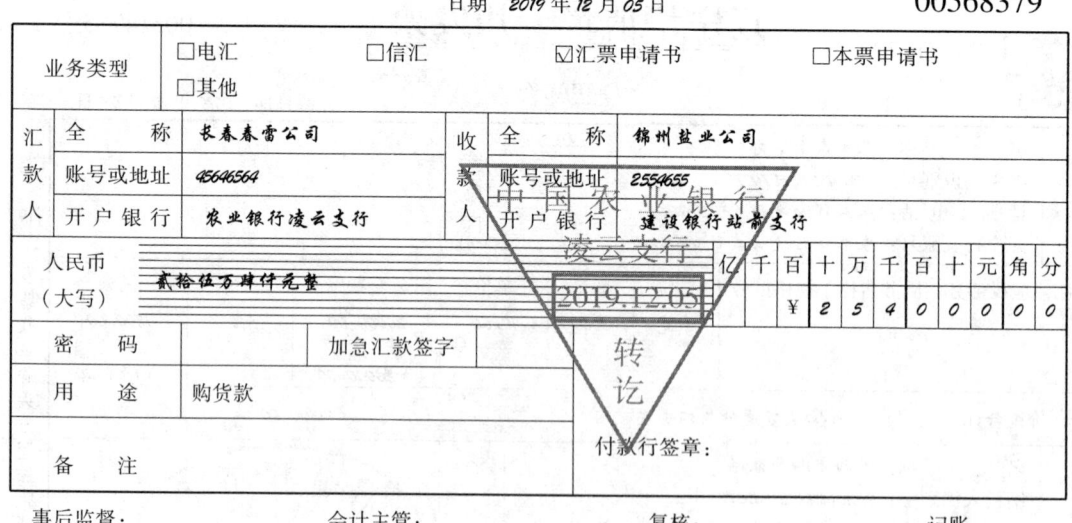

3. 12月12日，销售火腿肠，收到银行汇票，存入银行。

辽宁增值税专用发票

No 00374587

2100173130

此联不作报销、扣税凭证使用　　开票日期：2019年12月12日

购买方	名　　　称：营口可心超市 纳税人识别号：912107894563211348 地址、电话：营口市松山路4号 2451879 开户行及账号：农业银行站前支行 2548711	密码区	（略）

货物或应税劳务、服务名称	规格型号	单位	数量	单价	金额	税率	税额
火腿肠		箱	20	1500.00	30000.00	13%	3900.00
合　　　计					¥30000.00		¥3900.00

价税合计（大写）	⊗叁万叁仟玖佰圆整	（小写）¥33900.00

销售方	名　　　称：长春春雷公司 纳税人识别号：913014562135874078 地址、电话：长春市和平路1号 3154708 开户行及账号：农业银行凌云支行 4564564	备注	

收款人：王谭　　　　复核：孙红　　　　开票人：周为　　　　销售方：（章）

中国农业银行
银 行 汇 票

2

×××××××
×××××××

出票日期（大写）	贰零壹玖年壹拾贰月壹拾贰日	代理付款行：农业银行凌云支行	行号：25445
收款人：	长春春雷公司	账号：4564564	
出票金额 人民币（大写）	叁万叁仟玖佰元整		
实际结算金额 人民币（大写）		亿千百十万千百十元角分	

申请人：营口可新超市　　　账号：2548711
出票行：农业银行站前支行　行号：25445
备注：付货款
凭票付款　2019.12.03
出票行签章

多余金额　千百十万千百十元角分
复核　记账

中国农业银行 进账单（收账通知） 3

年　月　日　　　　10067897

出票人	全称		收款人	全称	
	账号			账号	
	开户银行			开户银行	

金额	人民币（大写）		亿 千 百 十 万 千 百 十 元 角 分

票据种类		票据张数	
票据号码			

复核：　　　记账：　　　　　　　收款人开户银行签章

此联是收款人开户银行交给收款人的收账通知

要求：（1）审核原始凭证，并将原始凭证中缺少的内容补充完整。
　　　（2）根据原始凭证，编制记账凭证，记账凭证按经济业务的顺序编号（三类编号法）。
　　　（3）根据记账凭证，登记银行存款日记账和其他货币资金明细账并结账。
　　　（4）根据记账凭证，直接登记其他货币资金总账并结账。

收 款 凭 证

借方科目：　　　　　　　年　月　日　　　　　　　字第　号

摘　要	贷方科目		金　额	
	一级科目	明细科目	亿 千 百 十 万 千 百 十 元 角 分	
合　计				

会计主管人员　　　记账　　　出纳　　　审核　　　制单　　　交款人

付 款 凭 证

贷方科目：　　　　　　　　　　　　年　月　日　　　　　　　　　　　字第　　号

摘　　要	借方科目		金　　额											√
	一级科目	明细科目	亿	千	百	十	万	千	百	十	元	角	分	附件
														张
合　　　　计														

会计主管人员　　　　记账　　　　出纳　　　　审核　　　　制单　　　　领款人

转 账 凭 证

年　月　日　　　　　　　　　　　字第　　号

摘　　要	借方科目		贷方科目		金　　额										记账符号
	总账科目	明细科目	总账科目	明细科目	亿	千	百	十	万	千	百	十	元	角	分	
附单据　　张	合　　　　　计														

会计主管人员　　　　记账　　　　审核　　　　制单

银 行 存 款 日 记 账

年		凭证		摘　　要	借方									贷方									借或贷	余　额								
月	日	种类	号数		千	百	十	万	千	百	十	元	角	分	千	百	十	万	千	百	十	元	角	分		千	百	十	万	千	百	十	元	角	分

明细账

会计科目_____ 细目 沈阳市和平农场 子目_____

年		凭证		摘要	借方										贷方										借或贷	余额									
月	日	种类	号数		千	百	十	万	千	百	十	元	角	分	千	百	十	万	千	百	十	元	角	分		千	百	十	万	千	百	十	元	角	分

明细账

会计科目_____ 细目 锦州盐业公司 子目_____

年		凭证号	摘要	借方											贷方											核对号	借或贷	余额										
月	日			亿	千	百	十	万	千	百	十	元	角	分	亿	千	百	十	万	千	百	十	元	角	分			亿	千	百	十	万	千	百	十	元	角	分

总 账

会计科目_____

年		凭证号	摘要	借方											贷方											借或贷	余额										
月	日			亿	千	百	十	万	千	百	十	元	角	分	亿	千	百	十	万	千	百	十	元	角	分		亿	千	百	十	万	千	百	十	元	角	分

习题四 银行本票实训

一、资料：锦州机械厂是一家制造企业，增值税一般纳税人。生产的产品是汽车、卡车，所用材料有钢材等。

凭证中相关人员签字可用"××"表示，结账可用红色水性笔。

2019年8月1日有关账户的期初余额如下：
　　银行存款　　　　　　　　　　　　　　　　　　　　　　　　　500 000.00
　　其他货币资金——银行本票（锦州太和钢厂）　　借方　　　117 000.00
二、2019年8月发生以下经济业务：
1. 8月7日，申请银行本票。

中国工商银行　业务委托书

日期　2019年08月07日　　　　　　　辽 A 00568363

业务类型	□电汇　　□信汇　　□汇票申请书　　☑本票申请书　□其他				
汇款人	全　　称	锦州机械厂	收款人	全　　称	锦州太和钢厂
	账号或地址	458791		账号或地址	478652
	开户银行	工商银行太和支行		开户银行	工商银行凌河支行
人民币（大写）	叁拾万元整				￥3 0 0 0 0 0 0 0 （亿千百十万千百十元角分）
密　　码		加急汇款签字			付款行签章：（工商银行股份有限公司锦州太和支行核算用章 2019.08.07）
用　　途	购料				
备　　注					

事后监督：　　　会计主管：　　　复核：　　　记账：

中国工商银行　本　票　2　　××××××××　××××××××

提示付款期限自出票之日起贰个月

出票日期（大写）　贰零壹玖年零捌月零柒日
收款人：锦州太和钢厂　　　　　　　　　　申请人：锦州机械厂

凭票即付 人民币（大写）	叁拾万元整	￥3 0 0 0 0 0 0 0

☑转账　□现金　　　　密押_____　行号_____

备注　　出票行签章：（中国工商银行股份有限公司锦州 本票专用章）　　出纳（李安 印）　复核　经办

2. 8月10日，销售汽车，收到银行本票，存入银行。

辽宁增值税专用发票

No 00372145

2100163130

此联不作报销、扣税凭证使用　　开票日期：2019年08月10日

购买方	名　　称：锦州中百商厦 纳税人识别号：91210789456245l498 地　址、电话：锦州市滨河路56号 3215469 开户行及账号：农业银行站前支行 1458791	密码区	（略）

货物或应税劳务、服务名称	规格型号	单位	数量	单价	金额	税率	税额
汽车		辆	1	200000.00	200000.00	13%	26000.00
合　　　　计					￥200000.00		￥26000.00

价税合计（大写）	⊗ 贰拾贰万陆仟圆整	（小写）￥226000.00

销售方	名　　称：锦州机械厂 纳税人识别号：91301456l456213008 地　址、电话：锦州市滨海新区8号 3214564 开户行及账号：工商银行太和支行 458791	备注	

收款人：张亮　　复核：孙伟　　开票人：李刚　　销售方：（章）

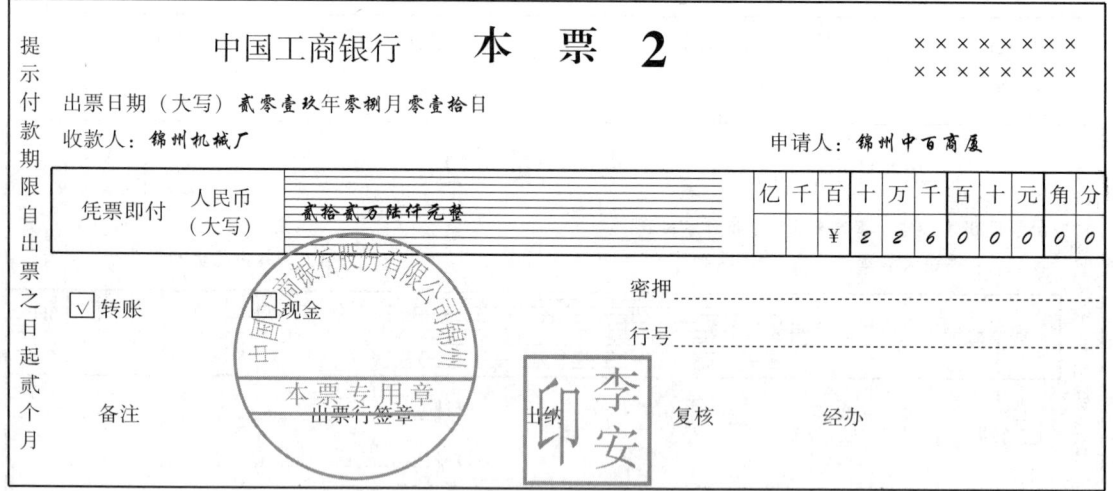

中国工商银行 进账单（收账通知） 3

ICBC INDUSTRIAL AND COMMERCIAL BANK OF CHINA

年　月　日　　　　　　　　　　　　　19821243

出票人	全　称		收款人	全　称	
	账　号			账　号	
	开户银行			开户银行	

金额	人民币（大写）		亿	千	百	十	万	千	百	十	元	角	分

票据种类		票据张数	
票据号码			

复核：　　　记账：　　　　　　　　收款人开户银行签章

此联是收款人开户银行交给收款人的收账通知

3. 8月16日，购买钢材并验收入库，用银行本票付款。

辽宁增值税专用发票　　　No 00358472

2100173130

发票联　　　　　　　　　　　开票日期：2019年08月16日

购买方	名　　称：锦州机械厂 纳税人识别号：91301561456213008 地址、电话：锦州市滨海新区8号 3214564 开户行及账号：工商银行太和支行 458791	密码区	（略）

货物或应税劳务、服务名称	规格型号	单位	数量	单价	金额	税率	税额
1号钢材		吨	20	5000.00	100000.00	13%	13000.00
合　　　　计					¥100000.00		¥13000.00
价税合计（大写）	⊗壹拾壹万叁仟圆整				（小写）¥113000.00		

销售方	名　　称：锦州钢厂 纳税人识别号：912107118790123080 地址、电话：锦州市滨河路65号 5468921 开户行及账号：工商银行前卫支行 456811	备注	91210118790123080

收款人：李小娜　　　复核：周力　　　　发票人专用章　　　销售方：（章）

第三联：发票联　购买方记账凭证

材料验收入库单 ② 记账

　　　　　　　　　　年　月　日　　　　　　　　　仓库：原料库

供应单位：			合同号				发票号			
材料名称	材 质	规格型号	单 位	数量		实际价格				
				应收	实收	单价	金额	运杂费	合 计	
1号钢材				20	20					
合　计										

　　　　　　　　　经办人：　　　　　　　　　　　库管员

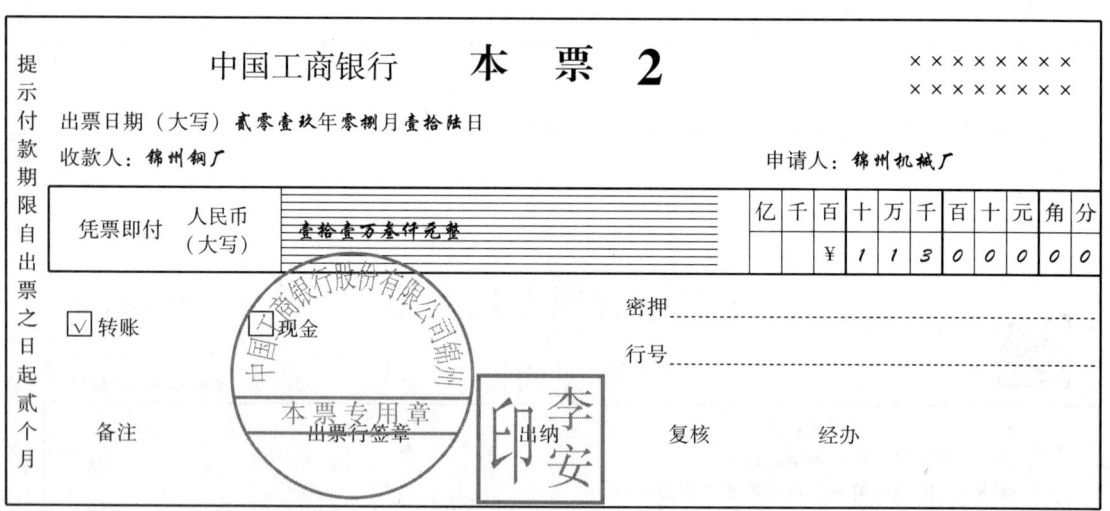

要求：（1）审核原始凭证，并将原始凭证中缺少的内容补充完整。
　　　（2）根据原始凭证，编制记账凭证，记账凭证按经济业务的顺序编号。
　　　（3）根据记账凭证，登记银行存款日记账并结账。
　　　（4）根据记账凭证，登记其他货币资金——锦州太和钢厂明细账并结账。
　　　（5）根据记账凭证，直接登记其他货币资金总账并结账。

通用记账凭证

年　月　日

出纳编号_____
凭证编号_____

摘要	借方科目		贷方科目		金　　额											记账符号
	总账科目	明细科目	总账科目	明细科目	亿	千	百	十	万	千	百	十	元	角	分	
附单据　　张	合　　　　　计															

会计主管人员　　　记账　　　审核　　　制单　　　出纳　　　交领款人

通用记账凭证

年　月　日

出纳编号_____
凭证编号_____

摘要	借方科目		贷方科目		金　　额											记账符号
	总账科目	明细科目	总账科目	明细科目	亿	千	百	十	万	千	百	十	元	角	分	
附单据　　张	合　　　　　计															

会计主管人员　　　记账　　　审核　　　制单　　　出纳　　　交领款人

通用记账凭证

年　月　日

出纳编号_____
凭证编号_____

摘要	借方科目		贷方科目		金　　额											记账符号
	总账科目	明细科目	总账科目	明细科目	亿	千	百	十	万	千	百	十	元	角	分	
附单据　　张	合　　　　　计															

会计主管人员　　　记账　　　审核　　　制单　　　出纳　　　交领款人

银行存款日记账

年		凭证号	摘要	对方科目	借方									贷方									借或贷	余额								
月	日				千	百	十	万	千	百	十	元	角	分	千	百	十	万	千	百	十	元	角	分		千	百	十	万	千	百	十	元	角	分

明细账

会计科目_____ 细目_____ 子目_____

年		凭证号	摘要	借方										贷方										借或贷	余额									
月	日			亿	千	百	十	万	千	百	十	元	角	分	亿	千	百	十	万	千	百	十	元	角	分		亿	千	百	十	万	千	百	十	元	角	分

总账

会计科目_____

年		凭证号	摘要	借方											贷方											借或贷	余额										
月	日			亿	千	百	十	万	千	百	十	元	角	分	亿	千	百	十	万	千	百	十	元	角	分		亿	千	百	十	万	千	百	十	元	角	分

习题五 汇兑实训

一、资料：锦州啤酒厂是一家制造企业，增值税一般纳税人按实际成本核算。生产的产品所用材料有麦芽等，产品为啤酒。

凭证中相关人员签字可用"××"表示，结账可用红色水性笔。

2019年4月1日应付账款账户的期初余额：200 530.00元（贷方）

二、2019年4月发生以下经济业务：

1. 4月6日，购进麦芽，采用信汇方式支付货款，并支付银行汇兑手续费。

辽宁增值税专用发票   No 00358541

  2100174130

发票联   开票日期：2019年04月06日

购买方	名称：锦州啤酒厂 纳税人识别号：91301456114587452A 地址、电话：锦州市滨海新区69号 5896512 开户行及账号：工商银行大坝营业部 2214672	密码区	（略）

货物或应税劳务、服务名称	规格型号	单位	数量	单价	金额	税率	税额
麦芽		吨	20	1000.00	20000.00	13%	2600.00
合计					¥20000.00		¥2600.00

价税合计（大写）	⊗ 贰万贰仟陆佰圆整	（小写） ¥22600.00

销售方	名称：沈阳市农贸公司 纳税人识别号：912101023548654035 地址、电话：沈阳市和平街71号 3212548 开户行及账号：工商银行前进支行 214578-12

收款人：冯晓   复核：陈军   开票人：楚玫   销售方：（章）

第三联：发票联   购买方记账凭证

工商银行信汇凭证（回单） 1

委托日期 年 月 日   第 号

	汇款人		收款人	
全称				
账号或地址				
汇出地点	省 市县		汇入地点	省 市县
汇出行名称			汇入行名称	

金额	人民币（大写）	千 百 十 万 千 百 十 元 角 分

汇款用途： 上列款项已根据委托办理，如需查询，请持此单来行面洽	汇出行盖章 年 月 日

此联汇款人开户行给汇款人的回单

业 务 收 费 单

2019 年 04 月 06 日

户名		锦州啤酒厂			账号										
业务种类	☐现金支票 ☐贷款承诺		☐转账支票 ☐查询查复		☐电汇 ☐保函		☐汇票委托书 ☐企业验资			☐银行承兑商业汇票 ☑其他						
业务种类	笔数	工本费	邮电费	手续费		起止号码				金额					
							千	百	十	万	千	百	十	元	角	分
手续费	1												1	5	0	0
合计金额（大写）		壹拾伍元整									￥		1	5	0	0
						银行业务签章									
					复核员：	记账员：				验印：					

(盖章：中国工商银行股份有限公司锦州大坝营业部 2019.04.06 核算用章)

2. 4月10日，销售啤酒，款项已收到。

辽宁增值税专用发票

No 00365478

 2100162130

此联不作报销 扣税凭证使用

开票日期：2019 年 04 月 10 日

购买方	名　　称：沈阳宏大集团 纳税人识别号：91210711256487593G 地　址、电　话：22254421 开户行及账号：建设银行站前支行 658741				密码区	（略）	
货物或应税劳务、服务名称	规格型号	单位	数量	单价	金额	税率	税额
啤酒		吨	3	3000.00	9000.00	13%	1170.00
合　　计					￥9000.00		￥1170.00
价税合计（大写）	⊗壹万零壹佰柒拾圆整				（小写）￥10170.00		
销售方	名　　称：锦州啤酒厂 纳税人识别号：91301456114587452A 地　址、电　话：锦州市滨海新区69号 5896512 开户行及账号：工商银行大坝营业部 2214672				备注		

收款人：魏东兰　　　　复核：姜兰　　　　开票人：沈洋　　　　销售方：（章）

工商银行信汇凭证（收账通知） 4

委托日期 2019 年 04 月 10 日　　　第　号

汇款人	全称	沈阳宏大集团	收款人	全称	锦州啤酒厂
	账号或地址			账号或地址	
	汇出地点	省　　市/县		汇出地点	省　　市/县
	汇出行名称	建设银行站前支行		汇入行名称	

金额	人民币（大写）	壹万零壹佰柒拾元整	千百十万千百十元角分

汇款用途：

留行待取预留收款人印鉴

款项已收入收款人账户　　款项已收妥　　科目（借）_____
汇入行盖章　　　　　　　收款人盖章　　 对方科目（贷）_____
　年　月　日　　　　　　　年　月　日　　汇入行解讫日期　年　月　日
　　　　　　　　　　　　　　　　　　　　出纳　　复核　　记账

3. 4月12日，支付前欠货款。

电汇凭证（回单） 1

普通　加急　　　　委托日期 2019 年 04 月 12 日

汇款人	全称	锦州啤酒厂	收款人	全称	大连东方集团
	账号			账号	548971—124
	汇出地点	省　市/县		汇入地点	省　市/县
	汇出行名称	工商银行大坝营业部		汇入行名称	工商银行城内支行

金额	人民币（大写）	亿千百十万千百十元角分
		1 0 0 0 0 0 0 0

支付密码
附加信息及用途：前欠货款

（中国工商银行股份有限公司 大坝营业部 2019.04.12 核算用章）

汇出行签章　　　　　　　复核：　　记账：

要求：（1）审核原始凭证，并将原始凭证中缺少的内容补充完整。
　　　（2）根据原始凭证，编制记账凭证，记账凭证按经济业务的顺序编号（五类编号法）。
　　　（3）根据记账凭证，编制科目汇总表（一个月汇总一次）。
　　　（4）根据科目汇总表登记应付账款总账并结账。

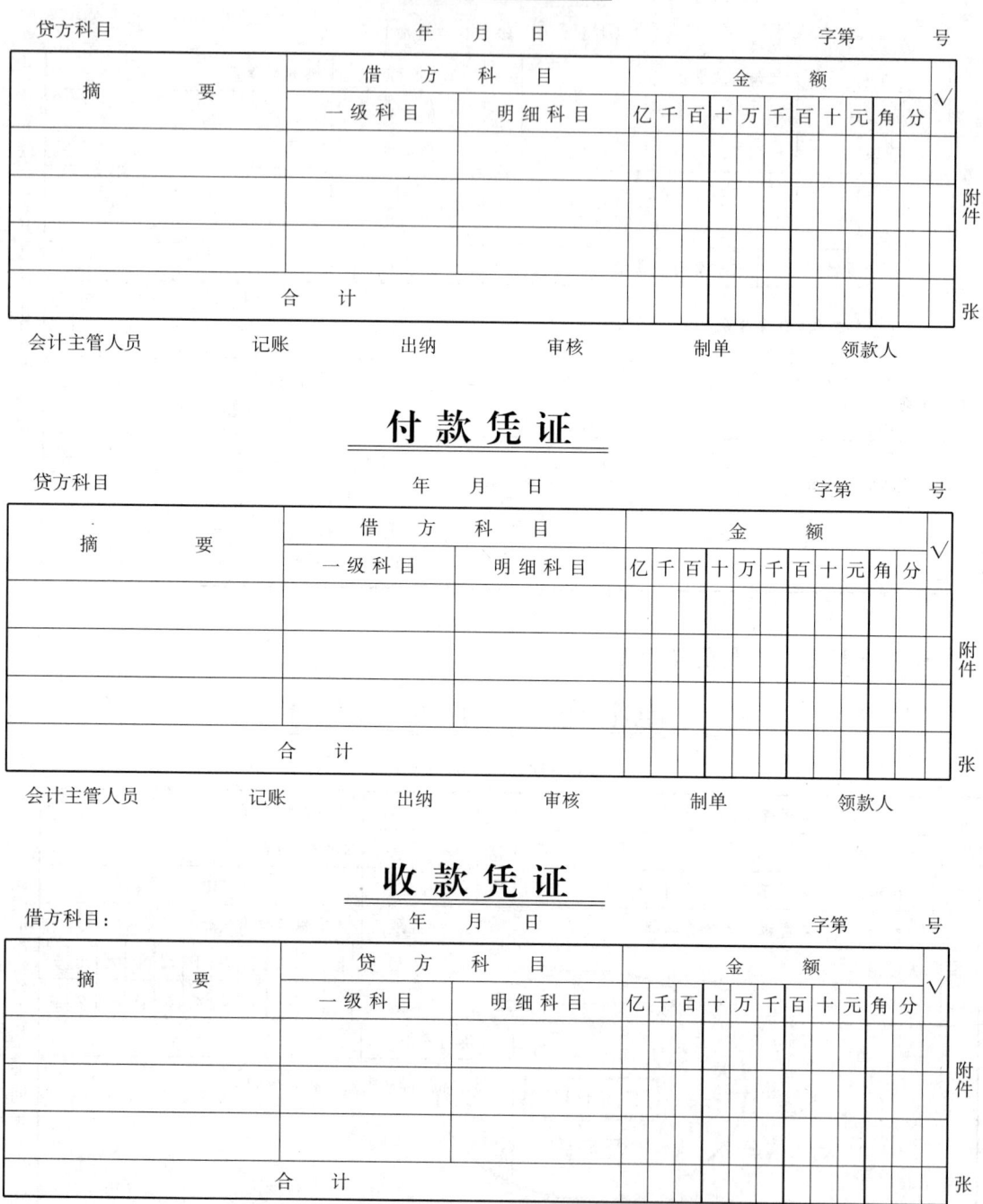

科 目 汇 总 表

年 月 日至 日　　　　　　　　　　　　　　　　　　　　　　　　　编号：

会计科目	金额	
	借方	贷方

所附记账凭证　　　　张

总　账

会计科目_____

凭证		凭证号	摘要	借方										贷方										借或贷	余额									
年				亿	千	百	十	万	千	百	十	元	角	分	亿	千	百	十	万	千	百	十	元	角	分		亿	千	百	十	万	千	百	十	元	角	分
月	日																																				

习题六　托收承付实训

一、资料：成都机械厂是制造企业，增值税一般纳税人。生产的产品是车床和钻床，所用材料有1号钢材和2号钢材等。

2019年5月1日银行存款账户的期初余额：300 000.00元

凭证中相关人员签字可用"××"表示。

二、2019年5月发生以下经济业务：

1. 5月10日，销售车床，签发转账支票代垫运费1 000.00元，商品已发出，全部款项已向银行办妥托收手续（采用电划方式）。

辽宁增值税专用发票

2100162130　　　　　　　　　　　　　　　　　　　　　　　No 00352397

此联不作报销、扣税凭证使用　　　开票日期：2019 年 05 月 10 日

购买方	名称：沈阳纺织厂 纳税人识别号：91210112561232579 地址、电话：沈阳市和平街69号 25478954 开户行及账号：建设银行站前支行 148753	密码区	（略）

货物或应税劳务、服务名称	规格型号	单位	数量	单价	金额	税率	税额
车床		台	1	30000.00	30000.00	13%	3900.00
合　　计					¥30000.00		¥3900.00

价税合计（大写）	⊗ 叁万叁仟玖佰圆整	（小写）¥33900.00

销售方	名称：成都机械厂 纳税人识别号：915108239938551081 地址、电话：成都市望山路56号 65154784 开户行及账号：工商银行城南营业部 584672	备注	

收款人：　　　　复核：姜兰　　　　开票人：沈洋　　　　销售方：（章）

中国工商银行　　　　　　　中国工商银行　　**转账支票**　　（辽）
转账支票存根
10202×××　　　　　　　　　　　　　　　　　　　　　　　　10202×××
00211×××　　　　　　　　　　　　　　　　　　　　　　　　00211×××

附加信息：　　　　　出票日期（大写）　　年　月　日　　付款行名称：
　　　　　　　　　　收款人：成都铁路局　　　　　　　　　出票人账号：

出票日期　年　月　日　　人民币（大写）　　　　　　　亿千百十万千百十元角分
　　　　　　　　　　　　　　　　　　　　　　　　　　　　　¥　1 0 0 0 0 0
收款人：
金额：　　　　　　　　用途：代垫运费　　　密码：
用途：　　　　　　　　　　　　　　　　　　行号：
单位主管　　会计　　上列款项请从
　　　　　　　　　　我账户内支付　　　复核　　　记账
　　　　　　　　　　出票人签章

托收凭证（受理回单） 1

委托日期　年　月　日

业务类型	委托收款（□邮划、□电划）		托收承付（□邮划、□电划）	
付款人	全称		收款人	全称
	账号			账号
	地址 省 市县 开户行			地址 省 市县 开户行
金额	人民币（大写）		亿千百十万千百十元角分	
款项内容		托收凭证名称		附寄单证张数
商品发运情况			合同名称号码	
备注：		款项收妥日期　年 月 日	收款人开户银行签章　年 月 日	
复核：　记账：				

此联作收款人开户银行给收款人的受理回单

2．5月14日，收到已销的钻床款。

托收凭证（汇款依据或收账通知） 4

委托日期 2019 年 05 月 10 日　付款期限　年　月　日

业务类型	委托收款（□邮划、□电划）		托收承付（□邮划、☑电划）	
付款人	全称	南昌机械厂	收款人	全称 成都机械厂
	账号	857631—31		账号
	地址 江西省南昌市县 开户行 工行站前支行			地址 省 市县 开户行
金额	人民币（大写）		亿千百十万千百十元角分 4 0 0 0 0 0 0	
款项内容	货款	托收凭证名称	发票	附寄单证张数 3
商品发运情况		铁路运输	合同名称号码	销售合同124号
备注：		上列款项已划回收入你方账户内。收款人开户银行签章　年 月 日		
复核：　记账：				

此联付款人开户行凭以汇款或收款人开户银行作收账通知

3．5月16日，购入1号钢材，采用托收承付方式付款，材料已入库。

辽宁增值税专用发票

2100163130　　No 01258946

发票联　　开票日期：2019年05月16日

购买方	名称：成都机械厂 纳税人识别号：91510823938551081 地址、电话：成都市望山路56号 6154784 开户行及账号：工商银行城南营业部 584672	密码区	（略）

货物或应税劳务、服务名称	规格型号	单位	数量	单价	金额	税率	税额
1号钢材		吨	20	5000.00	100000.00	13%	13000.00
合计					¥100000.00		¥13000.00

价税合计（大写）	⊗ 壹拾壹万叁仟圆整	（小写）¥113000.00

销售方	名称：重庆钢厂 纳税人识别号：91510156487952153 地址、电话：重庆市滨河路25号 65546891 开户行及账号：工商银行前卫支行 547812	备注	（发票专用章）

收款人：冯晓　　复核：陈军　　开票人：楚燃　　销售方：（章）

托收凭证（付款通知）　5

委托日期　2019年05月16日　　付款期限　年 月 日

业务类型	委托收款（□邮划、□电划）		托收承付（□邮划、☑电划）		
付款人	全称	成都机械厂	收款人	全称	重庆钢厂
	账号			账号	
	地址	省 市县 开户行		地址	省 市县 开户行
金额	人民币（大写）	壹拾壹万叁仟元整			亿千百十万千百十元角分
款项内容	货款	托收凭证名称	发票	附寄单证张数	2
商品发运情况		铁路运输	合同名称号码		略

备注：

付款人开户银行收到日期：　年 月 日
复核：　记账：

收款人开户银行签章：　年 月 日

付款人注意：
1. 根据支付结算办法，上列委托收款（托收承付）款项在付款期限内未提出拒付，即视为同意付款，以此代付款通知。
2. 如需提出全部或部分拒付，应在规定期限内，将拒付理由书并附债务证明退交开户银行。

要求：（1）审核原始凭证，并将原始凭证中缺少的内容补充完整。
　　　（2）根据原始凭证，编制记账凭证，记账凭证按经济业务的顺序编号。
　　　（3）根据记账凭证，编制记账凭证汇总表（一个月汇总一次）。
　　　（4）根据记账凭证汇总表，登记银行存款总账并结账。

收 款 凭 证

借方科目：　　　　　　　　　　　年　月　日　　　　　　　　　　　字第　号

摘　　要	贷 方 科 目		金　　额										√
	一级科目	明细科目	亿	千	百	十	万	千	百	十	元	角	分
合　　计													

附件　　张

会计主管人员　　　　记账　　　　出纳　　　　审核　　　　制单　　　　交款人

付 款 凭 证

贷方科目：　　　　　　　　　　　年　月　日　　　　　　　　　　　字第　号

摘　　要	借 方 科 目		金　　额										√
	一级科目	明细科目	亿	千	百	十	万	千	百	十	元	角	分
合　　计													

附件　　张

会计主管人员　　　　记账　　　　出纳　　　　审核　　　　制单　　　　领款人

付 款 凭 证

贷方科目：　　　　　　　　　　　年　月　日　　　　　　　　　　　字第　号

摘　　要	借 方 科 目		金　　额										√
	一级科目	明细科目	亿	千	百	十	万	千	百	十	元	角	分
合　　计													

附件　　张

会计主管人员　　　　记账　　　　出纳　　　　审核　　　　制单　　　　领款人

转 账 凭 证

年　月　日　　　　　　　　　　　　　字第　　号

摘　　要	总账科目	明细科目	借方金额										贷方金额										√
			亿	千	百	十	万	千	百	十	元	角	分	亿	千	百	十	万	千	百	十	元	角	分	
合　　计																									

会计主管人员　　　　　　　记账　　　　　　审核　　　　　　制单

附件　　张

记账凭证汇总表

年　月　日　　　　　　　　　　　　字第　　号

会计科目	账页	本期发生额		记账凭证起讫号数
		借方	贷方	
				例如 银付01—02

总　　账

会计科目 银行存款

年		凭证号	摘　　要	借　　方											贷　　方											借或贷	余　　额										
月	日			亿	千	百	十	万	千	百	十	元	角	分	亿	千	百	十	万	千	百	十	元	角	分		亿	千	百	十	万	千	百	十	元	角	分

习题七　商业汇票实训

一、资料：锦州光明公司是加工企业，增值税一般纳税人。生产的产品是A、B产品，所用材料是甲、乙材料等。

2019 年 12 月 1 日有关账户的期初余额如下：

  银行存款   512 000.00

  应收票据——锦州贸易大厦 借方   220 000.00

  应收票据——大连织布厂 借方   64 000.00

会计主管：王桓；记账：张涛；制单：郑艳；其他责任人签字可用"××"表示。

二、2019 年 12 月发生以下经济业务：

1. 12 月 3 日，购买材料，材料全部验收入库，签发商业汇票付款。

辽宁增值税专用发票

No 01225489

2100172130

发票联

开票日期：2019 年 12 月 16 日

购买方	名称：锦州光明公司 纳税人识别号：912101781011217922 地址、电话：锦州市滨海新区 85 号 3152208 开户行及账号：农业银行凌云支行 4511111	密码区	（略）

货物或应税劳务、服务名称	规格型号	单位	数量	单价	金额	税率	税额
甲材料		千克	2000	10.00	20000.00	13%	2600.00
乙材料		千克	1000	12.00	12000.00	13%	1560.00
合计					¥32000.00		¥4160.00

价税合计（大写）	⊗叁万陆仟壹佰陆拾圆整	（小写）¥36160.00

销售方	名称：沈阳市和平农场 纳税人识别号：912101452213654007 地址、电话：沈阳市崇山路 14 号 5154789 开户行及账号：农业银行城北支行 2465655	备注	沈阳市和平农场 912014522213654007 发票专用章

收款人： 复核： 开票人： 销售方：（章）

材料验收入库单 ② 记账

年 月 日   仓库：材料库

材料名称	材质	规格型号	单位	数量		实际价格			
				应收	实收	单价	金额	运杂费	合计
合计									

经办人：   库管员

商业承兑汇票

2 GA 01 00060129

出票日期（大写）：贰零壹玖年壹拾贰月零叁日

出票人全称	锦州光明公司	收款人	全称	沈阳市和平农场
出票人账号	4511111		账号	2465655
付款行全称	农业银行凌云支行		开户银行	农业银行城北支行

出票金额	人民币（大写）	叁万陆仟壹佰陆拾元整	亿千百十万千百十元角分 ¥3 6 1 6 0 0 0

汇票到期日(大写)	贰零贰零年零叁月零叁日	交易合同号码	

本汇票已经承兑，到期无条件支付票款

承兑人签章（锦州光明财务专用章 印 张南）
承兑日期　年　月　日

本汇票请予以承兑于到期日付款

出票人签章（沈阳市和平农场财务专用章 印 孙伟）

此联收款人开户行随托收凭证寄付款行作借方凭证

2. 12月12日，将商业汇票到银行办理贴现。

贴现凭证（收账通知）4

申请日期 2019 年 12 月 12 日　　第　号

贴现汇票	种类	商业承兑汇票	号码		持票人	全称	锦州光明公司
	出票日	2019年9月12日				账号	4511111
	到期日	2020年2月12日				开户银行	农业银行凌云支行
汇票承兑人	名称	锦州贸易大厦	账号	785421		开户银行	锦州站前支行

汇票金额	人民币（大写）	千百十万千百十元角分 ¥2 2 0 0 0 0 0 0

贴现率 0.40%	贴现利息	千百十万千百十元角分	实付贴现金额	千百十万千百十元角分

贴现款项已入你单位账户
（中国农业银行 凌云支行 2019.12.12 转讫）
银行盖章
2019 年 12 月 12 日

备注：

此联银行给持票人的收账通知

3. 12月15日，商业汇票到期，委托银行收到款项。

托收凭证(汇款依据或收账通知)   4

委托日期 2019 年 12 月 15 日　　付款期限　年　月　日

业务类型	委托收款（□邮划、☑电划）			托收承付（□邮划、□电划）				
付款人	全称	大连织布厂		收款人	全称	锦州光明公司		
	账号	2155873			账号	4511111		
	地址	辽宁省大连市县	开户行	农业银行平和支行	地址	辽宁省锦州市县	开户行	农业银行凌云支行
金额	人民币（大写）						¥6400000	
款项内容	货款		托收凭证名		商业汇票		附寄单证张数	1
商品发运情况					合同名称号码			
备注：			上列款项已划回收入你方账户内。					
复核：　记账：			收款人开户银行签章　　　　年　月　日					

（中国农业银行 凌云支行 2019.12.15 转讫）

此联付款人开户行凭以汇款或收款人开户银行作收账通知

要求：（1）审核原始凭证并将缺少的内容补充完整。
　　　（2）根据原始凭证编制记账凭证并连续编号。
　　　（3）根据记账凭证登记银行存款日记账、应付票据和应收票据明细账并结账。

通用记账凭证

年　月　日

出纳编号_____
凭证编号_____

摘要	借方科目		贷方科目		金额										记账符号
	总账科目	明细科目	总账科目	明细科目	亿	千	百	十	万	千	百	十	元	角	分	
附单据　　张			合　　计													

会计主管人员　　　记账　　　审核　　　制单　　　出纳　　　交领款人

通 用 记 账 凭 证

年　月　日

出纳编号＿＿＿＿＿＿
凭证编号＿＿＿＿＿＿

摘要	借方科目		贷方科目		金额										记账符号
	总账科目	明细科目	总账科目	明细科目	亿	千	百	十	万	千	百	十	元	角	分	
附单据　　　张	合　　　　　计															

会计主管人员　　　记账　　　审核　　　制单　　　出纳　　　交领款人

通 用 记 账 凭 证

年　月　日

出纳编号＿＿＿＿＿＿
凭证编号＿＿＿＿＿＿

摘要	借方科目		贷方科目		金额										记账符号
	总账科目	明细科目	总账科目	明细科目	亿	千	百	十	万	千	百	十	元	角	分	
附单据　　　张	合　　　　　计															

会计主管人员　　　记账　　　审核　　　制单　　　出纳　　　交领款人

银行存款日记账

年		凭证号	摘要	对方科目	借方									贷方									借或贷	余额								
月	日				千	百	十	万	千	百	十	元	角 分	千	百	十	万	千	百	十	元	角	分		千	百	十	万	千	百	十	元	角 分

明 细 账

会计科目_____ 细目_____ 子目_____

年		凭证号	摘要	借方 亿千百十万千百十元角分	贷方 亿千百十万千百十元角分	借或贷	余额 亿千百十万千百十元角分
月	日						

明 细 账

会计科目_____ 细目_____ 子目_____

年		凭证号	摘要	借方 亿千百十万千百十元角分	贷方 亿千百十万千百十元角分	借或贷	余额 亿千百十万千百十元角分
月	日						

明 细 账

会计科目_____ 细目_____ 子目_____

年		凭证号	摘要	借方 亿千百十万千百十元角分	贷方 亿千百十万千百十元角分	借或贷	余额 亿千百十万千百十元角分
月	日						

习题八 委托收款实训

一、资料：大连永生公司是工业企业，增值税一般纳税人，生产的产品是钢材，所用材料有废铁、铁矿石等。

2019年5月1日银行存款账户的期初余额为600 000.00元。

凭证中相关人员签字可用"××"表示，结账可用红色水性笔。

二、2019年5月发生以下经济业务：

1. 5月1日，销售钢材，委托银行收款。

辽宁增值税专用发票

2100163150　　No 00355692

此联不作报销、扣税凭证使用　　开票日期：2019年05月01日

购买方	名　称：沈阳宏大公司　　纳税人识别号：91210564875642 9324　　地址、电话：沈阳市和平路26号 21547896　　开户行及账号：建设银行城内支行 2548879—25	密码区	（略）

货物或应税劳务、服务名称	规格型号	单位	数量	单价	金额	税率	税额
钢材		吨	10	6000.00	60000.00	13%	7800.00
合　　计					¥60000.00		¥7800.00

价税合计（大写）	⊗陆万柒仟捌佰圆整	（小写）¥67800.00

销售方	名　称：大连永生公司　　纳税人识别号：91210459875651 2347　　地址、电话：大连市滨海路5号 31254784　　开户行及账号：工商银行百楼营业部 458921	备注	

收款人：　　复核：　　开票人：　　销售方：（章）

第一联：记账联　销售方记账凭证

托收凭证（受理回单）　　1

委托日期　2019年05月01日

业务类型	委托收款（□邮划、☑电划）　　托收承付（□邮划、□电划）						
付款人	全称				收款人	全称	
	账号					账号	
	地址	省	市县	开户行		地址	省	市县	开户行
金额	人民币（大写）					亿千百十万千百十元角分
款项内容	货款	托收凭证名称	发票	附寄单证张数	2
商品发运情况		合同名称号码			
备注：	款项收妥日期				
复核　记账	年　月　日	收款人开户银行签章　　　年　月　日

此联作收款人开户银行给收款人的受理回单

2. 5月15日，收到前欠货款。

托收凭证（汇款依据或收账通知） 4

委托日期 2019 年 05 月 12 日　　付款期限 年 月 日

业务类型	委托收款（□邮划、☑电划）		托收承付（□邮划、□电划）		
付款人	全称	振华机械厂	收款人	全称	大连永生公司
	账号	562413		账号	
	地址	辽宁省锦州市县 开户行 工商银行金利支行		地址	省 市县 开户行
金额	人民币（大写）				亿千百十万千百十元角分 ¥ 2 3 2 0 0 0 0
款项内容	货款	托收凭证名称	发票	附寄单证张数	2
商品发运情况	铁路		合同名称号码		

备注：　　　　　　　　　　上列款项已划回收入你方账户内。
　　　　　　　　　　　　　　　　收款人开户银行签章
　　　　　　　　　　　　　　　　　　　年 月 日
复核：　　记账：

此联付款人开户行凭以汇款或收款人开户银行作收账通知

3. 5月20日，购入铁矿石，增值税发票上买价 460 000.00 元，增值税 59 800.00 元，收到银行转来的付款通知。

托收凭证（付款通知） 5

委托日期 2019 年 05 月 12 日　　付款期限 年 月 日

业务类型	委托收款（□邮划、☑电划）		托收承付（□邮划、□电划）		
付款人	全称	大连永生公司	收款人	全称	大连冶炼厂
	账号			账号	548792
	地址	省 市县 开户行		地址	辽宁省大连市县 开户行 工商银行成东支行
金额	人民币（大写）				亿千百十万千百十元角分 ¥ 5 1 9 8 0 0 0 0
款项内容	货款	托收凭证名称	发票	附寄单证张数	2
商品发运情况	商品已发出		合同名称号码		略

备注：

付款人开户银行收到日期：
　　2019 年 5 月 20 日　　收款人开户银行签章
复核：　　记账：　　　　　　　　　　　　年 月 日

付款人注意：
1. 根据支付结算办法，上列委托收款（托收承付）款项在付款期限内未提出拒付，即视为同意付款，以此代付款通知。
2. 如需提出全部或部分拒付，应在规定期限内，将拒付理由书并附债务证明退交开户银行。

此联付款人开户银行给付款人按期付款通知

4.5月20日，收到银行转来的委托收款收账通知，系永康公司货款46 800.00元。

要求：（1）审核原始凭证，并将原始凭证中缺少的内容补充完整。

（2）根据原始凭证，编制记账凭证，记账凭证按收款凭证、付款凭证、转账凭证业务性质（5类）分类编号，签章处只需填写制单人。该企业收付款凭证由出纳王丰制单，转账凭证由会计郑纯制单。

（3）根据记账凭证，编制部分汇总记账凭证。

（4）根据汇总记账凭证，登记银行存款总账并结账。

转 账 凭 证

年 月 日　　　　　字第　号

摘　要	总账科目	明细科目	借方金额 亿千百十万千百十元角分	贷方金额 亿千百十万千百十元角分	√ 附件
	合　计				张

会计主管人员　　　　　记账　　　　　审核　　　　　制单

收 款 凭 证

借方科目：　　　　　　　　　　年 月 日　　　　　字第　号

摘　要	贷　方　科　目		金　　额 亿千百十万千百十元角分	√ 附件
	一级科目	明细科目		
	合　计			张

会计主管人员　　　记账　　　出纳　　　审核　　　制单　　　交款人

付款凭证

贷方科目：　　　　　　　　　　　年　月　日　　　　　　　　字第　　号

摘　要	借方科目		金　额											√	附件
	一级科目	明细科目	亿	千	百	十	万	千	百	十	元	角	分		
															张
合　计															

会计主管人员　　　　记账　　　　出纳　　　　审核　　　　制单　　　　领款人

收款凭证

借方科目：　　　　　　　　　　　年　月　日　　　　　　　　字第　　号

摘　要	贷方科目		金　额											√	附件
	一级科目	明细科目	亿	千	百	十	万	千	百	十	元	角	分		
															张
合　计															

会计主管　　　　记账　　　　出纳　　　　审核　　　　制单　　　　签收

汇总收款凭证

借方科目：银行存款　　　　　　　年　月　　　　　　　　　　字第　　号

贷方科目	金额				总账页次	
	1日至10日收款凭证 号至 号 张	11日至20日收款凭证 号至 号 张	21日至31日收款凭证 号至 号 张	合计	借方	贷方

汇总付款凭证

贷方科目：银行存款　　　　　　　　　　年　月　　　　　　　字第　　号

借方科目	金额			合计	总账页次	
	1日至10日付款凭证 号至 号 张	11日至20日付款凭证 号至 号 张	21日至31日付款凭证 号至 号 张		借方	贷方

总　　账

会计科目：

年		凭证号	摘要	借方	贷方	借或贷	余额
月	日			千百十万千百十元角分	千百十万千百十元角分		千百十万千百十元角分

习题九　银行存款余额调节表实训

一、某企业2019年3月31日银行存款日记账余额为63 000.00元，银行对账单的余额为120 000.00元，经核对，发现以下未达账项：

1. 企业送存转账支票62 000.00元，并已入账，但银行尚未入账。

2. 企业开出转账支票47 000.00元，但持票单位尚未到银行办理转账，银行尚未入账。

3. 企业委托银行收取的货款77 000.00元，银行已收妥入账，但企业尚未收到收款通知而未入账。

4. 银行代企业支付水费5 000.00元，但企业尚未收到银行付款通知而未入账。

要求：根据上述资料编制银行存款余额调节表。

银行存款余额调节表

年　月　日

项　目	金　额	项　目	金　额
企业银行存款日记账余额		银行对账单余额	
调节后存款余额		调节后存款余额	

二、洪峰公司 2019 年 5 月银行存款日记账和银行对账单的记录如下：

银行对账单

户名：洪峰公司　　　　　　　　　　　　　　　　　　　　　账号：125487

日　期	凭证种类	凭证号	摘　要	借　方	贷　方	借或贷	余　额
0501			期初余额			贷	40000.00
0503	进账单	略	销货款		1245.00	贷	41245.00
0504	电汇		购货款	3000.00		贷	38245.00
0509	本票		支付欠款	1000.00		贷	37245.00
0512	现金支票		提现金	2000.00		贷	35245.00
0514	现金交款单		送存现金		10000.00	贷	45245.00
0521	转账支票		购零件	6000.00		贷	39245.00
0528	委托收款		支付水费	2500.00		贷	36745.00
0531	托收承付		收回货款		3500.00	贷	40245.00
0531			本月合计			贷	40245.00

银行存款日记账

日期	凭证类别		摘要	借方	贷方	借或贷	余额
	凭证种类	凭证号					
0501			期初余额			借	40000.00
0503	进账单	银收1	销货款	1245.00		借	41245.00
0504	电汇	银付1	购货款		3000.00	借	38245.00
0509	本票	银付2	支付欠款		1000.00	借	37245.00
0512	现金支票	银付3	提现金		2000.00	借	35245.00
0514	现金交款单	现付1	送存现金	10000.00		借	45245.00
0521	转账支票	银付4	购零件		6000.00	借	39245.00
0529	转账支票	银付5	付货款		256.00	借	38989.00
0530	进账单	银收2	收回货款	20000.00		借	58989.00
0531			本月合计			借	58989.00

要求：根据上述资料编制银行存款余额调节表。

银行存款余额调节表

年　月　日

项目	金额	项目	金额
企业银行存款日记账余额		银行对账单余额	
调节后存款余额		调节后存款余额	

三、鸿达公司2019年3月31日银行存款日记账余额为58 900元，银行对账单余额为78 000元，经核对发现以下未达账项和登账错误：

1. 企业支付材料款5 200元，该笔材料款银行已于2月登记入账。
2. 企业开出现金支票34 000元，已经登记入账，银行尚未入账。
3. 企业委托银行收取的商业汇票款10 000元，银行已经收妥入账，企业尚未收到收账通知未入账。

4. 企业送存转账支票 26 000 元，并已入账，银行尚未登记入账。
5. 银行代企业支付水费 2 500 元，但企业尚未收到付款通知而未入账。
6. 企业开出转账支票 400 元，登账时误记为 4 000 元，银行收到支票已经登记入账。

要求：根据以上资料，编制鸿达公司 2019 年 3 月银行存款余额调节表。

银行存款余额调节表

年　月　日

项　目	金　额	项　目	金　额
企业银行存款日记账余额		银行对账单余额	
调节后存款余额		调节后存款余额	

习题十　记账规则和结账实训

某企业 2019 年 12 月"应收账款"账户情况如下：

总　账

会计科目：应收账款　　　　　　　　　　　　　　　　　　　　　第 22 页

2019 年		凭证号	摘　要	借　方	贷　方	借或贷	余　额
月	日						
			承前页	2000.00	250000.00	借	350000.00
12	3	略	应收货款	10000.00		借	360000.00
12	3		销售	1000.00		借	361000.00
12	6		销售	2000.00		借	363000.00
12	18		收到货款		20000.00	借	343000.00

总　　账

会计科目：应收账款　　　　　　　　　　　　　　　　　　　　　　　　　　　　　　第 23 页

2019年		凭证号	摘　要	借　方	贷　方	借或贷	余　额
月	日						
12	28		销售	10000.00		借	353000.00
12	31		销售	30000.00		借	383000.00

总　　账

会计科目：应收账款　　　　　　　　　　　　　　　　　　　　　　　　　　　　　　第 1 页

2020年		凭证号	摘　要	借　方	贷　方	借或贷	余　额
月	日						

要求：（1）根据记账规则，作转次页处理。

（2）月末，结出本月发生额及月末余额。

（3）年终，将余额结转下年并开设下年新账页。

习题十一　原材料核算实训

一、成都光源公司 2019 年 3 月初结存甲材料 2 000 千克，单位成本 3.50 元，计 7 000.00 元。3 月发生的有关甲材料的收发业务如下：

1. 3 月 3 日，购入甲材料 3 000 千克，单价 3.75 元，材料已验收入库。

2. 3 月 10 日，生产 A 产品领用甲材料 3 600 千克。

3. 3 月 12 日，购入甲材料 3 000 千克，单价 3.65 元，材料验收入库。

4. 3 月 21 日，生产 A 产品领用甲材料 2 500 千克。

要求：（1）按先进先出法计算 3 月发出材料成本。

（2）按月末一次加权平均法，计算加权平均单位成本、3 月发出材料成本和月末结存材料成本。

（3）分别用先进先出法和月末一次加权平均法登记材料明细账并结账。

原材料明细账

类别 _____ 储存处所 _____ 规格 _____ 计量单位 _____

年		凭证号数	摘要	收入			发出			结存			核对号
月	日			数量	单位成本	金额 百十万千百十元角分	数量	单位成本	金额 百十万千百十元角分	数量	单位成本	金额 百十万千百十元角分	

原材料明细账

类别_____ 储存处所_____ 规格_____ 计量单位_____

年		凭证号数	摘要	收入			发出			结存		核对号
月	日			数量	单位成本	金额 百十万千百十元角分	数量	单位成本	金额 百十万千百十元角分	数量	单位成本	金额 百十万千百十元角分	

答题用纸

（1）先进先出法 3 月发出材料成本 =

（2）加权平均单位成本 =

3 月发出材料成本 =

月末结存材料成本 =

二、某企业原材料按实际成本核算。该厂原材料总账账户所属明细账期初余额如下：

材料名称	数量（千克）	单价（元/千克）	金额（元）
甲材料	2 000	10	20 000.00

2019 年 3 月发生以下经济业务：

1. 1 日，购入甲材料 500 千克，单价 12 元，材料验收入库。
2. 4 日，生产车间领用甲材料 2 200 千克。
3. 10 日，购入甲材料 800 千克，单价 11 元，材料验收入库。
4. 18 日，行政管理部门领用甲材料 500 千克。

要求：（1）发出材料按月末一次加权平均法计价，逐笔登记甲材料明细账，并按规定结账。

（2）计算加权平均单位成本（保留两位小数）和发出材料成本。

材料明细账

材料名称：　　　　　　　　　　　　　　　　　　　　　　　计量单位：

年		凭证号	摘要	收入			发出			结存		
月	日			数量	单价	金额	数量	单价	金额	数量	单价	金额

答题用纸

月末一次加权平均单位成本 =

发出材料成本 =

三、见第二题资料。

要求：发出材料按先进先出法计价，逐笔登记甲材料明细账，并按规定结账。

材料明细账

材料名称：　　　　　　　　　　　　　　　　　　　　　　　　　计量单位：

年		凭证号	摘要	收入			发出			结存		
月	日			数量	单价	金额	数量	单价	金额	数量	单价	金额

四、见第二题资料。

要求：发出材料按移动加权平均法计价，逐笔登记甲材料明细账，并按规定结账（单位成本保留两位小数）。

材料明细账

材料名称：　　　　　　　　　　　　　　　　　　　　　　　　　计量单位：

年		凭证号	摘要	收入			发出			结存		
月	日			数量	单价	金额	数量	单价	金额	数量	单价	金额

五、东风公司是增值税一般纳税人，增值税税率13%。2019年5月发生以下经济业务：

1. 5月2日，从宏兴公司购入C1材料，数量10 000千克，单价20元，增值税专用发票上价款200 000.00元，增值税26 000.00元，价税合计226 000.00元；签发转账支票支付全部款项，材料已验收入库。

2. 5月10日，从宏兴公司购入C2材料，数量300千克，单价30元，金额9 000.00元，增值税1 170.00元，取得增值税普通发票，采用汇兑结算方式支付货款，材料验收入库。

3. 5月25日，生产B产品领用C1材料160千克，金额3 248.00元。

4. 5月25日，从银行提取现金20 000.00元备用。

要求：（1）编制记账凭证，记账凭证按收款凭证、付款凭证、转账凭证业务性质（5类）分类编号，签章处只需填写制单人。该企业收付款凭证由出纳李伟制单，转账凭证由会计钱浩制单。

（2）根据收款、付款、转账凭证，编制部分汇总记账凭证。

（3）根据汇总记账凭证，登记原材料总账并结账。原材料账户期初余额为17 800.00元。

付 款 凭 证

贷方科目：　　　　　　　　　　年　月　日　　　　　　　　　　字第　　号

摘　要	结算方式	票号	借方科目		金　额									记账符号
			总账科目	明细科目	千	百	十	万	千	百	十	元	角	分	
附单据　　张			合　　计												

会计主管人员　　　　记账　　　　出纳　　　　审核　　　　制单　　　　领款人

付 款 凭 证

贷方科目：　　　　　　　　　　年　月　日　　　　　　　　　　字第　　号

摘　要	结算方式	票号	借方科目		金　额									记账符号
			总账科目	明细科目	千	百	十	万	千	百	十	元	角	分	
附单据　　张			合　　计												

会计主管人员　　　　记账　　　　出纳　　　　审核　　　　制单　　　　领款人

付 款 凭 证

贷方科目：　　　　　　　　　　年　月　日　　　　　　　　　　字第　　号

摘　要	结算方式	票号	借方科目		金　额									记账符号
			总账科目	明细科目	千	百	十	万	千	百	十	元	角	分	
附单据　　张			合　　计												

会计主管人员　　　　记账　　　　出纳　　　　审核　　　　制单　　　　领款人

转 账 凭 证

年　月　日　　　　　　　　　　　　　　　　　凭证编号：

摘　要	会计科目		借方金额									贷方金额									记账符号
	总账科目	明细科目	千	百	十	万	千	百	十	元	角	分	千	百	十	万	千	百	十	元	角	分	
附单据　　张	合　计																						

会计主管人员　　　　　记账　　　　　审核　　　　　制单

汇总付款凭证

贷方科目：银行存款　　　　　　　年　月　　　　　　　字第　　号

借方科目	金　额			合计	总账页次	
	1日至10日付款凭证号至　号　张	11日至20日付款凭证号至　号　张	21日至31日付款凭证号至　号　张		借方	贷方

汇总转账凭证

贷方科目：原材料　　　　　　　　年　月　　　　　　　字第　　号

借方科目	金　额			合计	总账页次	
	1日至10日转账凭证号至　号　张	11日至20日转账凭证号至　号　张	21日至31日转账凭证号至　号　张		借方	贷方

总　　账

会计科目：原材料

年		凭证号	摘要	借方										贷方										借或贷	余额									
月	日			千	百	十	万	千	百	十	元	角	分	千	百	十	万	千	百	十	元	角	分		千	百	十	万	千	百	十	元	角	分

六、某企业为增值税一般纳税人，2019年4月发生的部分经济业务如下：

1. 2日，向泰山商贸公司购买T材料，增值税专用发票上注明数量45千克，单价200元，价款9 000.00元，增值税1 170.00元，共计10 170.00元，材料尚未验收入库。

2. 8日，上述T材料验收入库。

3. 10日，向A公司购买M材料，增值税专用发票上注明价款10 000.00元，增值税1 300.00元，共计11 300.00元，材料尚未验收入库。

要求：登记在途物资明细账。

在途物资明细账

年		凭证号	摘要	借方			年		凭证号	摘要	贷方		余额
月	日			数量	运费	合计	月	日			金额	合计	

七、星星公司和华夏公司均为增值税一般纳税人。2019年3月27日，星星公司向华夏公司销售一批材料（圆钢），增值税专用发票上标明售价230 000.00元，增值税销项税额29 900.00元，收到信汇凭证一张，金额259 900.00元，该批材料成本为215 000.00元。华夏公司将购买的圆钢验收入库，作为原材料核算。

要求：（1）写出星星公司销售材料和结转材料销售成本的原始凭证名称。

（2）写出华夏公司购买材料的原始凭证名称。

（3）以星星公司为会计主体，根据原始凭证编制记账凭证（凭证编号125号和126号）。

（4）以华夏公司为会计主体，根据原始凭证编制记账凭证（凭证编号85号）。

答题用纸

（1）星星公司销售材料的原始凭证名称：

（2）星星公司结转材料销售成本的原始凭证名称：

（3）华夏公司购买材料的原始凭证名称：

【星星公司记账凭证】

通用记账凭证

年　月　日　　　　　　　　　　　　　　　　凭证编号：

摘要	会计科目		借方金额									贷方金额									记账符号
	总账科目	明细科目	千	百	十	万	千	百	十	元	角	分	千	百	十	万	千	百	十	元	角	分	
附单据　张	合　计																						

会计主管人员　　　记账　　　审核　　　制单　　　出纳　　　交领款人

通用记账凭证

年　月　日　　　　　　　　　　　　　　　　凭证编号：

摘要	会计科目		借方金额									贷方金额									记账符号
	总账科目	明细科目	千	百	十	万	千	百	十	元	角	分	千	百	十	万	千	百	十	元	角	分	
附单据　张	合　计																						

会计主管人员　　　记账　　　审核　　　制单　　　出纳　　　交领款人

【华夏公司记账凭证】

通用记账凭证

年　月　日　　　　　　　　　　　　　　　　凭证编号：

摘要	会计科目		借方金额									贷方金额									记账符号
	总账科目	明细科目	千	百	十	万	千	百	十	元	角	分	千	百	十	万	千	百	十	元	角	分	
附单据　张	合　计																						

会计主管人员　　　记账　　　审核　　　制单　　　出纳　　　交领款人

习题十二　职工薪酬核算实训

一、资料：沈阳棉纺厂2019年10月1日有关总账账户的期初余额如下：

资　产	余　　额	负债和所有者权益	余　　额
库存现金	5 000.00	应付职工薪酬	110 000.00
银行存款	175 000.00	实收资本	700 000.00
生产成本	30 000.00		
固定资产	600 000.00		
合计	810 000.00	合计	810 000.00

二、2019年10月发生以下经济业务：

1. 10月31日，从银行提取现金79 000.00元，准备发放工资。
2. 10月31日，以现金发放工资。

工资结算汇总表

2019年10月31日

单位：沈阳棉纺厂

车间和部门		应付工资				实发金额
		标准工资	奖　金	津贴和补贴	合　计	
车间	工人	61000.00	1000.00	3000.00	65000.00	
	管理人员	8000.00			8000.00	
厂部管理人员		5600.00	400.00		6000.00	
合　计		74600.00	1400.00	3000.00	79000.00	

3. 10月31日，根据工资结算汇总表编制工资费用分配表。

工资费用分配表

2019年10月31日

车间和部门	应分配工资额
生产车间工人	
车间管理人员	
行政管理人员	
合　计	

4. 10月31日，计提工会经费。

工会经费计算表

2019年10月31日

车间及部门	应分配工资额	提取比例	应计提工会经费
生产车间工人			
车间管理人员			
行政管理人员			
合计		2%	

要求：（1）审核原始凭证，并将原始凭证中缺少的内容补充完整。
（2）根据原始凭证编制记账凭证，按业务题顺序连续编号。
（3）根据记账凭证编制本月科目汇总表，本月汇总一次。
（4）根据以上资料编制总账账户本期发生额和余额试算平衡表。

付 款 凭 证

贷方科目： 年 月 日 字第 号

摘要	结算方式	票号	借方科目		金额										记账符号
			总账科目	明细科目	千	百	十	万	千	百	十	元	角	分	
附单据 张			合 计												

会计主管人员　　　记账　　　出纳　　　审核　　　制单　　　领款人

付 款 凭 证

贷方科目： 年 月 日 字第 号

摘要	结算方式	票号	借方科目		金额										记账符号
			总账科目	明细科目	千	百	十	万	千	百	十	元	角	分	
附单据 张			合 计												

会计主管人员　　　记账　　　出纳　　　审核　　　制单　　　领款人

转 账 凭 证

年　月　日　　　　　　　　　　　　　字第　　号

摘要	总账科目	明细科目	借方金额										贷方金额										√	附件
			亿	千	百	十	万	千	百	十	元	角	分	亿	千	百	十	万	千	百	十	元	角	分	
																									张
合　　计																									

会计主管人员　　　　　　　记账　　　　　　审核　　　　　　制单

转 账 凭 证

年　月　日　　　　　　　　　　　　　字第　　号

摘要	总账科目	明细科目	借方金额										贷方金额										√	附件
			亿	千	百	十	万	千	百	十	元	角	分	亿	千	百	十	万	千	百	十	元	角	分	
																									张
合　　计																									

会计主管人员　　　　　　　记账　　　　　　审核　　　　　　制单

科目汇总表

年　月　日　　　　　　　　　　　凭证编号：

会计科目	本月发生额		总账页次
	借方发生额	贷方发生额	

总账账户本期发生额和余额试算平衡表

年　月　日

账　户	期初余额		本期发生额		期末余额	
	借方	贷方	借方	贷方	借方	贷方

习题十三　成本费用核算实训

一、锦州永振公司2019年7月发生以下经济业务：

1. 7月2日，购入材料并入库，款项尚未支付。

辽宁增值税专用发票

2100163130

No 01252147

发票联

开票日期：2019年07月02日

购买方	名　　称：锦州永振公司 纳税人识别号：91210714526387452 地　址、电话：锦州市汉口路45号 4587915 开户行及账号：工商银行城南营业部 2546672	密码区	（略）

货物或应税劳务、服务名称	规格型号	单位	数量	单价	金额	税率	税额
甲材料		千克	3000	3.65	10950.00	13%	1423.50
合　　　计					¥10950.00		¥1423.50

价税合计（大写）	⊗ 壹万贰仟叁佰柒拾叁圆伍角整	（小写）¥12373.50

销售方	名　　称：沈阳化工厂 纳税人识别号：91210156789123 5814 地　址、电话：沈阳市崇山路47号 54687232 开户行及账号：工商银行站前支行 563491	备注	91210156789123 5814 发票专用章

收款人：周成　　　　复核：王丽　　　　开票人：华爽　　　　销售方：（章）

第三联：发票联 购买方记账凭证

材料验收入库单 ② 记账

2019 年 7 月 2 日　　　　　　　　　　　　　　　仓库：材料库

供应单位：沈阳化工厂			合同号			发票号			
材料名称	材质	规格型号	单位	数量		实际价格			
				应收	实收	单价	金额	运杂费	合计
甲材料			千克	3000	3000				
合　计									

经办人：　　　　　　　　　　　　　　库管员：

2. 7 月 4 日，领用材料。

领 料 单

领料单位：生产车间

用途：生产 A 产品　　　　　2019 年 7 月 4 日　　　　　仓库：材料库

材料名称	材料编号	规格	计量单位	数量	单位成本	金额	备注
乙材料	001		吨	16		4000.00	
合计						4000.00	

发料人：王新　　　　　领料单位负责人：周顺　　　　　领料人：张成

财务留存

3. 7 月 31 日，月末分配制造费用（按生产工时分配）。

制造费用分配表

2019 年 7 月 31 日　　　　　　　　　　　　　　单位：元

应借科目		生产工时（小时）	分配率	分配金额
生产成本	A 产品	400		
	B 产品	500		
合　计		900		￥9000.00

4. 7 月 31 日，完工产品验收入库。

产成品入库单

2019 年 7 月 31 日　　　　　　　　　　　　　　仓库：成品库

品　名	规　格	单　位	数　量	单位成本	金　额
A 产品		吨	30		60000.00
负责人	冯立	仓库负责人		入库人 王洋	经手人 李立	合　计	

117

要求：(1) 审核原始凭证并将缺少的内容补充完整，然后根据原始凭证编制记账凭证并连续编号。

(2) 根据记账凭证编制锦州永振公司 7 月记账凭证汇总表。

(3) 根据记账凭证汇总表和下列总账账户期初余额，登记原材料、库存商品总账并进行结账。

库存商品账户期初余额：900 000.00 元；原材料账户期初余额：30 000.00 元。

通用记账凭证

年　月　日　　　　　　　　　　　凭证编号：

摘要	会计科目		借方金额										贷方金额										记账符号
	总账科目	明细科目	千	百	十	万	千	百	十	元	角	分	千	百	十	万	千	百	十	元	角	分	
附单据　　张　合　计																								

会计主管人员　　　　记账　　　　审核　　　　制单　　　　出纳　　　　交领款人

通用记账凭证

年　月　日　　　　　　　　　　　凭证编号：

摘要	会计科目		借方金额										贷方金额										记账符号
	总账科目	明细科目	千	百	十	万	千	百	十	元	角	分	千	百	十	万	千	百	十	元	角	分	
附单据　　张　合　计																								

会计主管人员　　　　记账　　　　审核　　　　制单　　　　出纳　　　　交领款人

通用记账凭证

年　月　日　　　　　　　　　　　　　　凭证编号：

摘要	会计科目		借方金额										贷方金额										记账符号
	总账科目	明细科目	千	百	十	万	千	百	十	元	角	分	千	百	十	万	千	百	十	元	角	分	
附单据　张	合　计																						

会计主管人员　　　记账　　　审核　　　制单　　　出纳　　　交领款人

通用记账凭证

年　月　日　　　　　　　　　　　　　　凭证编号：

摘要	会计科目		借方金额										贷方金额										记账符号
	总账科目	明细科目	千	百	十	万	千	百	十	元	角	分	千	百	十	万	千	百	十	元	角	分	
附单据　张	合　计																						

会计主管人员　　　记账　　　审核　　　制单　　　出纳　　　交领款人

记账凭证汇总表

年　月　日　　　　　　　　　　　　　　凭证编号：

会计科目	本月发生额		总账页次
	借方发生额	贷方发生额	

总　　账

会计科目 库存商品

年		凭证号	摘要	借方										贷方										核对号	借或贷	余额									
月	日			亿	千	百	十	万	千	百	十	元	角	分	亿	千	百	十	万	千	百	十	元	角	分			亿	千	百	十	万	千	百	十	元	角	分

总　　账

会计科目 原材料

年		凭证号	摘要	借方										贷方										核对号	借或贷	余额									
月	日			亿	千	百	十	万	千	百	十	元	角	分	亿	千	百	十	万	千	百	十	元	角	分			亿	千	百	十	万	千	百	十	元	角	分

二、某公司 2019 年发生的部分经济业务如下：

（一）2019 年 1 月的部分经济业务：

1. 1 日，银付 5，购买办公用品 2 000 元，全部由公司办公室领用。

2. 10 日，现付 3，公司设备科张红报销差旅费 4 300 元，用现金支付。

3. 31 日，转 19，结转本月应付职工工资 400 000 元，其中公司管理人员工资 85 000 元。

4. 31 日，转 22，结转管理费用账户。

（二）2019 年 2 月的部分经济业务：

1. 1 日，银付 11，支付公司审计费 4 000 元。

2. 28 日，转 19，结转本月应付职工工资 410 000 元，其中公司管理人员工资 86 000 元。

3. 28 日，转 26，结转管理费用账户。

（三）2019 年 3～11 月管理费用的费用项目为：职工薪酬 717 000 元，办公费 1 400 元，水电费 15 600 元，差旅费 6 000 元。

2019 年 12 月的部分经济业务：

1. 7 日，银付 18，签发转账支票支付公司行政管理部门电费 5 200 元。

2. 10 日，现付 30，公司办公室刘玉报销差旅费 3 200 元，用现金支付。

3. 31 日，转 25，结转本月应付职工工资 450 000 元，其中公司管理人员工资 86 000 元。

4. 31 日，转 27，结转管理费用账户。

要求：根据上述资料登记管理费用明细账并结账。

管理费用明细账

2019年		凭证编号	摘要	借方						贷方合计	借或贷	余额
月	日			职工薪酬	办公费	水电费	差旅费	其他	合计			
1	1											
	10											
	31											
	31											
	31		本月合计									
	31		本年累计									
2	1											
	28											
	28											
	28		本月合计									
	28		本年累计									
			……									
11	30		本年累计									
12	7											
	10											
	31											
	31											
	31		本月合计									
	31		本年累计									

三、某企业2019年1~11月管理费用累计数100 000.00元，12月发生的部分经济业务如下：

1. 1日，银付1，购买办公用品2 000.00元，全部由公司办公室领用。
2. 6日，银付12，签发转账支票支付公司行政管理部门电费5 000.00元。
3. 8日，银付23，支付公司行政管理部门水费2 560.00元。
4. 27日，银付34，支付公司财产保险费4 000.00元。
5. 31日，转1，分配工资费用400 000.00元，其中企业管理人员工资85 000元。
6. 31日，转2，结转管理费用账户。

要求：根据记账凭证登记管理费用明细账并结账。

管理费用明细账

年		凭证种类	凭证编号	摘要	借 方						贷方合计	借或贷	余额
月	日				职工薪酬	办公费	水电费	折旧费	其他	合计			

四、某企业2019年1月一车间发生的部分经济业务如下：

1. 1日，购买办公用品3 000.00元并全部领用。
2. 8日，支付水费4 500.00元。
3. 12日，计提固定资产折旧70 000.00元，其中一车间6 000.00元。
4. 月末，分配工资费用80 000.00元，其中一车间管理人员工资5 200.00元。
5. 月末，将一车间的制造费用全部转入产品成本。

要求：登记制造费用明细账并结账。

制造费用明细账

生产车间：

年		凭证编号	摘要	借 方						贷方合计	余额
月	日			办公费	水电费	折旧费	职工薪酬	其他	合计		

习题十四　错账更正实训

一、2019年2月6日，沈阳钢铁公司购买办公用品678.00元，被公司办公室领用，签发转账支票付款。填制记账凭证如下所示，并已登记入账，当日查账时发现错误。

付 款 凭 证

贷方科目：银行存款　　　　　　　　　　2019年2月6日　　　　　　　　　　银付字第1号

摘　要	结算方式	票号	借方科目		金　额									记账符号
			总账科目	明细科目	千	百	十	万	千	百	十	元	角	分	
付办公费			管理费用	办公费				6	7	8	0	0	0	√
附单据3张			合　计					¥	6	7	8	0	0	0	√

会计主管人员 *王铁*　　记账 *张艳*　　出纳 *李林*　　审核 *赵小亮*　　制单 *张艳*　　领款人

要求：根据以上资料，填制更正错账的记账凭证（银付5）。

付 款 凭 证

贷方科目：　　　　　　　　　　　　　年　月　日　　　　　　　　　　　　字第　号

摘　要	结算方式	票号	借方科目		金　额									记账符号
			总账科目	明细科目	千	百	十	万	千	百	十	元	角	分	
附单据　张			合　计												

会计主管人员　　　记账　　　出纳　　　审核　　　制单　　　领款人

二、长江公司于2019年3月12日，收到当月银行存款利息300.00元。填制记账凭证如下所示，并已登记入账，月末查账时发现错误。

收 款 凭 证

借方科目：银行存款　　　　　　　　　　2019年3月12日　　　　　　　　　　银收字第9号

摘　要	结算方式	票号	贷方科目		金　额									记账符号
			总账科目	明细科目	千	百	十	万	千	百	十	元	角	分	
收存款利息			管理费用							3	0	0	0	0	√
附单据1张			合　计						¥	3	0	0	0	0	√

会计主管人员 ××　　记账 ××　　出纳 ××　　审核 ××　　制单 ××　　交款人

要求：根据以上资料，审核记账凭证，填制更正错账的记账凭证。

收 款 凭 证

借方科目：　　　　　　　　　　　　　年　月　日　　　　　　　　　　　　银收字第 26 号

摘　要	结算方式	票号	贷方科目		金　额									记账符号
			总账科目	明细科目	千	百	十	万	千	百	十	元	角	分	
附单据　　张			合　计												

会计主管人员　　　记账　　　出纳　　　审核　　　制单　　　交款人

收 款 凭 证

借方科目：　　　　　　　　　　　　　年　月　日　　　　　　　　　　　　银收字第 27 号

摘　要	结算方式	票号	贷方科目		金　额									记账符号
			总账科目	明细科目	千	百	十	万	千	百	十	元	角	分	
附单据　　张			合　计												

会计主管人员　　　记账　　　出纳　　　审核　　　制单　　　交款人

三、2019 年 4 月 2 日，某公司从银行借入长期借款 1 000 000.00 元存入银行。填制记账凭证如下所示，并已登记入账，当日查账时发现错误。

通 用 记 账 凭 证

2019 年 4 月 2 日　　　　　　　　　　　　　　　　　凭证编号：21

摘　要	会计科目		借方金额									贷方金额									记账符号
	总账科目	明细科目	千	百	十	万	千	百	十	元	角	分	千	百	十	万	千	百	十	元	角	分	
借入长期借款	银行存款			1	0	0	0	0	0	0	0	0											√
	长期借款													1	0	0	0	0	0	0	0	0	√
附单据 1 张　合　　　计			¥	1	0	0	0	0	0	0	0	0	¥	1	0	0	0	0	0	0	0	0	

会计主管人员 *张丽凤*　　记账 *陈丽*　　审核 *张军*　　制单 *王炎*　　出纳 *李伟*　　交领款人

银行存款日记账

2019年		凭证编号	摘要	借方 千百十万千百十元角分	贷方 千百十万千百十元角分	借或贷	余额 千百十万千百十元角分
月	日						
4	1		期初余额			借	7 5 0 0 0 0 0 0
	2	21	借入长期借款	1 0 0 0 0 0 0 0			

要求：（1）根据以上资料，审核记账凭证，填制更正错账的记账凭证（凭证编号22）。

（2）根据更正后的记账凭证登记银行存款日记账并进行日结（要求计算出当日借贷方发生额和余额）。

通用记账凭证

年　　月　　日　　　　　　　　　　凭证编号：

摘要	会计科目		借方金额 千百十万千百十元角分	贷方金额 千百十万千百十元角分	记账符号
	总账科目	明细科目			
附单据　　张	合　　计				

会计主管人员　　　　记账　　　　审核　　　　制单　　　　出纳　　　　交领款人

四、某公司于2019年1月31日，将完工产品45 600.00元验收入库，编制了记账凭证并已登记入账，月末查账时发现记账凭证编写错误，错误的记账凭证（用会计分录代替）如下：

结转完工产品成本　　借：主营业务成本　　　　　　　　　45 600
　　　　　　　　　　　贷：库存商品　　　　　　　　　　　　　　45 600

要求：（1）根据以上资料，填制更正错账的会计分录（注意：用"☐"代表红字）。

（2）根据以上资料，登记有关账户（账户用"丁字账"表示）。

答题用纸

（1）会计分录：

（2）登记有关账户：

五、2019 年 2 月 11 日，龙升公司从银行提取现金 890 000.00 元（现金支票存根略），填制记账凭证如下所示，并已登记入账，查账时发现错误。

收 款 凭 证

借方科目：银行存款　　　　　　　　　2019 年 2 月 11 日　　　　　　　　　银收　字第××号

摘　要	结算方式	票号	贷方科目		金　额								记账符号
			总账科目	明细科目	千	百	十	万	千	百	十	元	角	分	
			库存现金				8	9	0	0	0	0	0	0	√
附单据　　张			合　计				8	9	0	0	0	0	0	0	√

会计主管人员　　　　记账　　　　出纳　　　　审核　　　　制单　　　　交款人

要求：（1）根据以上资料，审核记账凭证，指出存在的问题。
　　　（2）指出更正错账方法。

答题用纸

（1）存在的问题：

（2）更正错账方法：

六、2019 年 2 月 23 日，飞鸿公司将现金 6 000.00 元存入银行（现金缴款单略）。填制记账凭证如下所示，并已登记入账，月末查账时发现错误。

付 款 凭 证

贷方科目：库存现金　　　　　　　　　2019 年 2 月 23 日　　　　　　　　　现付　字第××号

摘　要	结算方式	票号	借方科目		金　额								记账符号
			总账科目	明细科目	千	百	十	万	千	百	十	元	角	分	
将现金存入银行			银行存款					6	0	0	0	0	0	√
附单据 1 张			合　计				￥	6	0	0	0	0	0	√

会计主管人员　××　　记账　××　　出纳　××　　审核　××　　制单　××　　领款人

要求：根据以上资料，审核记账凭证，填制更正错账的记账凭证。

收 款 凭 证

借方科目：　　　　　　　　　　　年　月　日　　　　　　　　　　　字第　　号

摘　要	结算方式	票号	贷方科目		金　额										记账符号
			总账科目	明细科目	千	百	十	万	千	百	十	元	角	分	
附单据　　张			合　　计												

会计主管人员　　　　　记账　　　　出纳　　　　审核　　　　制单　　　　交款人

付 款 凭 证

贷方科目：　　　　　　　　　　　年　月　日　　　　　　　　　　　字第　　号

摘　要	结算方式	票号	借方科目		金　额										记账符号
			总账科目	明细科目	千	百	十	万	千	百	十	元	角	分	
附单据　　张			合　　计												

会计主管人员　　　　　记账　　　　出纳　　　　审核　　　　制单　　　　领款人

转 账 凭 证

　　　　　　　　　　　　　　　　年　月　日　　　　　　　　　　　字第　　号

摘要	会计科目		借方金额										贷方金额										记账符号
	总账科目	明细科目	千	百	十	万	千	百	十	元	角	分	千	百	十	万	千	百	十	元	角	分	
附单据　　张	合　　计																						

会计主管人员　　　　　记账　　　　　　审核　　　　　制单

七、某公司为增值税一般纳税人。2019年6月19日，向天胜公司销售C产品，价款70 000.00元，增值税税额9 100.00元，价税合计79 100.00元，收到银行转来的信汇凭证一张，金额79 100.00元。编制的58号记账凭证（用会计分录代替）和登账情况如下：

　　销售C产品　　借：银行存款　　　　　　　　　　　　　　　79 100
　　　　　　　　　　贷：主营业务收入——C产品　　　　　　　　70 000
　　　　　　　　　　　　应交税费——应交增值税（销项税额）　　9 100

银行存款日记账

2019年		凭证编号	摘要	借方 千百十万千百十元角分	贷方 千百十万千百十元角分	借或贷	余额 千百十万千百十元角分
月	日						
6	1		期初余额			借	9 5 0 0 0 0 0 0
	19	58	销售C产品		7 9 1 0 0 0	借	9 5 7 9 1 0 0 0

要求：(1) 根据以上资料，写出更正错账的方法。

(2) 更正错账（在银行存款日记账上完成）。

答题用纸
　　更正错账方法：

习题十五　财产清查实训

一、资料：沈阳机械公司为增值税一般纳税人，增值税率13%。2019年5月1日有关总账账户的期初余额如下：

　　库存现金　　借方　　　　　　　　　　　　　　　　2 000.00
　　原材料　　　借方　　　　　　　　　　　　　　　　50 000.00

凭证中相关人员签字可用"××"表示，结账可用红色水性笔。

二、2019年5月发生以下经济业务：

1. 5月12日，对库存现金进行清查。

库存现金盘点表
2019年5月12日

现金日记账账面余额	现金实际库存额	长款	短款	原因	备注
2200.00	2100.00		100.00	待查	

制表：叶娜

2. 5月23日，盘点原材料。

存货清查报告单
2019年5月23日

材料名称	单位	数量		盘盈			盘亏			原因
		账存	实存	数量	单价	金额	数量	单价	金额	进项税额转出	
圆钢	吨	25	24				1	3000	3000.00	390	被盗
合计									3000.00	390	

盘点人：周宏　　　　　　　　　　　　　　　制表：叶娜

3. 5月31日，核销现金短款和盘亏的钢材。

便函
沈阳电力公司： 　1. 现金短款 100.00 元计入管理费用。 　2. 盘亏的钢材由库管员赔偿。 　　　　　　　　　　　　　　　　　东北电力总公司 　　　　　　　　　　　　　　　　　2019 年 5 月 31 日

要求：（1）根据以上原始凭证，编制记账凭证，并按业务题的顺序号编号。
　　　（2）根据记账凭证登记库存现金和原材料总账并结账。
　　　（3）根据记账凭证汇总表（每月汇总一次）登记待处理财产损溢总账并结账。
　　　（4）根据记账凭证，编制总账账户本期发生额试算平衡表。

通用记账凭证

年　月　日

出纳编号_____
凭证编号_____

摘　要	借方科目		贷方科目		金　额										记账符号
	总账科目	明细科目	总账科目	明细科目	亿	千	百	十	万	千	百	十	元	角	分	
附单据　　　张	合　　　　计														

会计主管人员　　　　记账　　　　审核　　　　制单　　　　出纳　　　　交领款人

通用记账凭证

年　月　日

出纳编号_____
凭证编号_____

摘　要	借方科目		贷方科目		金　额										记账符号
	总账科目	明细科目	总账科目	明细科目	亿	千	百	十	万	千	百	十	元	角	分	
附单据　　　张	合　　　　计														

会计主管人员　　　　记账　　　　审核　　　　制单　　　　出纳　　　　交领款人

通 用 记 账 凭 证

年　月　日

出纳编号_____

凭证编号_____

摘　要	借方科目		贷方科目		金　额										记账符号
	总账科目	明细科目	总账科目	明细科目	亿	千	百	十	万	千	百	十	元	角	分	
附单据　　　张	合　　　　　计															

会计主管人员　　　记账　　　审核　　　制单　　　出纳　　　交领款人

通 用 记 账 凭 证

年　月　日

出纳编号_____

凭证编号_____

摘　要	借方科目		贷方科目		金　额										记账符号
	总账科目	明细科目	总账科目	明细科目	亿	千	百	十	万	千	百	十	元	角	分	
附单据　　　张	合　　　　　计															

会计主管人员　　　记账　　　审核　　　制单　　　出纳　　　交领款人

总　账

会计科目__库存现金__　　　　　　　　　　　　第_____页

年		凭证号	摘要	借方										贷方										核对号	借或贷	余额									
月	日			十	亿	千	百	十	万	千	百	十	元	角	分	十	亿	千	百	十	万	千	百	十	元	角	分			十	亿	千	百	十	万	千	百	十	元	角	分

总 账

会计科目 <u>原材料</u>　　　　　　　　　　　　　　　　　　　　　　　　第_____页

年		凭证号	摘要	借方											贷方											核对号	借或贷	余额										
月	日			十亿	千	百	十万	千	百	十	元	角	分	十亿	千	百	十万	千	百	十	元	角	分			十亿	千	百	十万	千	百	十	元	角	分

总 账

会计科目 <u>待处理财产损溢</u>　　　　　　　　　　　　　　　　　　　　第_____页

年		凭证号	摘要	借方											贷方											核对号	借或贷	余额										
月	日			十亿	千	百	十万	千	百	十	元	角	分	十亿	千	百	十万	千	百	十	元	角	分			十亿	千	百	十万	千	百	十	元	角	分

总账账户本期发生额试算平衡表

年　月　日

账　户	本期发生额	
	借　方	贷　方

习题十六　利润核算实训

一、资料：锦州东方信息有限公司是制造企业，增值税一般纳税人。

凭证中相关人员签字可用"××"表示，结账可用红色水性笔。

二、2019年10月发生以下经济业务：

1. 10月2日，销售甲产品，货款已存入银行。

辽宁增值税专用发票　　No 02145876

2100163130

此联不作报销、扣税凭证使用　　开票日期：2019年10月02日

第一联：记账联　销售方记账凭证

购买方	名　　称：锦州宏大农机有限公司 纳税人识别号：91210564214576542 地址、电话：锦州市和平街6号 5641235 开户行及账号：建设银行城南支行 254781-25	密码区	（略）

货物或应税劳务、服务名称	规格型号	单位	数量	单价	金额	税率	税额
甲产品		吨	16	7100.00	113600.00	13%	14768.00
合　　计					¥113600.00		¥14768.00

价税合计（大写）	⊗壹拾贰万捌仟叁佰陆拾捌圆整	（小写）¥128368.00

销售方	名　　称：锦州东方信息有限公司 纳税人识别号：91210459213654782l 地址、电话：锦州市汉口路58号 2564781 开户行及账号：工商银行百楼营业部 45858-69	备注	

收款人：汪力　　复核：李为　　开票人：魏小　　销售方：（章）

2. 10月3日，购入A材料，材料已验收入库，货款尚未支付。

辽宁增值税专用发票　　No 01252147

2100173150

发　票　联　　开票日期：2019年10月03日

第三联：发票联　购买方记账凭证

购买方	名　　称：锦州东方信息有限公司 纳税人识别号：91210459213654782l 地址、电话：锦州市汉口路58号 2564781 开户行及账号：工商银行百楼营业部 45858-69	密码区	（略）

货物或应税劳务、服务名称	规格型号	单位	数量	单价	金额	税率	税额
A材料		吨	10	4500.00	45000.00	9%	4050.00
合　　计					¥45000.00		¥4050.00

价税合计（大写）	⊗肆万玖仟零伍拾圆整	（小写）¥49050.00

销售方	名　　称：营口万达商贸有限公司 纳税人识别号：91210114587632l458 地址、电话：营口市崇山路88号 2547891 开户行及账号：工商银行站前支行 21547-54	备注	（营口万达商贸有限公司 91210114587632l458 发票专用章）

收款人：　　复核：张涛　　开票人：李军　　销售方：（章）

3. 10月31日，结转产品销售成本。

产品销售成本计算单

2019年10月31日　　　　　　　　　　　　　　　　　　单位：元

产品名称	计量单位	销售数量	单位成本	总成本
甲产品	吨	16	6000.00	96000.00
合计				￥96000.00

4. 10月31日，计算本月应交增值税并以银行存款上交。

应交增值税计算表

2019年10月31日　　　　　　　　　　　　　　　　　　单位：元

项目	当期销项税额	当期进项税额	当期进项税额转出	当期应交增值税
金额				

5. 10月31日，计算本月应交城市维护建设税和教育费附加。

城建税和教育费附加计算表

2019年10月31日　　　　　　　　　　　　　　　　　　单位：元

项　目	计税依据	税率（％）	金　额
应交城市维护建设税		7	
应交教育费附加		3	
合　计			

6. 10月31日，结转损益类账户余额。

要求：（1）根据原始凭证编制记账凭证。

（2）编制本月记账凭证汇总表。

（3）根据记账凭证汇总表登记税金及附加、主营业务成本总账并结账。

（4）根据记账凭证，登记应交增值税明细账并结账。

通 用 记 账 凭 证

年　月　日

出纳编号_____
凭证编号_____

摘　要	借方科目		贷方科目		金　额											记账符号
	总账科目	明细科目	总账科目	明细科目	亿	千	百	十	万	千	百	十	元	角	分	
附单据　　　张	合　　　　　　计															

会计主管人员　　　记账　　　审核　　　制单　　　出纳　　　交领款人

通 用 记 账 凭 证

年　月　日

出纳编号_____
凭证编号_____

摘　要	借方科目		贷方科目		金　额											记账符号
	总账科目	明细科目	总账科目	明细科目	亿	千	百	十	万	千	百	十	元	角	分	
附单据　　　张	合　　　　　　计															

会计主管人员　　　记账　　　审核　　　制单　　　出纳　　　交领款人

通 用 记 账 凭 证

年　月　日

出纳编号_____
凭证编号_____

摘　要	借方科目		贷方科目		金　额											记账符号
	总账科目	明细科目	总账科目	明细科目	亿	千	百	十	万	千	百	十	元	角	分	
附单据　　　张	合　　　　　　计															

会计主管人员　　　记账　　　审核　　　制单　　　出纳　　　交领款人

通 用 记 账 凭 证

年　月　日

出纳编号_____
凭证编号_____

摘　要	借方科目		贷方科目		金　额										记账符号
	总账科目	明细科目	总账科目	明细科目	亿	千	百	十	万	千	百	十	元	角	分	
附单据　　　　张	合　　　　　计														

会计主管人员　　　　记账　　　　审核　　　　制单　　　　出纳　　　　交领款人

通 用 记 账 凭 证

年　月　日

出纳编号_____
凭证编号_____

摘　要	借方科目		贷方科目		金　额										记账符号
	总账科目	明细科目	总账科目	明细科目	亿	千	百	十	万	千	百	十	元	角	分	
附单据　　　　张	合　　　　　计														

会计主管人员　　　　记账　　　　审核　　　　制单　　　　出纳　　　　交领款人

通 用 记 账 凭 证

年　月　日

出纳编号_____
凭证编号_____

摘　要	借方科目		贷方科目		金　额										记账符号
	总账科目	明细科目	总账科目	明细科目	亿	千	百	十	万	千	百	十	元	角	分	
附单据　　　　张	合　　　　　计														

会计主管人员　　　　记账　　　　审核　　　　制单　　　　出纳　　　　交领款人

通用记账凭证

年　月　日

出纳编号_____
凭证编号_____

摘　要	借方科目		贷方科目		金　额											记账符号
	总账科目	明细科目	总账科目	明细科目	亿	千	百	十	万	千	百	十	元	角	分	
附单据　　　　张			合　　　　　　计													

会计主管人员　　　　记账　　　　审核　　　　制单　　　　出纳　　　　交领款人

记账凭证汇总表

年　月　日　　　　　　　　　　　凭证编号：

会计科目	本月发生额	
	借方发生额	贷方发生额

总　账

会计科目　_税金及附加_

年		凭证号	摘要	借方											贷方										核对号	借或贷	余　额										
月	日			十	亿	千	百	十	万	千	百	十	元	角	分	十	亿	千	百	十	万	千	百	十	元	角	分			十	亿	千	百	十	万	千	百	十	元	角	分

总　　账

会计科目　主营业务成本

年 月 日	凭证号	摘要	借方 十亿千百十万千百十元角分	贷方 十亿千百十万千百十元角分	借或贷	余额 十亿千百十万千百十元角分

应交增值税明细账

年 月 日	凭证号	摘要	借方			贷方			借或贷	余额
			合计	进项税额	已交税金	转出未交增值税	合计	销项税额	进项税额转出	转出多交增值税		

习题十七　财务报表实训

一、锦州兴隆公司2019年1月有关总账账户的期末余额和发生额如下：

总分类账本期发生额和期末余额

账户名称	期末余额		发生额	
	借方余额	贷方余额	借方发生额	贷方发生额
库存现金	2 000.00			
银行存款	743 000.00			
其他货币资金	10 000.00			
交易性金融资产	20 000.00			
应收票据	204 000.00			
应收账款	300 400.00			
坏账准备		500.00		
在途物资	650 000.00			
原材料	500 300.00			
周转材料	5 700.00			
库存商品	200 000.00			
固定资产	500 000.00			
累计折旧		240 000.00		
短期借款		700 000.00		
应付票据		2 000.00		
应付账款		55 000.00		
应付职工薪酬		9 200.00		

续表

账户名称	期末余额		发生额	
	借方余额	贷方余额	借方发生额	贷方发生额
应交税费		3 300.00		
其他应付款		50.00		
应付利息		800.00		
实收资本		1 690 000.00		
资本公积		364 550.00		
本年利润		100 000.00		
利润分配		20 000.00		
生产成本	50 000.00			
主营业务收入				2 000 000.00
其他业务收入				10 000.00
营业外收入				50 000.00
主营业务成本			500 000.00	
税金及附加			123 000.00	
其他业务成本			8 000.00	
销售费用			2 000.00	
管理费用			8 000.00	
财务费用			1 000.00	
营业外支出			3 000.00	
所得税费用			466 950.00	
合计	3 185 400.00	3 185 400.00	1 111 950.00	2 060 000.00

要求：根据以上资料编制2019年1月的资产负债表和利润表。

资 产 负 债 表（简表）

会企01表

编制单位：　　　　　　　　　　　年　月　日　　　　　　　　　　　单位：元

资产	期末余额	上年年末余额	负债和所有者权益（或股东权益）	期末余额	上年年末余额
流动资产：			流动负债：		
货币资金			短期借款		
交易性金融资产			交易性金融负债		
应收票据			应付票据		
应收账款			应付账款		
预付账款			预收账款		
其他应收款			合同负债		
存货			应付职工薪酬		
合同资产			应交税费		
持有待售资产			其他应付款		
一年内到期的非流动资产			持有待售负债		
其他流动资产			一年内到期的非流动负债		
流动资产合计			其他流动负债		
非流动资产：			流动负债合计		

续表

资　　产	期末余额	年初余额	负债和所有者权益（或股东权益）	期末余额	年初余额
债权投资			非流动负债：		
其他债权投资			长期借款		
长期应收款			应付债券		
长期股权投资			长期应付款		
其他权益工具投资			预计负债		
投资性房地产			递延收益		
固定资产			递延所得税负债		
在建工程			其他非流动负债		
生产性生物资产			非流动负债合计		
无形资产			负债合计		
开发支出			所有者权益（或股东权益）：		
商誉			实收资本（或股本）		
长期待摊费用			资本公积		
递延所得税资产			盈余公积		
其他非流动资产			未分配利润		
非流动资产合计			所有者权益（或股东权益）合计		
资产总计			负债和所有者权益（或股东权益）总计		

利　润　表

会企02表

编制单位：　　　　　　　　　　年　月　　　　　　　　　　单位：元

项　目	本期金额	上期金额
一、营业收入		
减：营业成本		
税金及附加		
销售费用		
管理费用		
研发费用		
财务费用		
其中：利息费用		
利息收入		
加：其他收益		
投资收益（损失以"－"号填列）		
其中：对联营企业和合营企业的投资收益		
公允价值变动收益（损失以"－"号填列）		
信用减值损失（损失以"－"号填列）		
资产减值损失（损失以"－"号填列）		
资产处置收益（损失以"－"号填列）		
二、营业利润（亏损以"－"号填列）		
加：营业外收入		

续表

项　　目	本期金额	上期金额
减：营业外支出		
三、利润总额（亏损总额以"－"号填列）		
减：所得税费用		
四、净利润（净亏损以"－"号填列）		
五、其他综合收益的税后净额		

二、红藤公司2019年3月账户期末余额试算平衡表如下：

总账账户余额试算平衡表

2019年3月31日　　　　　　　　　　　　　　　　　　　单位：元

账户名称	期末余额	
	借方余额	贷方余额
库存现金	3 000	
银行存款	20 000	
交易性金融资产	56 200	
应收票据	24 500	
应收账款	16 540	
材料采购	890 000	
原材料	177 140	
生产成本	58 200	
库存商品	244 620	
材料成本差异		3 000
存货跌价准备		5 600
坏账准备		6 320
固定资产	900 000	
累计折旧		451 200
无形资产	852 100	
累计摊销		50 000
无形资产减值准备		36 000
短期借款		600 000
应付票据		4 500
应付账款		58 000
应交税费		1 000
预计负债		32 000
长期借款		180 000（其中一年内到期20 000元）
本年利润	50 000	
利润分配	35 320	
实收资本		1 900 000
资本公积		
合计	3 327 620	3 327 620

要求：根据以上资料编制红藤公司2019年3月的资产负债表。

资产负债表（简表）

会企 01 表

编制单位： 　　　　　年　月　日　　　　　　　　　　　　　　　单位：元

资　产	期末余额	上年年末余额	负债和所有者权益（或股东权益）	期末余额	上年年末余额
流动资产：			流动负债：		
货币资金			短期借款		
交易性金融资产			交易性金融负债		
应收票据			应付票据		
应收账款			应付账款		
预付款项			预收款项		
其他应收款			合同负债		
存货			应付职工薪酬		
合同资产			应交税费		
持有待售资产			其他应付款		
一年内到期的非流动资产			持有待售负债		
其他流动资产			一年内到期的非流动负债		
流动资产合计			其他流动负债		
非流动资产：			流动负债合计		
债权投资			非流动负债：		
其他债权投资			长期借款		
长期应收款			应付债券		
长期股权投资			长期应付款		
其他权益工具投资			预计负债		
投资性房地产			递延收益		
固定资产			递延所得税负债		
在建工程			其他非流动负债		
生产性生物资产			非流动负债合计		
无形资产			负债合计		
开发支出			所有者权益（或股东权益）：		
商誉			实收资本（或股本）		
长期待摊费用			资本公积		
递延所得税资产			盈余公积		
其他非流动资产			未分配利润		
非流动资产合计			所有者权益（或股东权益）合计		
资产总计			负债和所有者权益（或股东权益）总计		

会计技能模拟试题一

凭证中相关人员签字可用"××"表示，结账可用红色水性笔。

一、锦州振华电子设备有限公司2019年9月发生如下经济业务：

1. 9月2日，销售H产品，全部款项存入银行。

辽宁增值税专用发票

 1200173130

此联不作报销、扣税凭证使用

No 0214456

开票日期：2019年09月02日

购买方	名称：天津滨海科技有限公司 纳税人识别号：91120100254325426 地址、电话：天津市滨海新区58号 2545487 开户行及账号：工商银行百楼支行 4585489-14	密码区	（略）
货物或应税劳务、服务名称	规格型号	单位	数量	单价	金额	税率	税额
H 产品		吨	16	7100.00	113600.00	13%	14768.00
合计					¥113600.00		¥14768.00
价税合计（大写）	⊗壹拾贰万捌仟叁佰陆拾捌圆整				（小写）¥128368.00		
销售方	名称：锦州振华电子设备有限公司 纳税人识别号：91210564214812545 地址、电话：锦州市和平街78号 564278 开户行及账号：工商银行和平支行 245687	备注	

收款人：王兴　　复核：张立　　开票人：陈岩　　销售方：（章）

第一联：记账联 销售方记账凭证

2. 9月9日，购入材料并验收入库。

辽宁增值税专用发票

No 01252147

 1200173150

发票联

开票日期 2019年09月09日

购买方	名称：锦州振华电子设备有限公司 纳税人识别号：91210564214812545 地址、电话：锦州市和平街78号 564278 开户行及账号：工商银行和平支行 245687	密码区	（略）
货物或应税劳务、服务名称	规格型号	单位	数量	单价	金额	税率	税额
A 材料		吨	13.5	5216.00	70416.00	9%	6337.44
合计					¥70416.00		¥6337.44
价税合计（大写）	⊗柒万陆仟柒佰伍拾叁圆肆角肆分				（小写）¥76753.44		
销售方	名称：天津远大机器设备有限公司 纳税人识别号：91120100254652145 地址、电话：天津滨海新区78号 4562147 开户行及账号：工商银行滨海支行 4521698744	备注	

收款人：　　复核：张为　　开票人：李威　　销售方：（章）

第三联：发票联 购买方记账凭证

材 料 验 收 入 库 单 ② 记账

年 月 日   仓库：材料库

材料名称	材质	规格型号	单位	数量		实际价格			
				应收	实收	单价	金额	运杂费	合计
合计									

经办人：   库管员

3. 9月10日，报销医药费，按60%比例报销，用现金支付。

辽宁省医疗门诊收费票据

业务流水号：6555689	医疗机构类型：锦州世康医院门诊收费票据		18384684521
姓名：张全 性别：男 医保类型：自费 社会保障号码：			

项目/规格	数量	金额	个人支付金额	项目/规格	数量	金额	个人支付金额
西药费	1	126.00					
中成药费	1	200.00					

合计（大写）：叁佰贰拾陆元整   ￥326.00

医保统筹支付：	个人账户支付：	其他医保支付：	个人支付金额：

收款单位（章）   收款人（签章）   2019年09月10日

第一联：收据联 盖章有效

4. 9月10日，报销差旅费，收到多余款现金240.00元。

出差旅费报销单

单位：厂办公室　　　　　　　　　　　　　　　　　　　　　2019年9月10日填

出发 月	出发 日	时间	出发地	到达 月	到达 日	时间	到达地	机票费	车（船）费	卧铺费	夜行车补助 小时	夜行车补助 金额	市内交通费 实支	市内交通费 包干	宿费 标准	宿费 实支	出差补助 天数	出差补助 金额	其他	合计
9	3		锦州	9	3		哈尔滨	100				40				660				800
9	5		哈尔滨	9	5		锦州	100										360		460
合计								200				40				660		360		1260

出差任务	开会	报销金额（大写）		人民币：壹仟贰佰陆拾元零角零分		预借金额	￥1500.00
		单位领导	王远	部门负责人	王达	报销金额	￥1260.00
				出差人	韩洋	结余或超支	￥240.00

会计主管人员　赵伟　　　　记账　　　　审核　孙岩　　　　附单据　10　张

收　据

今收到	
收款事由：	
人民币（大写）	￥
收款人： 会计： 交款人：	

5．9月10日，上缴城建税。

中国工商银行电子缴税付款凭证

缴税日期：2019年09月10日　　　　　　　　　　　　　凭证字号：201909102310565Z

纳税人全称及纳税人识别号：锦州振华电子设备有限公司 91210564214581254S
付款人全称：锦州振华电子设备有限公司
付款人账号：245687　　　　　征收机关名称：国家税务总局锦州市和平区税务局
付款人开户行：工商银行和平支行　　收款国库（银行）名称：国家金库锦州市和平区代理支库
小写（合计）金额：2300.00元　　　缴款书交易流水号：30396315
大写（合计）金额：贰仟叁佰元整　　税票号码：32018110700000504S
税（费）种名称　　　　　　　　所属日期　　　　　　　　实缴金额（单位：元）
城建税　　　　　　　　　　　　20190801－20190831　　　　　　　2300.00

第一次打印　　　　　　　　　　　　　　　　　　打印时间：2019年09月10日

客户回单联　　验证码：AA8515E26005　　　复核：　　　　　　记账：

6. 9月14日，用现金发放工资，并结转代扣个人所得税。

工资结算表

单位：锦州振华电子设备有限公司　　　　　2019年9月14日

车间和部门		应付工资				代扣款项		实发工资	领款人签字
		标准工资	奖金	津贴和补贴	合计	个人所得税	合计		
车间	工人	610000.00	1000.00	3000.00	614000.00	6560.00	6560.00		（略）
	管理人员	8000.00			8000.00				
厂部		5600.00	400.00		6000.00				
合计		623600.00	1400.00	3000.00	628000.00	6560.00	6560.00		

7. 9月30日，支付利息。

中国工商银行计息凭证（支款通知）

2019年09月30日

户　名	锦州振华电子设备有限公司			账　号	245687
计息起止时间	2019年9月1日至2019年9月30日				
贷款种类	短期借款	计息日贷款余额	年利率	计收利息金额	左列贷款利息业已从你单位账户扣付 银行签章： 转账日期： 年 月 日
		60000.00	8%	400.00	
利息金额人民币（大写）	肆佰元整			¥400.00	

（银行印章：中国工商银行股份有限公司长春和平支行 2019.09.30 核算用章）

要求：（1）审核原始凭证并将缺少的内容补充完整，然后根据原始凭证编制记账凭证并连续编号。

（2）根据记账凭证编制锦州振华电子设备有限公司9月总账账户本期发生额试算平衡表。

通 用 记 账 凭 证

年　月　日　　　　　　　　凭证编号：

摘　要	会计科目		借方金额										贷方金额										记账符号
	总账科目	明细科目	千	百	十	万	千	百	十	元	角	分	千	百	十	万	千	百	十	元	角	分	
附单据　　张　　合　　计																							

会计主管人员　　　记账　　　审核　　　制单　　　出纳　　　交领款人

通 用 记 账 凭 证

年　月　日　　　　　　　　凭证编号：

摘　要	会计科目		借方金额										贷方金额										记账符号
	总账科目	明细科目	千	百	十	万	千	百	十	元	角	分	千	百	十	万	千	百	十	元	角	分	
附单据　　张　　合　　计																							

会计主管人员　　　记账　　　审核　　　制单　　　出纳　　　交领款人

通 用 记 账 凭 证

年　月　日　　　　　　　　凭证编号：

摘　要	会计科目		借方金额										贷方金额										记账符号
	总账科目	明细科目	千	百	十	万	千	百	十	元	角	分	千	百	十	万	千	百	十	元	角	分	
附单据　　张　　合　　计																							

会计主管人员　　　记账　　　审核　　　制单　　　出纳　　　交领款人

通 用 记 账 凭 证

年　月　日　　　　　　　　　　　　　　　凭证编号：

摘要	会计科目		借方金额									贷方金额									记账符号
	总账科目	明细科目	千	百	十	万	千	百	十	元	角	分	千	百	十	万	千	百	十	元	角	分	
附单据　　张　　合　计																							

会计主管人员　　　　记账　　　　审核　　　　制单　　　　出纳　　　　交领款人

通 用 记 账 凭 证

年　月　日　　　　　　　　　　　　　　　凭证编号：

摘要	会计科目		借方金额									贷方金额									记账符号
	总账科目	明细科目	千	百	十	万	千	百	十	元	角	分	千	百	十	万	千	百	十	元	角	分	
附单据　　张　　合　计																							

会计主管人员　　　　记账　　　　审核　　　　制单　　　　出纳　　　　交领款人

通 用 记 账 凭 证

年　月　日　　　　　　　　　　　　　　　凭证编号：

摘要	会计科目		借方金额									贷方金额									记账符号
	总账科目	明细科目	千	百	十	万	千	百	十	元	角	分	千	百	十	万	千	百	十	元	角	分	
附单据　　张　　合　计																							

会计主管人员　　　　记账　　　　审核　　　　制单　　　　出纳　　　　交领款人

通用记账凭证

年　月　日　　　　　　　　　　　　　　　　　　　凭证编号：

摘　要	会计科目		借方金额	贷方金额	记账符号
	总账科目	明细科目	千百十万千百十元角分	千百十万千百十元角分	
附单据　　张	合　计				

会计主管人员　　　记账　　　审核　　　制单　　　出纳　　　交领款人

总账账户本期发生额试算平衡表

年　月　日

会计科目	本月发生额	
	借方发生额	贷方发生额

二、生远公司原材料按实际成本核算，发出材料按加权平均法计价。

1. 该厂原材料总账账户所属明细账期初余额如下：

B 材料　　　数量　4 000 千克　　单价　4.00 元　　金额　16 000 元

2. 2019 年 3 月发生以下材料收发业务：

(1) 6 日购入 B 材料 800 千克，单价 4.40 元，款项已支付，材料验收入库。

(2) 12 日生产车间生产产品领用 B 材料 1 000 千克。

(3) 15 日购入 B 材料 1 600 千克，单价 4.80 元，款项 7 680 元尚未支付，材料验收入库。

(4) 18 日购入 B 材料 1 200 千克，单价 5.20 元，款项 6 240 元已支付，材料验收入库。

(5) 25 日生产车间生产产品领用 B 材料 1 200 千克。

(6) 26 日销售部门领用 B 材料 1 500 千克。

要求：(1) 月末计算材料的加权平均单位成本，计算发出材料和结存材料的实际成本。

(2) 逐笔登记材料明细账，并进行结账。

原材料明细账

类别_____ 储存处所_____ 规格_____ 计量单位_____

年		凭证号数	摘要	收入					发出					结存					核对号
月	日			数量	单位成本	金额 百十万千百十元角分			数量	单位成本	金额 百十万千百十元角分			数量	单位成本	金额 百十万千百十元角分			

三、锦州电视机厂2019年5月银行存款日记账和银行对账单的记录如下：

银行对账单

户名：锦州电视机厂　　　　　　　　　　　　　　　　　　　账号：145787

日期	凭证种类	凭证号	摘要	借方	贷方	借或贷	余额
0520			承前页			贷	40000.00
0523	进账单	略	销货款		1245.00	贷	41245.00
0524	电汇		购货款	3000.00		贷	38245.00
0524	本票		支付欠款	1000.00		贷	37245.00
0525	现金支票		提现金	2000.00		贷	35245.00
0526	现金交款单		送存现金		10000.00	贷	45245.00
0526	转账支票		购零件	6000.00		贷	39245.00
0528	委托收款		支付水费	2500.00		贷	36745.00
0530	转账凭证		存款利息		235.00	贷	36980.00
0531	转账凭证		贷款利息	4000.00		贷	32980.00
0531			月末余额			贷	32980.00

银行存款日记账

日期	结算凭证 种类	结算凭证 号数	摘要	借方	贷方	借或贷	余额
0520			承前页			借	40000.00
0523	进账单	银收1	销货款	1245.00		借	41245.00
0524	电汇	银付1	购货款		3000.00	借	38245.00
0524	本票	银付2	支付欠款		1000.00	借	37245.00
0525	现金支票	银付3	提现金		2000.00	借	35245.00
0526	现金交款单	现付1	送存现金	10000.00		借	45245.00
0526	转账支票	银付4	购零件		6000.00	借	39245.00
0529	转账支票	银付5	付货款		256.00	借	38989.00
0530	银行汇票	银收2	预收货款	5000.00		借	43989.00
0530	转账支票	银付6	预付货款		20000.00	借	23989.00
0531			本月合计			借	23989.00

要求：根据上述资料编制银行存款余额调节表。

银行存款余额调节表
年　月　日

项　　目	金　　额	项　　目	金　　额
企业银行存款日记账余额		银行对账单余额	
调节后银行存款余额		调节后银行存款余额	

四、千盛公司 2019 年 3 月 31 日总账和有关明细账余额资料如下：

单位：元

总　　账	明细账	借方余额	贷方余额	总　　账	明细账	借方余额	贷方余额
库存现金		1 000		短期借款			327 400
银行存款		240 000		应付账款	天会公司		165 000
其他货币资金		51 000			大洋公司		100 000
应收票据		60 000		预收账款	五洲公司		500 000
应收账款	中慧公司	160 000		应付职工薪酬			50 160
	南方公司	152 550		长期借款			200 000
	前方公司		10 000	实收资本			6 600 000
坏账准备			1 400	资本公积			300 000
原材料		320 000		利润分配	未分配利润		259 040
生产成本		235 650					
库存商品		900 000					
固定资产		6 392 800					
合计		8 513 000	11 400				8 501 600

要求：根据上述资料编制 3 月的资产负债表。

资产负债表（简表）

会企01表

编制单位：　　　　　　　　　年　月　日　　　　　　　　　单位：元

资产	期末余额	上年年末余额	负债和所有者权益（或股东权益）	期末余额	上年年末余额
流动资产：			流动负债：		
货币资金			短期借款		
交易性金融资产			交易性金融负债		
应收票据			应付票据		
应收账款			应付账款		
预付款项			预收款项		
其他应收款			合同负债		
存货			应付职工薪酬		
合同资产			应交税费		
持有待售资产			其他应付款		
一年内到期的非流动资产			持有待售负债		
其他流动资产			一年内到期的非流动负债		
流动资产合计			其他流动负债		
非流动资产：			流动负债合计		
债权投资			非流动负债：		
其他债权投资			长期借款		
长期应收款			应付债券		
长期股权投资			长期应付款		
其他权益工具投资			预计负债		
投资性房地产			递延收益		
固定资产			递延所得税负债		
在建工程			其他非流动负债		
生产性生物资产			非流动负债合计		
无形资产			负债合计		
开发支出			所有者权益（或股东权益）：		
商誉			实收资本（或股本）		
长期待摊费用			资本公积		
递延所得税资产			盈余公积		
其他非流动资产			未分配利润		
非流动资产合计			所有者权益（或股东权益）合计		
资产总计			负债和所有者权益（或股东权益）总计		

会计技能模拟试题二

答卷要求：

（1）填写凭证、登记账簿可用钢笔或碳素笔，结账可用红色水性笔。

（2）会计凭证中的相关签字，可用"××"表示。

一、锦州胜利工厂为中型企业,增值税一般纳税人。

(一)资料:

开户银行:工商银行南京支行　　账号:45213

纳税人识别号:912105642144512745

地址:锦州南京路五段8号

法人代表:王刚

会计人员分工:出纳:张一;审核:赵为;会计:孙小;会计主管:孔路;其他有关责任人:××。

该厂按实际成本计价,采用通用记账凭证并按经济业务连续编号。

(二)2019年4月发生如下经济业务:

1.4月5日,向锦州化工厂销售甲产品10台,单价2 000.00元,增值税税率13%,收到转账支票一张,存入银行,甲产品的单位成本为1 600.00元。

锦州化工厂有关资料如下:

开户银行:工商行解放支行　　账号:478900-90

纳税登记号:888888803

地址:锦州解放路五段4号

要求:(1)填制增值税专用发票;(2)填制银行进账单;(3)填制产成品出库单;(4)编制记账凭证。

辽宁增值税专用发票

此联不作报销抵扣税凭证使用　　No 00328468

2100175130

开票日期:　年　月　日

购买方	名　　　称:		密码区					
	纳税人识别号:							
	地 址、电 话:							
	开户行及账号:			(略)				
货物或应税劳务、服务名称	规格型号	单位	数量	单价	金额	税率	税额	
合　　计								
价税合计(大写)				(小写)				
销售方	名　　　称:		备注					
	纳税人识别号:							
	地 址、电 话:							
	开户行及账号:							

收款人:　　　　复核:　　　　开票人:　　　　销售方:(章)

中国工商银行 ICBC 进账单（收账通知） 3

年　月　日　　19826736

出票人	全　称		收款人	全　称		亿	千	百	十	万	千	百	十	元	角	分
	账　号			账　号												
	开户银行			开户银行												
金额	人民币（大写）															
	票据种类		票据张数													
	票据号码															

收款人开户银行签章

此联是收款人开户银行交给收款人的收账通知

出　库　单

20　年　月　日　　　　　　仓库：成品库

摘要	品名	规格	单位	数量	单价	金　额								
						百	十	万	千	百	十	元	角	分
负责人	略	仓库负责人		出库经手人		记账		略	合计					

通用记账凭证

年　月　日　　　　　　凭证编号：

摘要	会计科目		借方金额									贷方金额									记账符号
	总账科目	明细科目	千	百	十	万	千	百	十	元	角	分	千	百	十	万	千	百	十	元	角	分	
附单据　　张	合　计																					

会计主管人员　　记账　　审核　　制单　　出纳　　交领款人

通 用 记 账 凭 证

年　月　日　　　　　　　　　　　　　　　凭证编号：

摘　要	会计科目		借方金额	贷方金额	记账符号
	总账科目	明细科目	千百十万千百十元角分	千百十万千百十元角分	
附单据　　张		合　计			

会计主管人员　　　记账　　　审核　　　制单　　　出纳　　　交领款人

2. 4月10日，向锦州威民公司购入 A 材料一批，收到有关凭证，材料全部验收入库，签发转账支票付款。

要求：（1）填制材料入库单；（2）签发转账支票；（3）编制记账凭证。

材料验收入库单 ② 记账

年　月　日　　　　　　　　　　　　　　　　　　　　仓库：材料库

供应单位：			合同号				发票号			
材料名称	材质	规格型号	单位	数量		实际价格				
				应收	实收	单价	金额	运杂费	合计	
合计										

经办人：　　　　　　　　库管员

中国工商银行 转账支票存根 10202××× 00211××× 附加信息 出票日期　年　月　日 收款人： 金额： 用途： 单位主管　　会计	中国工商银行　转账支票（辽）　10202×××　00211××× 出票日期（大写）　年　月　日　　付款行名称： 收款人：　　　　　　　　　　　　出票人账号： 人民币（大写）　　　　　　　亿千百十万千百十元角分 用途　　　　　　　　　　　密码 　　　　　　　　　　　　　行号 上列款项请从 我账户内支付　　　　　　复核　　记账 出票人签章

通 用 记 账 凭 证

年　月　日　　　　　　　　　　　　　　　　　　　凭证编号：

摘　要	会计科目		借方金额	贷方金额	记账符号
	总账科目	明细科目	千百十万千百十元角分	千百十万千百十元角分	
附单据　　张　合　计					

会计主管人员　　　记账　　　审核　　　制单　　　出纳　　　交领款人

3. 4月12日，厂办公室工作人员张远去大连开会，预借差旅费2 000.00元，用现金支付，填制借款单。厂办公室负责人：吴浩。

要求：（1）填制借款单；（2）编制记账凭证。

借 款 单

年　月　日

借款部门		姓名		出差地点	
				天数	

借款事由：

借款金额：人民币（大写）　　　　　　　　　　　　　　　　　　　　¥

借款单位负责人意见：　　　会计主管人员核批：　　　　借款人：

通 用 记 账 凭 证

年　月　日　　　　　　　　凭证编号：

摘　要	会计科目		借方金额									贷方金额									记账符号
	总账科目	明细科目	千	百	十	万	千	百	十	元	角	分	千	百	十	万	千	百	十	元	角	分	
附单据　　张　　合　计																							

会计主管人员　　　记账　　　审核　　　制单　　　出纳　　　交领款人

4. 4月20日，准备到沈阳光明公司购买材料，到银行办理银行汇票，金额30 000.00元。
沈阳光明公司有关资料如下：
开户银行：工商行站前支行　　　账号：234508
要求：（1）填制银行汇票委托书；（2）编制记账凭证。

中国工商银行　　　　　业务委托书

日期　　　　　　　　年　月　日　　　　　　辽A 00568312

业务类型	□电汇　　□信汇　　□汇票申请书　　□本票申请书												
	□其他												
汇款人	全称		收款人	全称									
	账号或地址			账号或地址									
	开户银行			开户银行									
金额（大写）				亿	千	百	十	万	千	百	十	元	角	分
密码		加急汇款签字											
用途													
备注			付款行签章：										

事后监督：　　　会计主管：　　　复核：　　　记账：

通 用 记 账 凭 证

年　月　日　　　　　　　　　　　　　　　凭证编号：

摘要	会计科目		借方金额										贷方金额										记账符号
	总账科目	明细科目	千	百	十	万	千	百	十	元	角	分	千	百	十	万	千	百	十	元	角	分	
附单据　　张	合　　计:																						

会计主管人员　　　记账　　　审核　　　　制单　　　　出纳　　　　交领款人

5. 4月30日，计提本月折旧。

固定资产折旧计算表

2019 年 4 月 30 日

使用部门	上月计提折旧额	上月增加固定资产应计提的折旧额	上月减少固定资产应计提的折旧额	本月应计提的折旧额
生产车间	5600.00	150.00		
行政管理部门	2300.00	160.00		
合　计	7900.00	310.00		

要求：（1）将固定资产折旧计算表填列完整；（2）编制记账凭证。

通 用 记 账 凭 证

年　月　日　　　　　　　　　　　　　　　凭证编号：

摘要	会计科目		借方金额										贷方金额										记账符号
	总账科目	明细科目	千	百	十	万	千	百	十	元	角	分	千	百	十	万	千	百	十	元	角	分	
附单据　　张	合　　计																						

会计主管人员　　　记账　　　审核　　　　制单　　　　出纳　　　　交领款人

二、根据上题资料编制记账凭证汇总表（每月编制一次）。

记账凭证汇总表

年　月　日至　日　　　　　　　　　　　　　　　凭证编号

会计科目	本月发生额	
	借方发生额	贷方发生额

三、华康公司2019年5月1日银行存款日记账的期初余额为30 000.00元，5月发生以下经济业务：

1. 5日，销售A产品10 000.00元，增值税1 300.00元，收到支票一张，存入银行。
2. 5日，开出转账支票支付企业电话费300.00元。
3. 5日，收到银行付款通知，支付前欠材料款1 800.00元。
4. 25日，预付材料款2 000.00元，签发支票支付。
5. 25日，签发支票一张，金额2 000.00元，支付设备维修费。
6. 25日，签发现金支票4 000.00元，提现备用。

要求：登记银行存款日记账并结账。

银行存款日记账

年		凭证号	摘要	对方科目	借方									贷方									借或贷	余额								
月	日				千	百	十	万	千	百	十	元	角	分	千	百	十	万	千	百	十	元	角	分		千	百	十	万	千	百	十	元	角	分

四、振兴公司原材料按实际成本核算，发出材料按先进先出法计价。

（一）该厂原材料总账账户所属明细账期初余额如下：

材料名称	数量	单价	金额
A 材料	2 000 千克	5.00 元	10 000.00 元

（二）2019 年 4 月发生以下经济业务：

1. 2 日，购入 A 材料 500 千克，单价 5.10 元，材料验收入库。
2. 3 日，购入 B 材料 600 千克，单价 6.10 元，材料验收入库。
3. 4 日，生产车间领用 A 材料 2 000 千克。
4. 19 日，购入 A 材料 700 千克，单价 5.20 元，款项尚未支付，材料验收入库。
5. 28 日，销售部门领用 A 材料 1 000 千克。

要求：逐笔登记 A 材料明细账，并按规定结账。

材料明细账

材料名称：　　　　　　　　　　　　　　　　　　　　　　　　计量单位：

年		凭证号	摘要	收入			发出			结存		
月	日			数量	单价	金额	数量	单价	金额	数量	单价	金额

会计技能模拟试题三

一、锦州宏大钢铁有限公司和锦州中兴铁合金有限公司均为中型企业，增值税一般纳税人，按实际成本核算。

2019 年 5 月 2 日，锦州宏大钢铁有限公司向锦州中兴铁合金有限公司销售甲产品，收到转账支票一张（转账支票略），存入银行，甲产品的单位成本为 370 元。锦州中兴铁合金有限公司将收到的甲产品作为原材料核算，材料已验收入库。

辽宁增值税专用发票

2100173150　　　　　　　　　　　　　　　　　　　　No 02141456

此联不作报销、扣税凭证使用　　开票日期 2019 年 05 月 02 日

购买方	名称：锦州中兴铁合金有限公司 纳税人识别号：911201002452136214 地址、电话：锦州市滨海新区58号 254136 开户行及账号：工商银行凌云支行 45821546	密码区	（略）

货物或应税劳务、服务名称	规格型号	单位	数量	单价	金额	税率	税额
甲产品		千克	1000	400.00	400000.00	13%	52000.00
合　　计					¥400000.00		¥52000.00

价税合计（大写）　肆拾伍万贰仟圆整　　（小写）¥452000.00

销售方	名称：锦州宏大钢铁有限公司 纳税人识别号：912107121354786529 地址、电话：锦州市和平街156号 564584 开户行及账号：建设银行城南支行 254254687	备注	

收款人：张言　　复核：王岩　　开票人：孙一　　销售方：（章）

要求：（1）填写锦州宏大钢铁有限公司的原始凭证（银行进账单、产成品出库单）。
　　　（2）填写锦州中兴铁合金有限公司的原始凭证（转账支票、材料验收入库单）。
　　　（3）根据原始凭证，编制锦州宏大钢铁有限公司的记账凭证。
　　　（4）根据原始凭证，编制锦州中兴铁合金有限公司的记账凭证。

中国工商银行 进账单（收账通知） 3

ICBC　INDUSTRIAL AND COMMERCIAL BANK OF CHINA

　　　年　月　日　　　　　　　　　　No 1733631

出票人	全称		收款人	全称	
	账号			账号	
	开户银行			开户银行	

金额	人民币 （大写）		亿	千	百	十	万	千	百	十	元	角	分

票据种类		票据张数	
票据号码			

复核：　　　记账：　　　　　　收款人开户银行签章

此联是收款人开户银行交给收款人的收账通知

产成品出库单

年 月 日　　　　　　　　　　　　　　　　　　　　仓库：成品库

摘要	品名	规格	单位	数量	单价	金额									
						千	百	十	万	千	百	十	元	角	分
合　计															

负责人　　　　　　　　　　仓库负责人　　　　　　　　　　　经手人

材料验收入库单 ② 记账

年 月 日　　　　　　　　　　　　　　　　　　　　仓库：材料库

材料名称	材质	规格型号	单位	数量		实际价格			
				应收	实收	单价	金额	运杂费	合计
合计									

经办人：　　　　　　　　　库管员

中国工商银行
转账支票存根
10202×××
00211×××

附加信息

出票日期　年 月 日
收款人：
金额：
用途：
单位主管　　会计

中国工商银行　**现金支票**（辽）　10202×××　00211×××

本支票付款期限十天

出票日期（大写）　年 月 日　付款行名称：
收款人：　　　　　　　　　　出票人账号：

人民币（大写）　| 亿 | 千 | 百 | 十 | 万 | 千 | 百 | 十 | 元 | 角 | 分 |

用途　　　　　　　　密码
　　　　　　　　　　行号

上列款项请从
我账户内支付　　　　复核　　记账
出票人签章

【锦州宏大钢铁有限公司记账凭证】

收 款 凭 证

借方科目：　　　　　　　　　　　　　年　　月　　日　　　　　　　　　　　　字第　　号

摘　要	结算方式	票号	贷方科目		金　额									记账符号
			总账科目	明细科目	千	百	十	万	千	百	十	元	角	分	
附单据　　张			合　计												

会计主管人员　　　　记账　　　　出纳　　　　审核　　　　制单　　　　交款人

转 账 凭 证

　　　　　　　　　　　　　　　　　　年　　月　　日　　　　　　　　　　　　字第　　号

摘　要	会计科目		借方金额									贷方金额									记账符号
	总账科目	明细科目	千	百	十	万	千	百	十	元	角	分	千	百	十	万	千	百	十	元	角	分	
附单据　　张	合　计																						

会计主管人员　　　　　　　　记账　　　　　　　　审核　　　　　　　　制单

【锦州中兴铁合金有限公司记账凭证】

通 用 记 账 凭 证

　　　　　　　　　　　　　　　　　　年　　月　　日　　　　　　　　　　　　凭证编号：

摘　要	会计科目		借方金额									贷方金额									记账符号
	总账科目	明细科目	千	百	十	万	千	百	十	元	角	分	千	百	十	万	千	百	十	元	角	分	
附单据　　张	合　计																						

会计主管人员　　　记账　　　审核　　　制单　　　出纳　　　交领款人

二、锦州宏大钢铁有限公司2019年6月发生如下业务：

1. 6月10日，向沈阳华生公司购入B材料一批，收到有关凭证，材料全部验收入库，采用汇兑方式付款。

辽宁增值税专用发票

 2100162130

发票联

No 00314521

开票日期 2019年06月10日

购买方	名　　称：锦州宏大钢铁有限公司 纳税人识别号：912107121354786529 地　址、电话：锦州市和平街156号 564584 开户行及账号：建设银行城南支行 254254687	密码区	（略）

货物或应税劳务、服务名称	规格型号	单位	数量	单价	金额	税率	税额
B材料		千克	1000	40.00	40000.00	13%	5200.00
合　　　计					¥40000.00		¥5200.00

价税合计（大写）	⊗肆万伍仟贰佰圆整	（小写）¥45200.00

销售方	名　　称：沈阳华生公司 纳税人识别号：912101452212145635 地　址、电话：沈阳市崇山路156号 5154421 开户行及账号：农业银行城北支行 548215478	备注	沈阳华生公司 912101452212145635 发票专用章

收款人：王言　　　复核：赵路　　　开票人：孙为　　　销售方：（章）

第三联：发票联　购买方记账凭证

要求：（1）填制材料入库单；（2）填制信汇凭证；（3）编制记账凭证。

材料验收入库单②记账

年　月　日　　　　　　　　　　　　　　　　　　　　仓库：材料库

供应单位：			合同号			发票号			
材料名称	材质	规格型号	单位	数量		实际价格			
				应收	实收	单价	金额	运杂费	合计
合计									

经办人：　　　　　　　　　　库管员：

工商银行信汇凭证（回　　单）　　1

委托日期　　年　月　日

汇款人	全　称		收款人	全　称		此联是汇款人开户行给汇款人的回单
	账　号或地址			账　号或地址		
	汇出地点	省　　　市县		汇入地点	省　　　市县	
	汇出行名称			汇入行名称		
金额	人民币（大写）				千百十万千百十元角分	
汇款用途：			汇出行盖章　　年　月　日			
上列款项已根据委托办理，如需查询，请持此单来行面洽						

付　款　凭　证

贷方科目：　　　　　　　年　月　日　　　　　　字第　号

摘　要	结算方式	票号	借方科目		金　额										记账符号
			总账科目	明细科目	千	百	十	万	千	百	十	元	角	分	
附单据　　张			合　　计												

会计主管人员　　　　记账　　　　出纳　　　　审核　　　　制单　　　　领款人

2. 6月21日，准备到锦州强立公司购买材料，到银行办理银行本票，金额50 000.00元。

锦州强立公司有关资料如下：
开户银行：工商银行站前支行　　账号：654508
要求：（1）填制银行本票委托书；（2）编制记账凭证。

中国工商银行 业务委托书

日期　　　　　　　　　　　年　月　日　　辽 A 00568334

业务类型	□电汇	□信汇	□汇票申请书	□本票申请书
	□其他			

汇款人	全称		收款人	全称	
	账号或地址			账号或地址	
	开户银行			开户银行	

金额（大写）　　　　　　　　亿 千 百 十 万 千 百 十 元 角 分

密码　　　　　　加急汇款签字
用途
备注　　　　　　　　　　　　付款行签章：

事后监督：　　会计主管：　　复核：　　记账：

付 款 凭 证

贷方科目：　　　　　　年　月　日　　　　字第　号

摘要	结算方式	票号	借方科目		金额								记账符号
			总账科目	明细科目	千	百	十	万	千	百	十	元	角	分	
附单据　张			合　计										

会计主管人员　　记账　　出纳　　审核　　制单　　领款人

3. 6月30日，从银行提取现金备用，金额 12 340.00 元。
要求：（1）签发现金支票；（2）编制记账凭证。

中国工商银行
现金支票存根
10202×××
01008×××
附加信息

出票日期　年　月　日
收款人：
金额：
用途：
单位主管　　会计

付款期限自出票之日起十天

中国工商银行　现金支票　　10202×××　01008×××

出票日期（大写）　年　月　日　　付款行名称：
收款人：　　　　　　　　　　出票人账号：

人民币（大写）　　　亿 千 百 十 万 千 百 十 元 角 分

用途　　　　　　　　密码
上列款项请从
我账户内支付
出票人签章　　　　　复核　　记账

付 款 凭 证

贷方科目：　　　　　　　　　　　年　月　日　　　　　　　　　字第　号

摘　要	结算方式	票号	借方科目		金　额									记账符号
			总账科目	明细科目	千	百	十	万	千	百	十	元	角	分	
附单据　　　张			合　　　计												

会计主管人员　　　　记账　　　　出纳　　　　审核　　　　制单　　　　领款人

三、要求：

（1）根据上题资料编制部分汇总记账凭证（每月编制一次）。

（2）根据本题（1）所编制的汇总记账凭证和以下有关总账账户的本月月初余额登记银行存款、原材料总账并结账。

银行存款：800 000.00 元

原材料：24 000.00 元

汇总付款凭证

贷方科目：银行存款　　　　　　　　　年　月　　　　　　　　　字第　号

借方科目	金　额			合　计	总账页次	
	1日至10日付款凭证 号至　号　张	11日至20日付款凭证 号至　号　张	21日至30日付款凭证 号至　号　张		借方	贷方

总　账

会计科目：银行存款

年		凭证号	摘要	借方	贷方	借或贷	余额
月	日						

总　　账

会计科目：原材料

年		凭证号	摘要	借方	贷方	借或贷	余额
月	日						

四、永立公司原材料按实际成本核算，发出材料按加权平均法计价。

（一）该厂原材料总账账户所属明细账期初余额如下：

材料名称	数量	单价	金额
B 材料	3000 千克	7.97 元	23910.00 元

（二）2019 年 4 月发生以下经济业务：

1. 2 日，购入 A 材料 500 千克，单价 7.00 元，材料验收入库。
2. 3 日，购入 B 材料 600 千克，单价 9.00 元，材料验收入库。
3. 4 日，生产车间领用 B 材料 1 500 千克。
4. 19 日，购入 B 材料 700 千克，单价 8.50 元，款项尚未支付，材料验收入库。
5. 28 日，销售部门领用 B 材料 700 千克。

要求：逐笔登记 B 材料明细账，并按规定结账。

材料明细账

材料名称　　　　　　　　　　　　　　　　　　　　　　　计量单位：

年		凭证号	摘要	收入			发出			结存		
月	日			数量	单价	金额	数量	单价	金额	数量	单价	金额

五、审核记账凭证。

2019年2月12日，签发现金支票67 000.00元提取现金备用，根据现金支票存根，作记账凭证如下：

付 款 凭 证

贷方科目：库存现金　　　　　　　　　2019年2月12日　　　　　　　　　现收字第××号

摘　要	结算方式	借方科目		金　额	记账符号
		总账科目	明细科目	千百十万千百十元角分	
提现备用		银行存款		7 6 0 0 0 0 0	
附单据　　　　　　　　　张			合　计	7 6 0 0 0 0 0	

会计主管人员　　　　　　记账　　　　　　制单　　　　　　出纳　　　　　　领款人

要求：对该笔经济业务的记账凭证进行审核。

（1）指出其中存在的问题；

（2）用何种方法进行更正；

（3）填制更正错账的记账凭证。

付 款 凭 证

贷方科目：　　　　　　　　　　　　　　年　月　日　　　　　　　　　　　字第××号

摘　要	结算方式	借方科目		金　额	记账符号
		总账科目	明细科目	千百十万千百十元角分	
附单据　　　　　　　　　张			合　计		

会计主管人员　　　　　　记账　　　　　　制单　　　　　　出纳

付 款 凭 证

货方科目： 　　　　　　　　　　　年 月 日　　　　　　　　　字第××号

摘 要	结算方式	借方科目		金 额	记账符号
		总账科目	明细科目	千百十万千百十元角分	
附单据		张	合 计		

会计主管人员　　　　　记账　　　　　制单　　　　　出纳　　　　　领款人

会计技能模拟试题四

一、锦州博大工厂为中型企业，增值税一般纳税人。该厂按实际成本计价，采用通用记账凭证。

2019年11月发生以下经济业务：

1. 11月2日，向沈阳铁合金厂销售甲产品1 000千克，单价8.00元，增值税税率13%，支付代垫运杂费1 000.00元，签发转账支票支付（转账支票存根略），取得货运发票一张，已向其开户银行办妥托收手续。甲产品的单位成本为5.00元。

辽宁增值税专用发票　　No 00371458

2100165130

此联不作报销、扣税凭证使用　　　开票日期 2019年11月02日

购买方	名　　称：	沈阳铁合金厂				密码区		(略)	
	纳税人识别号：	91210162547845000							
	地址、电话：	沈阳市胜利大街123号 3254745							
	开户行及账号：	工商银行站前支行 34254789-13							

货物或应税劳务、服务名称	规格型号	单位	数量	单价	金额	税率	税额
甲产品		千克	1000	8.00	8000.00	13%	1040.00
合　　　计					¥8000.00		¥1040.00

价税合计（大写）	⊗玖仟零肆拾圆整	(小写) ¥9040.00

销售方	名　　称：	锦州博大工厂	备注
	纳税人识别号：	91210703214785000	
	地址、电话：	锦州市渤海大街145号 3244562	
	开户行及账号：	工商银行东路支行 999990	

收款人：张言　　　　复核：王烟　　　　开票人：孙一　　　　销售方：（章）

第一联：记账联　销售方记账凭证

要求：（1）填制托收承付结算凭证；（2）产成品出库单；（3）编制记账凭证。

托收凭证（受理回单） 1

委托日期　年　月　日

业务类型	委托收款（□邮划、□电划）		托收承付（□邮划、□电划）	
付款人	全称		收款人	全称
	账号			账号
	地址　省　市县　开户行			地址　省　市县　开户行
金额	人民币（大写）			亿千百十万千百十元角分
款项内容		托收凭证名称		附寄单证张数
商品发运情况			合同名称号码	
备注：		款项收妥日期		
复核　　记账		年　月　日	收款人开户银行签章　年　月　日	

此联作收款人开户银行给收款人的受理回单

产成品出库单

年　月　日　　　　　　　　　　　仓库：成品库

摘要	品名	规格	单位	数量	单价	金额								
						千	百	十	万	千	百	十	元	角	分
合计															

仓库主管：　　　　　　　库管员：　　　　　　　经办人：

通用记账凭证

出纳编号＿＿＿＿＿＿

凭证编号＿＿＿＿＿＿

年　月　日

摘　要	借方科目		贷方科目		金　额										记账符号
	总账科目	明细科目	总账科目	明细科目	亿	千	百	十	万	千	百	十	元	角	分	
附单据　　张	合　　　　计															

会计主管人员　　　　记账　　　　审核　　　　制单　　　　出纳　　　　交领款人

通用记账凭证

出纳编号_____
凭证编号_____

年　月　日

摘　要	借方科目		贷方科目		金　额											记账符号
	总账科目	明细科目	总账科目	明细科目	亿	千	百	十	万	千	百	十	元	角	分	
附单据　　张	合　　　　　　　计															

会计主管人员　　　　记账　　　　审核　　　　制单　　　　出纳　　　　交领款人

2. 11月10日，生产车间领用C材料，领料单如下：

领料单

领料车间或部门：_基本生产车间_
领料用途：_生产甲产品_　　　　　　2019 年 11 月 10 日

编号	品名	规格	单位	数量		成本								
				请领	实发	单价	十	万	千	百	十	元	角	分
	C材料		千克	100	100	4.00			4	0	0	0	0	
							¥		4	0	0	0	0	

仓库主管：_王菊_　　　保管员：_冯易_　　　经办人：_李刚_　　　制单：_田新_

领料单

领料车间或部门：_基本生产车间_
领料用途：_一般消耗_　　　　　　2019 年 11 月 10 日

编号	品名	规格	单位	数量		成本								
				请领	实发	单价	十	万	千	百	十	元	角	分
	C材料		千克	10	10	4.00				4	0	0	0	
								¥		4	0	0	0	

仓库主管：_王菊_　　　保管员：_冯易_　　　经办人：_李刚_　　　制单：_田新_

要求：编制记账凭证。

通用记账凭证

出纳编号_____
凭证编号_____

年　月　日

摘　　要	借方科目		贷方科目		金　额										记账符号
	总账科目	明细科目	总账科目	明细科目	亿	千	百	十	万	千	百	十	元	角	分	
附单据　　张	合　　　　　计															

会计主管人员　　　　记账　　　　审核　　　　制单　　　　出纳　　　　交领款人

3. 11月20日，从银行提取现金并发放工资，金额50 000.00元。现金支票存根（略）和工资领款单如下。

工资领款单

2019年11月20日

车间和部门	人员类别	实发工资								领款人签名或签章
		十	万	千	百	十	元	角	分	
基本生产车间	生产工人		3	0	0	0	0	0	0	张潭
	管理人员			6	0	0	0	0	0	李力
企业管理部门	管理人员			1	0	0	0	0	0	孙为
销售部门	管理人员			4	0	0	0	0	0	孔烟
合计		¥	5	0	0	0	0	0	0	

要求：编制记账凭证。

通用记账凭证

出纳编号_____
凭证编号_____

年　月　日

摘　　要	借方科目		贷方科目		金　额										记账符号
	总账科目	明细科目	总账科目	明细科目	亿	千	百	十	万	千	百	十	元	角	分	
附单据　　张	合　　　　　计															

会计主管人员　　　　记账　　　　审核　　　　制单　　　　出纳　　　　交领款人

通用记账凭证

出纳编号_____
凭证编号_____

年　月　日

摘　要	借方科目		贷方科目		金　额											记账符号
	总账科目	明细科目	总账科目	明细科目	亿	千	百	十	万	千	百	十	元	角	分	
附单据　　张	合　　　　　计															

会计主管人员　　　记账　　　审核　　　制单　　　出纳　　　交领款人

4. 11月30日，月末分配制造费用（按生产工时分配）。

制造费用分配表

2019年11月30日　　　　　　　　　　　　　　　　　单位：元

应借科目		生产工时（小时）	分配率	分配金额
生产成本	甲产品	400		
	乙产品	500		
合　计		900		9000.00

要求：（1）将原始凭证中缺少的内容补充完整；（2）编制记账凭证。

通用记账凭证

出纳编号_____
凭证编号_____

年　月　日

摘　要	借方科目		贷方科目		金　额											记账符号
	总账科目	明细科目	总账科目	明细科目	亿	千	百	十	万	千	百	十	元	角	分	
附单据　　张	合　　　　　计															

会计主管人员　　　记账　　　审核　　　制单　　　出纳　　　交领款人

二、根据上题资料和以下账户的期初余额直接登记下列账户的总账、明细账并结账。

总账账户名称	期初余额（元）	明细账账户名称	期初余额（元）
生产成本	60000.00	应收账款——沈阳铁合金厂	1000.00
库存现金	500.00		
银行存款	100000.00		

总 账

会计科目：生产成本

年		凭证号	摘要	借方	贷方	借或贷	余额
月	日						

总 账

会计科目：库存现金

年		凭证号	摘要	借方	贷方	借或贷	余额
月	日						

总 账

会计科目：银行存款

年		凭证号	摘要	借方	贷方	借或贷	余额
月	日						

明 细 账

会计科目：　　　　　　　　明细科目：

年		凭证号	摘要	借方	贷方	借或贷	余额
月	日						

三、审核记账凭证。

2019 年 2 月 12 日，将现金 800.00 元存入银行（现金缴款单略）。会计人员作记账凭证如下：

收 款 凭 证

借方科目：银行存款　　　　　2019 年 2 月 12 日　　　　　现付字第 3 号

摘要	贷方科目		金额										√
	一级科目	明细科目	亿	千	百	十	万	千	百	十	元	角	分
	库存现金							8	0	0	0	0	
	合计							¥ 8	0	0	0	0	

会计主管人员　　　　记账　　　　出纳　　　　审核　　　　制单　　　　签收

要求：对该笔经济业务的记账凭证进行审核，指出存在的问题，并重新填制正确的记账凭证。

付 款 凭 证

贷方科目：　　　　　　　　年　月　日　　　　　　　　字第　号

摘要	借方科目		金额										√
	一级科目	明细科目	亿	千	百	十	万	千	百	十	元	角	分
	合计												

会计主管人员　　　　记账　　　　出纳　　　　审核　　　　制单　　　　签收

转 账 凭 证

年　月　日　　　　　　　　　　　　　　　字第　　号

摘　要	总账科目	明细科目	借方金额 亿千百十万千百十元角分	贷方金额 亿千百十万千百十元角分	√
					附件
					张
	合　　计				

会计主管人员　　　记账　　　　　　审核　　　　制单　　　　签收

收 款 凭 证

借方科目：　　　　　　　年　月　日　　　　　　　　　　字第　　号

摘　要	贷方科目		金　额	√
	一级科目	明细科目	亿千百十万千百十元角分	附件
				张
	合　　计			

会计主管人员　　　记账　　　出纳　　　审核　　　制单　　　签收

四、根据以下资料编制利润表。

国强公司2019年2月损益类账户有关资料如下表，所得税税率25%，假设无税收调整项目：

项　目	本月发生额
主营业务收入	900000.00
主营业务成本	260000.00
税金及附加	45000.00
销售费用	36000.00
管理费用	27000.00
财务费用	11000.00
投资收益	480000.00（贷方）
营业外收入	32000.00
营业外支出	27000.00
其他业务收入	67000.00
其他业务成本	48000.00
信用减值损失	3000.00
公允价值变动损益	1000.00（贷方）

利润表

会企02表

编制单位：　　　　　　　　　　　　　年　月　　　　　　　　　　　　　　单位：元

项　目	本期金额	上期金额
一、营业收入		
减：营业成本		
税金及附加		
销售费用		
管理费用		
研发费用		
财务费用		
其中：利息费用		
利息收入		
加：其他收益		
投资收益（损失以"-"号填列）		
其中：对联营企业和合营企业的投资收益		
公允价值变动收益（损失以"-"号填列）		
信用减值损失（损失以"-"号填列）		
资产减值损失（损失以"-"号填列）		
资产处置收益（损失以"-"号填列）		
二、营业利润（亏损以"-"号填列）		
加：营业外收入		
减：营业外支出		
三、利润总额（亏损总额以"-"号填列）		
减：所得税费用		
四、净利润（净亏损以"-"号填列）		
五、其他综合收益的税后净额		

五、某企业2019年3月31日银行存款日记账余额为69 000.00元，银行对账单的余额为65 000.00元，经核对，发现以下未达账项和记账错误：

1. 企业送存转账支票12 000.00元，并已入账，但银行尚未入账。

2. 企业开出转账支票47 000.00元，但持票单位尚未到银行办理转账，银行尚未入账。

3. 企业委托银行收取的货款2 000.00元，银行已收妥入账，但企业尚未收到收款通知而未入账。

4. 银行代企业支付水费 6 000.00 元，但企业尚未收到银行付款通知而未入账。

5. 银行代企业支付电费 26 000.00 元，但企业尚未收到银行付款通知而未入账。

6. 企业开出转账支票 10 000.00 元，登账时误记为 1 000.00 元，银行收到支票已入账。

要求：根据上述资料编制银行存款余额调节表。

银行存款余额调节表
年　月　日

项　目	金　额	项　目	金　额
企业银行存款日记账余额		银行对账单余额	
调节后银行存款余额		调节后银行存款余额	

证表 1-1

辽宁增值税专用发票

 2100175130　　　此联不作报销、扣税凭证使用　　　No 00328101

开票日期：　年　月　日

购买方	名　　称：	密码区				
	纳税人识别号：					
	地　址、电　话：					
	开户行及账号：	（略）				
货物或应税劳务、服务名称	规格型号	单位	数量	单价	金额	税率	税额
合　　　　计							
价税合计（大写）			（小写）				
销售方	名　　称：	备注				
	纳税人识别号：					
	地　址、电　话：					
	开户行及账号：					

收款人：　　　　　复核：　　　　　开票人：　　　　　销售方：（章）

第一联：记账联　销售方记账凭证

证表 2-1

收 款 收 据

收款日期：　年　月　日　　　　　　　　　No:0021256

付款单位（交款人）		收款单位（收款人）		收款项目	
人民币（大写）		千百十万千百十元角分		结算方式	
收款事由		经办	部门		
			人员		
上述款项照数收讫无误。 收款单位财会专用章： （领款人签章）		会计主管	稽核	出纳	交款人

第二联：收款单位记账凭证

使用范围及规定：（1）本收据只能用于单位内部和单位与单位、单位与个人之间的非经营性经济往来，不得代替发票。（2）结算方式按现金结算、银行结算和转账结算等方式分别填列。（3）作废时，应加盖作废戳记，并同存根一起保存，不得自行销毁。

证表 3-1

中国工商银行 现金缴款单

缴款日期：20 年 月 日

券 种 明 细		
券种	张数	金额
壹佰元		
伍拾元		
贰拾元		
拾元		
伍元		
贰元		
壹元		
伍角		
贰角		
壹角		
伍分		
贰分		
壹分		
合计		

缴款单位	全 称		账号	
	开户银行			
款项来源		百十万千百十元角分			
人民币（大写）				
现 金 收 讫		复核员 出纳收款员		
		复核员 记 账 员		

第一联：回单

证表 4-1

借 款 单

2019 年 12 月 03 日　　　　　　　　　顺序第 1 号

借款单位	* 厂办	姓名	* 齐小亮	级别	*	出差地点	* 哈尔滨
						天 数	*
事由	* 开会	借款金额（大写）	* 人民币壹仟伍佰元整				¥1500.00
部门负责人	同意 张涛	借款人签章	* 齐小亮				注意事项：一、有*者由借款人填写 二、凡借用公款必须使用本单 三、第三联为正式借据由借款人和单位负责人签章 出差返回后三日内结算
单位负责人	王一	审核意见	同意 赵宾				

（锦州振华厂 2019.12.03 现金付讫）

第三联：借款记账凭证

证表 5-1

收 款 收 据

收款日期： 年 月 日　　　　No:0021257

付款单位 （交款人）		收款单位 （收款人）			收款 项目		
人民币 （大写）		千 百 十 万 千 百 十 元 角 分				结算方式	
收款事由		经 办	部门				
			人员				
上述款项照数收讫无误。 收款单位财务专用章： （领款人签章）		会计主管	稽 核		出 纳		交 款 人

第二联：收款单位记账凭证

使用范围及规定：（1）本收据只能用于单位内部和单位与单位、单位与个人之间的非经营性经济往来，不得代替发票。（2）结算方式按现金结算、银行结算和转账结算等方式分别填列。（3）作废时，应加盖作废戳记，并同存根一起保存，不得自行销毁。

证表 5-2

出差旅费报销单

单位：厂部办公室　　　　　　　　　　　　　　　　　2019 年 12 月 05 日填

月	日	时间	出发地	月	日	时间	到达地	机票费	车（船）费	夜行车补助		市内交通费		宿费		出差补助		其他	合计
										小时	金额	实支	包干	标准	实支	天数	金额		
12	03		锦州	12	03		哈尔滨		100			55			600				755
12	05		哈尔滨	12	05		锦州		100								540		640
		合计							200			55			600		540		¥1395

出差任务	开会	报销金额 （大写）	人民币：⊗万壹仟叁佰玖拾伍元零角零分				预借金额	1500.00
		单位 领导	王一	部门 负责人	张涛	出差人 齐小亮	报销金额	¥1395.00
							结余或超支	¥105.00

会计主管人员：赵宾　　　　记账：　　　　审核：孙小岩　　　　附单据 10 张

证表 6-1

中国工商银行 现金支票存根 10202××× 01008×××	付款期限自出票之日起十天	中国工商银行　现金支票　10202×××　01008×××
附加信息		出票日期（大写）　　年　月　日　付款行名称： 收款人：　　　　　　　　　　　　　出票人账号：
		人民币 （大写）　　　　　　　　　亿 千 百 十 万 千 百 十 元 角 分
出票日期　年 月 日		用途　　　　　　　　　密码
收款人：		上列款项请从
金额：		我账户内支付　　　复核　　记账
用途：		出票人签章
单位主管　　会计		

证表 7-1

业务支出凭单

2019年12月05日　　　　　　　　　　　　　结算方式：转账

用款事项	购买办公用品		
人民币 （大写）	陆佰柒拾捌元整		¥678.00
收款人 孙晓 （签章）	主管人员 赵宾 （签章）	会计人员 郑涛 （签章）	出纳员（略） （签章）

编表人：郑涛

证表 7-2

辽宁增值税专用发票

2100162130　　　　　　抵　扣　联　　　　　　No 00345610

开票日期：2019 年 12 月 05 日

购买方	名　　　称：锦州振华棉纺厂 纳税人识别号：912107117016255318 地址、电话：锦州市中央大街21号 3215789 开户行及账号：工商银行和平支行 245687	密码区	（略）

货物或应税劳务、服务名称	规格型号	单位	数量	单价	金额	税率	税额
*纸制品*复印纸		箱	3	200.00	600.00	13%	78.00
合　　计					¥600.00		¥78.00

价税合计（大写）	陆佰柒拾捌圆整	（小写）¥678.00

销售方	名　　　称：锦州市百货商场 纳税人识别号：912107045621354785 地址、电话：锦州市望山路18号 3254712 开户行及账号：工商银行东风支行 2154684-45	备注	

收款人：王新　　复核：张将　　开票人：赵凌　　销售方：（章）

第二联：抵扣联 购买方扣税凭证

证表 7-3

辽宁增值税专用发票

2100162130

发票联

No 00345610

开票日期：2019 年 12 月 05 日

购买方	名　　称：锦州振华棉纺厂 纳税人识别号：91210711701625318 地址、电话：锦州市中央大街21号 3215789 开户行及账号：工商银行和平支行 245687	密码区	（略）

货物或应税劳务、服务名称	规格型号	单位	数量	单价	金额	税率	税额
纸制品 复印纸		箱	3	200.00	600.00	13%	78.00
合　计					￥600.00		￥78.00

价税合计（大写）	⊗ 陆佰柒拾捌圆整	（小写） ￥678.00

销售方	名　　称：锦州市百货商场 纳税人识别号：912107045621354785 地址、电话：锦州市望山路18号 3254712 开户行及账号：工商银行东风支行 2154684-45	备注	（锦州市百货商场 发票专用章 912107045621354785）

收款人：王新　　　复核：张将　　　开票人：赵凌　　　销售方：（章）

第三联：发票联 购买方记账凭证

证表 7-4

锦州振华棉纺厂办公用品领用表

2019 年 12 月 05 日

办公用品名称	领用单位	领用数量	单价	金额
复印纸	厂部	2	200.00	400.00
复印纸	车间	1	200.00	200.00
合　计				￥600.00

编表人：郑涛

证表 7-5

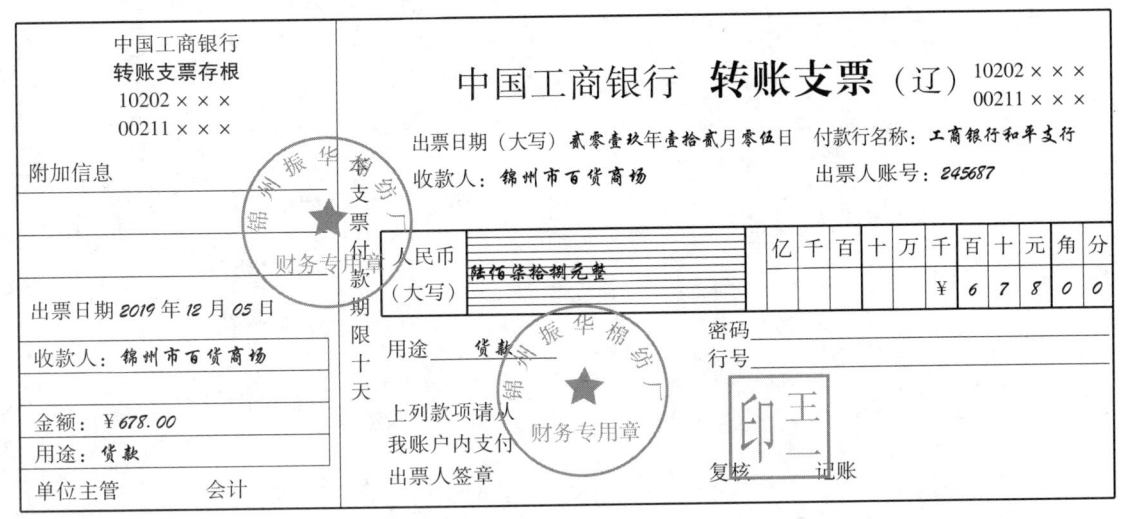

证表 8-1

中国工商银行 转账支票（辽）	10202××× 00211×××

出票日期（大写）贰零壹玖年壹拾贰月零伍日　付款行名称：工商银行站前支行
收款人：锦州振华棉纺厂　　　　　　　　出票人账号：2258461

人民币（大写）贰万元整　￥20000 00

用途：前欠货款
密码_____
行号_____

上列款项请从
我账户内支付
出票人签章　　复核　　记账

证表 8-2

中国工商银行 ICBC
INDUSTRIAL AND COMMERCIAL BANK OF CHINA

进账单（收账通知） 3

年　月　日　　　　19821242

出票人	全称		收款人	全称	
	账号			账号	
	开户银行			开户银行	

金额	人民币（大写）		亿	千	百	十	万	千	百	十	元	角	分

票据种类		票据张数	
票据号码			

收款人开户银行签章

复核：　　　　记账：

此联是收款人开户银行交给收款人的收账通知

证表 9-1

中国工商银行　　　　业务委托书

日期　年　月　日　　　辽 A 00568379

业务类型	□电汇　□信汇　□汇票申请书　□本票申请书　□其他

汇款人	全称		收款人	全称	
	账号或地址			账号或地址	
	开户银行			开户银行	

人民币（大写）		亿	千	百	十	万	千	百	十	元	角	分

密码		加急汇款签字	
用途			
备注			

付款行签章：

事后监督：　　会计主管：　　复核：　　记账：

证表9-2

中国工商银行
银行汇票 2 ×××××××× ××××××××

出票日期（大写）	贰零壹玖年壹拾贰月零陆日	代理付款行：工商银行城东支行	行号：2368
收款人：	本溪棉麻公司	账号：287635	
出票金额 人民币（大写）	陆万元整		
实际结算金额 人民币（大写）		亿 千 百 十 万 千 百 十 元 角 分	
申请人：	锦州振华棉纺厂	账号：245687	
出票行：	工商银行和平支行 行号：1569	密押：	
备注：	货款		
凭票付款		多余金额	
出票行签章		千 百 十 万 千 百 十 元 角 分	
		复核　　记账	

提示付款期限自出票之日起壹个月

此联代理付款行付款后作联行往账借方凭证附件

证表9-3

中国工商银行（解讫通知）
银行汇票 3 ×××××××× ××××××××

出票日期（大写）	贰零壹玖年壹拾贰月零陆日	代理付款行：工商银行城东支行	行号：2368
收款人：	本溪棉麻公司	账号：287635	
出票金额 人民币（大写）	陆万元整		
实际结算金额 人民币（大写）		亿 千 百 十 万 千 百 十 元 角 分	
申请人：	锦州振华棉纺厂	账号：245687	
出票行：	工商银行和平支行 行号：1569	密押：	
备注：	货款		
凭票付款		多余金额	
出票行签章		千 百 十 万 千 百 十 元 角 分	
		复核　　记账	

提示付款期限自出票之日起壹个月

此联代理付款行兑付后随报单寄出票行，由出票行作多余款贷方凭证

证表 10-1

辽宁增值税专用发票

 2100163130

抵扣联

№ 00299635

开票日期：2019 年 12 月 06 日

购买方	名　　　称	锦州振华棉纺厂	密码区					
	纳税人识别号	912107117016255318						
	地　址、电话	锦州市中央大街21号 3215789				(略)		
	开户行及账号	工商银行和平支行 245687						
货物或应税劳务、服务名称		规格型号	单位	数量	单价	金额	税率	税额
二级棉			吨	7	7200.00	50400.00	9%	4536.00
合　　　计						¥ 50400.00		¥ 4536.00
价税合计（大写）		⊗ 伍万肆仟玖佰叁拾陆圆整				（小写）¥ 54936.00		
销售方	名　　　称	本溪棉麻公司	备注					
	纳税人识别号	912107623541879005						
	地　址、电话	本溪市望山路6号 2145698						
	开户行及账号	工商银行城东支行 287635						

收款人：陆怡　　　复核：魏洋　　　开票人：金鑫　　　销售方：（章）

第二联：抵扣联　购买方扣税凭证

证表 10-2

辽宁增值税专用发票

 2100163130

发票联

№ 00299635

开票日期：2019 年 12 月 06 日

购买方	名　　　称	锦州振华棉纺厂	密码区					
	纳税人识别号	912107117016255318						
	地　址、电话	锦州市中央大街21号 3215789				(略)		
	开户行及账号	工商银行和平支行 245687						
货物或应税劳务、服务名称		规格型号	单位	数量	单价	金额	税率	税额
二级棉			吨	7	7200.00	50400.00	9%	4536.00
合　　　计						¥ 50400.00		¥ 4536.00
价税合计（大写）		⊗ 伍万肆仟玖佰叁拾陆圆整				（小写）¥ 54936.00		
销售方	名　　　称	本溪棉麻公司	备注					
	纳税人识别号	912107623541879005						
	地　址、电话	本溪市望山路6号 2145698						
	开户行及账号	工商银行城东支行 287635						

收款人：陆怡　　　复核：魏洋　　　开票人：金鑫　　　销售方：（章）

第三联：发票联　购买方记账凭证

证表10-3

辽宁增值税专用发票

2100163160

抵扣联

No 00254664
开票日期：2019年12月06日

购买方	名称：锦州振华棉纺厂 纳税人识别号：92107117016255318 地址、电话：锦州市中央大街21号 3215789 开户行及账号：工商银行和平支行 245687	密码区	（略）

货物或应税劳务、服务名称	规格型号	单位	数量	单价	金额	税率	税额
*运输服务*运费		吨	7		1200.00	9%	108.00
合计					¥1200.00		¥108.00

价税合计（大写）	⊗ 壹仟叁佰零捌圆整	（小写）¥1308.00

销售方	名称：本溪汽车运输有限公司 纳税人识别号：9121056124587965 37 地址、电话：本溪市茂名路56号 2154712 开户行及账号：工商银行贸山支行 524236 84-451	备注	本溪-锦州 二级棉

收款人：陆定　　　复核：王宜　　　开票人：周山　　　销售方：（章）

第二联：抵扣联 购买方扣税凭证

证表10-4

辽宁增值税专用发票

2100163160

发票联

No 00254664
开票日期：2019年12月06日

购买方	名称：锦州振华棉纺厂 纳税人识别号：92107117016255318 地址、电话：锦州市中央大街21号 3215789 开户行及账号：工商银行和平支行 245687	密码区	（略）

货物或应税劳务、服务名称	规格型号	单位	数量	单价	金额	税率	税额
*运输服务*运费		吨	7		1200.00	9%	108.00
合计					¥1200.00		¥108.00

价税合计（大写）	⊗ 壹仟叁佰零捌圆整	（小写）¥1308.00

销售方	名称：本溪汽车运输有限公司 纳税人识别号：9121056124587965 37 地址、电话：本溪市茂名路56号 2154712 开户行及账号：工商银行贸山支行 524236 84-451	备注	本溪-锦州 二级棉

收款人：陆定　　　复核：王宜　　　开票人：周山　　　销售方：（章）

第三联：发票联 购买方记账凭证

证表 11-1

中国工商银行
银行汇票 （多余款收账通知） 4 ×××××××× ××××××××

| 出票日期（大写） | 贰零壹玖年壹拾贰月零陆日 | 代理付款行：工商银行城东支行 | 行号：2368 |

提示付款期限自出票之日起壹个月

收款人：本溪棉麻公司　　账号：287635

出票金额 人民币（大写）：陆万元整

实际结算金额 人民币（大写）：伍万陆仟贰佰肆拾肆元整

亿	千	百	十	万	千	百	十	元	角	分
				¥	5	6	2	4	0	0

申请人：锦州振华棉纺厂　　账号：245687

出票行：工商银行和平支行　行号：1569

备注：货款

凭票付款

出票行签章（中国工商银行股份有限公司锦州 2019.12.06 核算用章）

密押：

多余金额

千	百	十	万	千	百	十	元	角	分
				¥	3	7	5	6	0	0

复核　　记账

此联出票行结清多余款后交申请人

证表 12-1

中国工商银行
银行汇票 2 ×××××××× ××××××××

| 出票日期（大写） | 贰零壹玖年壹拾贰月零柒日 | 代理付款行：工商银行和平支行 | 行号：1569 |

提示付款期限自出票之日起壹个月

收款人：锦州振华棉纺厂　　账号：245687

出票金额 人民币（大写）：壹万元整

实际结算金额 人民币（大写）：壹万元整

亿	千	百	十	万	千	百	十	元	角	分
				¥	1	0	0	0	0	0

申请人：大连织布厂　　账号：2155873

出票行：工商银行金州支行　行号：1600

备注：货款

凭票付款

出票行签章（中国工商银行股份有限公司大连 汇票专用章）

密押：

多余金额

百	十	万	千	百	十	元	角	分

复核　　记账

此联代理付款行付款后作联行往账借方凭证附件

证表 12-2

中国工商银行银行汇票 (解讫通知)   3   ×××××××× ××××××××

出票日期（大写）	贰零壹玖年壹拾贰月零柒日	代理付款行：工商银行和平支行　　行号：1569

提示付款期限自出票之日起壹个月

收款人：	锦州振华棉纺厂		账号：245687										
出票金额　人民币（大写）	壹万元整												
实际结算金额　人民币（大写）	壹万元整		亿	千	百	十	万	千	百	十	元	角	分
							¥1	0	0	0	0	0	0

申请人：大连织布厂
出票行：工商银行金州支行　行号：1600
备　注：货款

账号：2155873

密押：

多余金额

千	百	十	万	千	百	十	元	角	分

凭票付款
出票行签章

复核　记账

由出票行作多余款贷方凭证
此联代理付款行兑付后随报单寄出票行

（汇票专用章：中国工商银行股份有限公司）
（印：张辰）

证表 12-3

ICBC 中国工商银行　进账单（收账通知）   3

INDUSTRIAL AND COMMERCIAL BANK OF CHINA

年　　月　　日　　　　　　19821253

出票人	全　称		收款人	全　称										
	账　号			账　号										
	开户银行			开户银行										
金额	人民币（大写）				亿	千	百	十	万	千	百	十	元	角	分

票据种类		票据张数	
票据号码			

收款人开户银行签章

复核：　　　记账：

此联是收款人开户银行交给收款人的收账通知

证表 13-1

中国工商银行　业务委托书

日期　年　月　日　　辽 A 00568421

业务类型	☐电汇	☐信汇	☐汇票申请书	☐本票申请书
	☐其他			

汇款人	全称		收款人	全称	
	账号或地址			账号或地址	
	开户银行			开户银行	

人民币（大写）		亿 千 百 十 万 千 百 十 元 角 分
密码	加急汇款签字	上列款项及相关费用请从我账户内支付。
用途		
备注		付款行签章：

事后监督：　　会计主管：　　复核：　　记账：

证表 13-2

中国工商银行　本票　2

××××××××
××××××××
××××××××

提示付款期限自出票之日起贰个月

出票日期（大写）　贰零壹玖年壹拾贰月零柒日
收款人：锦州机械厂　　　申请人：锦州振华棉纺厂

凭票即付	人民币（大写）　贰仟贰佰陆拾元整	亿 千 百 十 万 千 百 十 元 角 分
		￥ 2 2 6 0 0 0

☑ 转账　　☐ 现金　　密押＿＿＿＿
　　　　　　　　　　行号＿＿＿＿

（中国工商银行股份有限公司　本票专用章）

备注　　出票行签章：（印 佟丰）　出纳　复核　经办

· 25 ·

证表 14-1

辽宁省增值税专用发票

2100173130

抵扣联

No 00345635

开票日期：2019 年 12 月 07 日

购买方	名　　称：锦州振华棉纺厂 纳税人识别号：91210711016255318 地　址、电话：锦州市中央大街21号 3215789 开户行及账号：工商银行和平支行 245687	密码区	（略）
货物或应税劳务、服务名称	规格型号	单位	数量	单价	金额	税率	税额
备件		件	20	100.00	2000.00	13%	260.00
合　　计					￥2000.00		￥260.00
价税合计（大写）	⊗ 贰仟贰佰陆拾圆整				（小写）￥2260.00		
销售方	名　　称：锦州机械厂 纳税人识别号：91210763214569138 地　址、电话：锦州市崇山路62号 2145645 开户行及账号：工商银行东山支行 2547813	备注	

收款人：陆为　　复核：王晓　　开票人：冯阳　　销售方：（章）

第二联：抵扣联 购买方扣税凭证

证表 14-2

辽宁省增值税专用发票

2100173130

发票联

No 00345635

开票日期：2019 年 12 月 07 日

购买方	名　　称：锦州振华棉纺厂 纳税人识别号：91210711016255318 地　址、电话：锦州市中央大街21号 3215789 开户行及账号：工商银行和平支行 245687	密码区	（略）
货物或应税劳务、服务名称	规格型号	单位	数量	单价	金额	税率	税额
备件		件	20	100.00	2000.00	13%	260.00
合　　计					￥2000.00		￥260.00
价税合计（大写）	⊗ 贰仟贰佰陆拾圆整				（小写）￥2260.00		
销售方	名　　称：锦州机械厂 纳税人识别号：91210763214569138 地　址、电话：锦州市崇山路62号 2145645 开户行及账号：工商银行东山支行 2547813	备注	

收款人：陆为　　复核：王晓　　开票人：冯阳　　销售方：（章）

第三联：发票联 购买方记账凭证

证表 14-3

材料验收入库单② 记账

年　月　日　　　　　　　　　　　　　　　仓库：*1号库*

供应单位：		合同号				发票号			
材料名称	材质	规格型号	单位	数量		实际价格			
				应收	实收	单价	金额	运杂费	合计
合　　计									

经办人：　　　　　　　　　　库管员：

证表 15-1

辽宁增值税专用发票

 2100175130

此联不作报销、扣税凭证使用

№ 00328102

开票日期：　年　月　日

购买方	名　　　称：				密码区	（略）		
	纳税人识别号：							
	地　址、电　话：							
	开户行及账号：							
货物或应税劳务、服务名称	规格型号	单位	数量	单价	金额		税率	税额
合　　　计								
价税合计（大写）					（小写）			
销售方	名　　　称：				备注			
	纳税人识别号：							
	地　址、电　话：							
	开户行及账号：							

收款人：　　　　复核：　　　　开票人：　　　　销售方：（章）

第一联：记账联　销售方记账凭证

证表 15－2

中国工商银行 本票 2

××××××××
××××××××

提示付款期限自出票之日起贰个月	出票日期（大写） 贰零壹玖年壹拾贰月零柒日		申请人：锦州市经贸公司	
	收款人：锦州振华棉纺厂			
	凭票即付 人民币（大写） 贰万贰仟陆佰元整		亿 千 百 十 万 千 百 十 元 角 分 ¥ 2 2 6 0 0 0 0	
	✓ 转账 现金		密押_____ 行号_____	
	备注	出票行签章（中国工商银行股份有限公司锦州 本票专用章）印 佟丰	出纳 复核 经办	

证表 15－3

ICBC 中国工商银行 进账单（收账通知） 3

年　月　日

19821456

出票人	全　称		收款人	全　称											
	账　号			账　号											
	开户银行			开户银行											
金额	人民币（大写）				亿	千	百	十	万	千	百	十	元	角	分
票据种类		票据张数													
票据号码															
复核：		记账：		收款人开户银行签章											

此联是收款人开户银行交给收款人的收账通知

证表 16-1

中国工商银行电子缴税付款凭证

缴税日期：2019 年 12 月 08 日　　　　　　　　　　　凭证字号：2019120823115351

纳税人全称及纳税人识别号：锦州振华棉纺厂 91210711701625318	
付款人全称：锦州振华棉纺厂	
付款人账号：245687	征收机关名称：国家税务总局锦州市和平区税务局
付款人开户行：工商银行和平支行	收款国库（银行）名称：国家金库锦州市和平区代理支库
小写（合计）金额：24250.00 元	缴款书交易流水号：30396315
大写（合计）金额：贰万肆仟贰佰伍拾元整	税票号码：32018110700005045

税（费）种名称	所属日期	实缴金额（单位：元）
企业所得税	20191101 - 20191130	21000.00
教育费附加	20191101 - 20191130	950.00
城建税	20191101 - 20191130	2300.00

（中国工商银行股份有限公司 自助回单机专用章）

第一次打印　　　　　　　　　　　　　　　　　　　打印时间：2019 年 12 月 08 日

客户回单联　　验证码：AA851E26005　　复核：　　记账：

证表 17-1

工商银行信汇凭证（回　单）　1

委托日期　　年　月　日

汇款人	全　称		收款人	全　称		此联是汇款人开户行给汇款人的回单
	账　号或地址			账　号或地址		
	汇出地点	省　　市县		汇入地点	省　　市县	
	汇出行名称			汇入行名称		

金额	人民币（大写）		千百十万千百十元角分

汇款用途：		
上列款项已根据委托办理，如需查询，请持此单来行面洽。	汇出行盖章	年　月　日

证表 17-2

业务收费单

年 月 日

户名		账号	
业务种类	□现金支票　□转账支票　□电汇　□汇票委托书　□银行承兑商业汇票 □贷款承诺　□查询查复　□保函　□企业验资　□其他			

业务种类	笔数	工本费	邮电费	手续费	起止号码	金额 千百十万千百十元角分
合计金额(大写)						

银行业务签章：
复核员：　　　记账员：　　　验印：

第五联：回单

证表 18-1

工商银行信汇凭证（收账通知）　4

委托日期　2019 年 12 月 08 日

汇款人	全称	大连织布厂	收款人	全称	锦州振华棉纺厂
	账号或地址	2155873		账号或地址	245687
	汇出地点	辽宁省大连市㕓		汇入地点	辽宁省锦州市㕓
	汇出行名称	工商银行金州支行		汇入行名称	工商银行和平支行

金额	人民币（大写）	叁仟贰佰元整	千百十万千百十元角分 ¥　　　3 2 0 0 0 0

汇款用途：支付利息	留行待取预留 收款人印鉴

款项已收入收款人账户 汇入行盖章 （中国工商银行股份有限公司锦州和平支行 2019.12.08 核算用章） 年　月　日	款项已收妥 收款人盖章 年　月　日	科目（借）＿＿＿＿ 对方科目（贷）＿＿＿＿ 汇入行解讫日期　年　月　日 出纳　复核　记账

此联是收款人开户行给收款人的收账通知

证表 18-2

收 款 收 据

收款日期：2019 年 12 月 08 日　　　　№ 002228

付款单位 （交款人）	大连织布厂	收款单位 （收款人）	锦州振华棉纺厂	收款项目	投资利息	第二联：收款单位记账凭据
人民币 （大写）	叁仟贰佰元整	千百十万千百十元角分 ¥　　　3 2 0 0 0 0			结算方式 转账	
收款事由	收到投资利息	经办	部门 人员			
上述款项照数收讫无误 收款单位财会专用章： （领款人签章）	（锦州振华棉纺厂财务专用章）	会计主管 赵宾	稽核 孙小岩	出纳 （略）	交款人 王松	

　　使用范围及规定：（1）本收据只能用于单位内部和单位与单位、单位与个人之间的非经营性经济往来，不得代替发票。（2）结算方式按现金结算、银行结算和转账结算等方式分别填列。（3）作废时，应加盖作废戳记，并同存根一起保存，不得自行销毁。

证表 19-1

业 务 收 费 单

年　月　日

户名					账号		
业务种类	□现金支票　□转账支票　□电汇　□汇票委托书　□银行承兑商业汇票 □贷款承诺　□查询查复　□保函　□企业验资　□其他						
业务种类	笔数	工本费	邮电费	手续费	起止号码	金额 千百十万千百十元角分	第五联：回单
合计金额（大写）				银行业务签章 复核员：　　　记账员：　　　验印：			

· 37 ·

证表20-1

托收凭证（受理回单）   1

委托日期　　年　月　日

业务类型		委托收款（□邮划、□电划）				托收承付（□邮划、□电划）			
付款人	全称				收款人	全称			
	账号					账号			
	地址	省市县	开户行			地址	省市县	开户行	
金额	人民币（大写）						亿千百十万千百十元角分		
款项内容			托收凭证名称				附寄单证张数		
商品发运情况					合同名称号码				
备注：			款项收妥日期						
复核：　记账：					收款人开户银行签章　年　月　日			年　月　日	

此联作收款人开户银行给收款人的受理回单

证表20-2

辽宁增值税专用发票

　2100175130

此联不作报销、扣税凭证使用

No 00328103

开票日期：　年　月　日

购买方	名　　称：				密码区			（略）	
	纳税人识别号：								
	地址、电话：								
	开户行及账号：								
货物或应税劳务、服务名称		规格型号	单位	数量	单价	金额		税率	税额
合　　计									
价税合计（大写）						（小写）			
销售方	名　　称：				备注				
	纳税人识别号：								
	地址、电话：								
	开户行及账号：								

第一联：记账联　销售方记账凭证

收款人：　　　复核：　　　开票人：　　　销售方：（章）

证表20-3

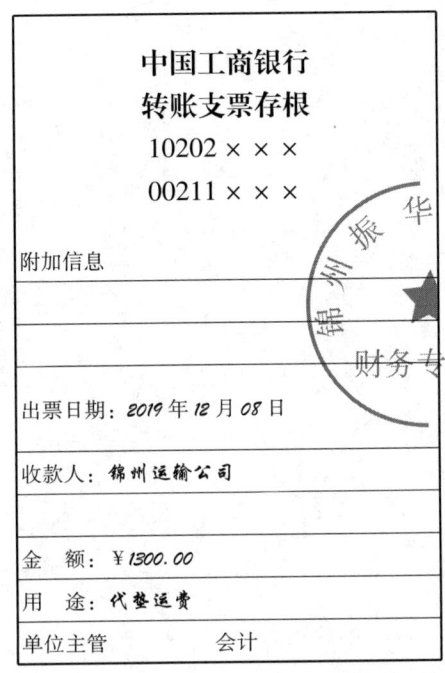

证表20-4

锦州振华棉纺厂
垫付费用报销凭证

2019 年 12 月 08 日

摘　要	费用项目	金　额	备　注
代垫运费	运输费	1300.00	
	装卸搬运费		
	包装手续费		
	保险费		
	其　他		
	合　计	¥1300.00	
金额合计（大写）	人民币壹仟叁佰元整		

证表 21-1

托收凭证（收款通知） 4

委托日期 2019 年 12 月 11 日　　付款期限　年　月　日

业务类型	委托收款（□邮划、□电划）　托收承付（□邮划、☑电划）					
付款人	全称	大连秋林公司	收款人	全称	锦州振华棉纺厂	
	账号	90123657		账号	245687	
	地址	辽宁省大连市	开户行	工商银行滨海支行	地址	辽宁省锦州市	开户行	工商银行和平支行
金额	人民币（大写）	肆万陆仟伍佰元整			￥46500.00	
款项内容	货款及运费	托收凭证名称	发票	附寄单证张数	4	
商品发运情况	公路运输	合同名称号码				

备注：上列款项已划回收入你方账户内。

（中国工商银行股份有限公司锦州和平支行 2019.12.11 核算用章）

收款人开户银行签章　年　月　日

复核：　　记账：

证表 22-1

电汇凭证（回　单） 1

普通　加急　　委托日期 2019 年 12 月 12 日

付款人	全称	锦州振华棉纺厂	收款人	全称	兴城农贸公司
	账号	245687		账号	547896212
	汇出地点	辽宁省锦州市/县		汇入地点	辽宁省兴城市/县
	汇出行名称	工商银行和平支行		汇入行名称	工商银行上海路支行
金额	人民币（大写）	肆万元整			￥40000.00

支付密码

附加信息及用途：前欠货款

（中国工商银行股份有限公司锦州和平支行 2019.12.12 核算用章）

汇出行签章

复核：　　记账：

证表 23－1

辽宁省增值税专用发票

2100175130

抵扣联

No 00345285

开票日期：2019 年 12 月 12 日

购买方	名　称：锦州振华棉纺厂 纳税人识别号：92107117016255318 地址、电话：锦州市中央大街21号 3215789 开户行及账号：工商银行和平支行 245687	密码区	（略）		
货物或应税劳务、服务名称	规格型号	单位	数量	单价	金　额	税率	税　额
二级棉		吨	16	7100.00	113600.00	9%	10224.00
合　计					￥113600.00		￥10224.00
价税合计（大写）	⊗ 壹拾贰万叁仟捌佰贰拾肆圆整				（小写）￥123824.00		
销售方	名　称：沈阳棉麻公司 纳税人识别号：92120107872169313123 地址、电话：沈阳市崇山东路36号 21456874 开户行及账号：工商银行崇山东支行 2548716	备注			

收款人：杨丽　　复核：冯小力　　开票人：魏一岛　　销售方：（章）

第二联：抵扣联　购买方扣税凭证

证表 23－2

辽宁增值税专用发票

2100175130

发票联

No 00345285

开票日期：2019 年 12 月 12 日

购买方	名　称：锦州振华棉纺厂 纳税人识别号：92107117016255318 地址、电话：锦州市中央大街21号 3215789 开户行及账号：工商银行和平支行 245687	密码区	（略）		
货物或应税劳务、服务名称	规格型号	单位	数量	单价	金　额	税率	税　额
二级棉		吨	16	7100.00	113600.00	9%	10224.00
合　计					￥113600.00		￥10224.00
价税合计（大写）	⊗ 壹拾贰万叁仟捌佰贰拾肆圆整				（小写）￥123824.00		
销售方	名　称：沈阳棉麻公司 纳税人识别号：92120107872169313123 地址、电话：沈阳市崇山东路36号 21456874 开户行及账号：工商银行崇山东支行 2548716	备注			

收款人：杨丽　　复核：冯小力　　开票人：魏一岛　　销售方：（章）

第三联：发票联　购买方记账凭证

证表 23-3

辽宁增值税专用发票

 2100163160

发票联

No 00237556

开票日期：2019 年 12 月 12 日

购买方	名称	锦州振华棉纺厂	密码区	（略）
	纳税人识别号	912107117016255318		
	地址、电话	锦州市中央大街21号 3215789		
	开户行及账号	工商银行和平支行 245687		

货物或应税劳务、服务名称	规格型号	单位	数量	单价	金额	税率	税额
*运输服务*运费		吨	16		4000.00	9%	360.00
合计					¥4000.00		¥360.00

| 价税合计（大写） | ⊗ 肆仟叁佰陆拾圆整 | （小写）¥4360.00 |

销售方	名称	沈阳市顺风运输有限公司	备注	
	纳税人识别号	912107031980152476		
	地址、电话	沈阳市凌云路56号 2541874		
	开户行及账号	工商银行泰山支行 254789-25		

收款人：万强　　复核：王佳　　开票人：周信　　销售方：（章）

证表 23-4

银行承兑汇票

2 01　GA 01960199

出票日期（大写）　贰零壹玖年壹拾贰月壹拾贰日

证表 23-5

材料验收入库单② 记账

年　月　日　　　　　　　　　　　　　　　　　仓库：1号库

供应单位：			合同号				发票号			
材料名称	材质	规格型号	单位	数量		实际价格				
				应收	实收	单价	金额	运杂费	合计	
合　　计										

经办人：　　　　　　　　库管员：

证表 24-1

贴现凭证（收账通知） 4

申请日期 2019 年 12 月 12 日　　　　　　　　第　号

贴现汇票	种类	银行承兑汇票		号码			持票人	名称	锦州振华棉纺厂											
	出票日	2019 年 08 月 12 日						账号	245687											
	到期日	2020 年 01 月 12 日						开户银行	工商银行和平支行											
汇票承兑人		名称	鞍山贸易大厦		账号	785421		开户银行	工商银行鞍山站前支行											
汇票金额		人民币（大写）	壹拾贰万元整						千	百	十	万	千	百	十	元	角	分		
									¥	1	2	0	0	0	0	0	0			
贴现率 4.8%		贴现利息	千	百	十	万	千	百	十	元	角	分	实付贴现金额	千	百	十	万	千	百	十	元	角	分
						¥		4	8	0	0	0		¥	1	1	9	5	2	0	0	0

贴现款项已入你单位账户。　　备注：

银行盖章
年　月　日

（中国工商银行股份有限公司锦州和平支行 2019.12.12 核算用章）

此联银行给持票人的收账通知

证表 25－1

商业承兑汇票

出票日期（大写）　贰零壹玖年零玖月壹拾贰日

2 GA01 00060129

出票人全称	大连织布厂	收款人	全称	锦州振华棉纺厂
出票人账号	2155873		账号	245687
付款行全称	工商银行金州支行		开户银行	工商银行和平支行

出票金额	人民币（大写）陆万肆仟元整	亿千百十万千百十元角分 ¥6400000

汇票到期日（大写）	贰零壹玖年壹拾贰月壹拾贰日	交易合同号码	
本汇票已经承兑，到期无条件支付票款。 承兑人签章 承兑日期 2019 年 09 月 12 日		本汇票请予以承兑于到期日付款。 出票人签章	

证表 25－2

托收凭证（收款通知）

委托日期 2019 年 12 月 12 日　　付款期限　年　月　日

4

业务类型	委托收款（□邮划、☑电划）　托收承付（□邮划、□电划）					
付款人	全称	大连织布厂	收款人	全称	锦州振华棉纺厂	
	账号	2155873		账号	245687	
	地址	辽宁省大连市县	开户行	工商银行金州支行	地址	辽宁省锦州市县	开户行	工商银行和平支行
金额	人民币（大写）陆万肆仟元整				亿千百十万千百十元角分 ¥6400000	
款项内容	货款	托收凭证名称	商业汇票	附寄单证张数	1	
商品发运情况		合同名称号码				
备注：	上列款项已划回收入你方账户内。 收款人开户银行签章					
复核：　记账：	核　算　用　年　月　日					

证表 26-1

辽宁增值税专用发票

2100173160

发票联

No 00045284

开票日期：2019 年 12 月 12 日

购买方	名　　　称：锦州振华棉纺厂 纳税人识别号：91210107872169 3123 地址、电话：锦州市中央大街 21 号 3215789 开户行及账号：工商银行和平支行 245687	密码区	（略）

货物或应税劳务、服务名称	规格型号	单位	数量	单价	金额	税率	税额
二级棉		吨	50	7000.00	350000.00	9%	31500.00
合　　计					¥350000.00		¥31500.00

价税合计（大写）	⊗ 叁拾捌万壹仟伍佰圆整　　　　（小写）¥381500.00

销售方	名　　　称：兴城农贸公司 纳税人识别号：91210107872169 3987 地址、电话：兴城市上海路 1 号 2365478 开户行及账号：工商银行上海路支行 547896212	备注	（兴城农贸公司 发票专用章）

收款人：张谦　　　　复核：王玉　　　　开票人：张伟

第三联：发票联　购买方记账凭证

证表 26-2

辽宁增值税专用发票

2100175130

抵扣联

No 00345285

开票日期：2019 年 12 月 12 日

购买方	名　　　称：锦州振华棉纺厂 纳税人识别号：91210711701625 5318 地址、电话：锦州市中央大街 21 号 3215789 开户行及账号：工商银行和平支行 245687	密码区	（略）

货物或应税劳务、服务名称	规格型号	单位	数量	单价	金额	税率	税额
二级棉		吨	50	7000.00	350000.00	9%	31500.00
合　　计					¥350000.00		¥31500.00

价税合计（大写）	⊗ 叁拾捌万壹仟伍佰圆整　　　　（小写）¥381500.00

销售方	名　　　称：兴城农贸公司 纳税人识别号：91210107872169 3987 地址、电话：兴城市上海路 1 号 2365478 开户行及账号：工商银行上海路支行 547896212	备注	（兴城农贸公司 发票专用章）

收款人：张谦　　　　复核：王玉　　　　开票人：张伟

第二联：抵扣联　购买方扣税凭证

证表 26-3

辽宁增值税专用发票

2100163130

发 票 联

№ 00228926

开票日期：2019年12月12日

购买方	名　　　称：锦州振华棉纺厂 纳税人识别号：91210711701625S318 地　址、电话：锦州市中央大街21号 3215789 开户行及账号：工商银行和平支行 245687	密码区	（略）

货物或应税劳务、服务名称	规格型号	单位	数量	单价	金　额	税率	税　额
*运输服务*运费		吨	50		2000.00	9%	180.00
合　　计					¥2000.00		¥180.00

价税合计（大写）	⊗ 贰仟壹佰捌拾圆整　　　　　　　　（小写）¥2180.00

销售方	名　　　称：兴城市运输有限公司 纳税人识别号：91210701254785428 地　址、电话：兴城市和平路84号 5214875 开户行及账号：工商银行滨河支行 25198574-235	备注	兴城－锦州 二级棉

收款人：张强　　　复核：楚佳　　　开票人：周飒　　　销售方：（章）

第三联：发票联　购买方记账凭证

证表 26-4

材料验收入库单②记账

年　　月　　日　　　　　　　　　　　　　　　仓库：1号库

供应单位：			合同号			发票号			
材料名称	材质	规格型号	单位	数量		实际价格			
				应收	实收	单价	金额	运杂费	合计
合　计									

经办人：　　　　　　　　　　　库管员：

证表 27-1

辽宁增值税专用发票

 2100173160

发票联

No 02045394

开票日期：2019 年 12 月 13 日

购买方	名　　称：锦州振华棉纺厂 纳税人识别号：91210711701625318 地址、电话：锦州市中央大街21号 3125789 开户行及账号：工商银行和平支行 245687	密码区	（略）			第三联：发票联 购买方记账凭证
货物或应税劳务、服务名称	规格型号	单位	数量	单价	金额	税率	税额
一级棉		吨	10	10000.00	100000.00	9%	9000.00
合　　计					¥100000.00		¥9000.00
价税合计（大写）	⊗ 壹拾万零玖仟圆整			（小写）¥109000.00			
销售方	名　　称：营口棉麻公司 纳税人识别号：91210717016255643 地址、电话：营口市山东街11号 3251478 开户行及账号：工商银行长城支行 5879642	备注	（发票专用章）			

收款人：姜丽艳　　复核：沈力　　开票人：李小平　　销售方：（章）

证表 27-2

辽宁增值税专用发票

 2100173160

抵扣联

No 02045394

开票日期：2019 年 12 月 13 日

购买方	名　　称：锦州振华棉纺厂 纳税人识别号：91210711701625318 地址、电话：锦州市中央大街21号 3125789 开户行及账号：工商银行和平支行 245687	密码区	（略）			第二联：抵扣联 购买方扣税凭证
货物或应税劳务、服务名称	规格型号	单位	数量	单价	金额	税率	税额
一级棉		吨	10	10000.00	100000.00	9%	9000.00
合　　计					¥100000.00		¥9000.00
价税合计（大写）	⊗ 壹拾万零玖仟圆整			（小写）¥109000.00			
销售方	名　　称：营口棉麻公司 纳税人识别号：91210717016255643 地址、电话：营口市山东街11号 3251478 开户行及账号：工商银行长城支行 5879642	备注	（发票专用章）			

收款人：姜丽艳　　复核：沈力　　开票人：李小平　　销售方：（章）

证表 27-3

辽宁增值税专用发票

 2100173130

发票联

No 00290225

开票日期：2019年12月13日

购买方	名　　　称：锦州振华棉纺厂 纳税人识别号：912107117016255318 地　址、电话：锦州市中央大街21号 3215789 开户行及账号：工商银行和平支行 245687	密码区	（略）		
货物或应税劳务、服务名称	规格型号	单位	数量	单价	金额	税率	税额
*运输服务*运费		吨	10		900.00	9%	81.00
合　　计					¥900.00		¥81.00
价税合计（大写）	⊗玖佰捌拾壹圆整			（小写）¥981.00		
销售方	名　　　称：营口市运输有限公司 纳税人识别号：91210701654217854 地　址、电话：营口市昌平路87号 3215478 开户行及账号：工商银行昌平支行 5210362-54	备注	营口-锦州 一级棉		

收款人：章孝　　　复核：楚为　　　开票人：周山　　　销售方：（章）

第三联：发票联　购买方记账凭证

证表 27-4

电汇凭证（回 单）　　1

	普通　　加急　　委托日期　　年　月　日			
汇款人	全　称		收款人	全　称
	账　号			账　号
	汇出地点　　省　　市/县			汇入地点　　省　　市/县
汇出行名称			汇入行名称	
金额	人民币（大写）			亿千百十万千百十元角分
			支付密码	
			附加信息及用途：	
	汇出行签章		复核：　　　　记账：	

此联是汇出行给汇款人的回单

证表 27-5

业 务 收 费 单

年 月 日

户名						账号										
业务种类	☐现金支票 ☐贷款承诺		☐转账支票 ☐查询查复		☐电汇 ☐保函		☐汇票委托书 ☐企业验资		☐银行承兑商业汇票 ☐其他							
业务种类	笔数	工本费	邮电费	手续费	起止号码	金额									
						千	百	十	万	千	百	十	元	角	分
合计金额(大写)															
				银行业务签章: 复核员: 记账员: 验印:											

第五联:回单

证表 28-1

材 料 验 收 入 库 单 ② 记账

年 月 日   仓库：1号库

供应单位:			合同号			发票号			
材料名称	材质	规格型号	单位	数量		实际价格			
				应收	实收	单价	金额	运杂费	合计
合计									

经办人: 库管员:

· 61 ·

证表 29-1

领 料 单

领料单位：生产车间　　　　　　　　　　　　　　　　　　　　编号：123
用途：生产产品（棉纱）　　　　2019 年 12 月 14 日　　　　　仓库：1 号库

材料名称	材料编号	规格	计量单位	数量	单位成本	金额	备注
二级棉花			吨	15			
合计							

财务留存

发料人：赵炎　　　　　　领料单位负责人：张伟　　　　　　领料人：王慧

证表 29-2

领 料 单

领料单位：生产车间　　　　　　　　　　　　　　　　　　　　编号：124
用途：生产产品（棉纱）　　　　2019 年 12 月 14 日　　　　　仓库：1 号库

材料名称	材料编号	规格	计量单位	数量	单位成本	金额	备注
一级棉花			吨	16			
合计							

财务留存

发料人：赵炎　　　　　　领料单位负责人：张伟　　　　　　领料人：王慧

证表 29-3

材料费用分配表

锦州振华棉纺厂　　　　　2019 年 12 月 14 日

材料名称＼领用部门	一级棉花			二级棉花		
	数量	单位成本	金额	数量	单位成本	金额
车间（棉纱）						
合计						

证表 30－1

托收凭证（付款通知） 5

委托日期 2019 年 12 月 14 日　　　付款期限　年　月　日

业务类型	委托收款（□邮划、☑电划）　　托收承付（□邮划、□电划）					
付款人	全称	锦州振华棉纺厂		收款人	全称	锦州市长虹电力有限公司
	账号	245687			账号	5879642
	地址	辽宁省锦州市县	开户行	工商银行和平支行	地址 辽宁省锦州市县	开户行 工商银行长成支行

金额	人民币（大写）	贰万贰仟陆佰元整	亿千百十万千百十元角分 ￥ 2 2 6 0 0 0 0

款项内容	电费	委托凭证名称	发票	附寄单证张数	2

商品发运情况		合同名称号码	

备注：

付款人注意：
1. 根据支付结算办法，上列委托收款（托收承付）款项在付款期限内未提出拒付，即视为同意付款，以此代付款通知。
2. 如需提出全部或部分拒付，应在规定期限内，将拒付理由书并附债务证明退交开户银行。

付款人开户银行收到日期　　收款人开户银行签章　　年 月 日

复核：　　记账：

（盖章：中国工商银行股份有限公司锦州和平支行 核算用日章 2019.12.14）

此联付款人开户银行给付款人按期付款通知

证表 30－2

辽宁增值税专用发票　　No 00018394

2100173160

发票联　　开票日期：2019 年 12 月 14 日

购买方	名　　称：锦州振华棉纺厂 纳税人识别号：91210711701625318 地址、电话：锦州市中央大街21号 3215789 开户行及账号：工商银行和平支行 245687	密码区	（略）

货物或应税劳务、服务名称	规格型号	单位	数量	单价	金额	税率	税额
*供电*电费		度	20000	1.00	20000.00	13%	2600.00
合　　计					￥20000.00		￥2600.00

价税合计（大写）	⊗ 贰万贰仟陆佰圆整	（小写）￥22600.00

销售方	名　　称：锦州市长虹电力有限公司 纳税人识别号：91210711621015334 地址、电话：锦州市山东街11号 2547154 开户行及账号：工商银行长成支行 5879642	备注	（盖章：锦州市长虹电力有限公司 发票专用章 91210711621015334）

收款人：田新　　复核：汪阳　　开票人：冯小刚　　销售方：（章）

证表 30-3

辽宁增值税专用发票

No 00018394

2100173160

抵 扣 联

开票日期：2019 年 12 月 14 日

购买方	名　　　称：锦州振华棉纺厂 纳税人识别号：912107117016255318 地　址、电话：锦州市中央大街21号 3215789 开户行及账号：工商银行和平支行 245687	密码区	（略）

货物或应税劳务、服务名称	规格型号	单位	数量	单价	金额	税率	税额
*供电*电费		度	20000	1.00	20000.00	13%	2600.00
合　　　　计					￥20000.00		￥2600.00

价税合计（大写）	⊗ 贰万贰仟陆佰圆整	（小写）￥22600.00

销售方	名　　　称：锦州市长虹电力有限公司 纳税人识别号：912107116210115334 地　址、电话：锦州市山东街11号 2547154 开户行及账号：工商银行长成支行 5879642	备注	（锦州市长虹电力有限公司 发票专用章）

收款人：田新　　　复核：汪阳　　　开票人：冯小刚　　　销售方：（章）

第二联：抵扣联　购买方扣税凭证

证表 30-4

锦州振华棉纺厂电费分配表

2019 年 12 月 14 日　　　　　　　　　　　　　　　　单位：元

用电单位	用电量	分配率	分配金额
车间生产用电	13000		13000
车间管理用电	1000		1000
厂部用电	6000		6000
合　　计	20000	1	￥20000

证表 31-1

托收凭证（付款通知） 5

委托日期 2019年12月14日　　　付款期限　年　月　日

业务类型	委托收款（□邮划、☑电划）			托收承付（□邮划、□电划）		
付款人	全称	锦州振华棉纺厂	收款人	全称	锦州市自来水公司	
	账号	245687		账号	4586234	
	地址	辽宁省锦州市	开户行 工商银行和平支行	地址	辽宁省锦州市	开户行 工商银行长成支行
金额	人民币（大写）	叁仟贰佰柒拾元整			亿千百十万千百十元角分 ¥3 2 7 0 0 0	
款项内容	水费		托收凭证名称	发票	附寄单证张数	2
商品发运情况			合同名称号码			

备注：

[中国工商银行股份有限公司锦州和平支行 2019.12.14 核算用章]

付款人开户银行收到日期：
　　年　月　日
复核：　记账：
收款人开户银行签章　年　月　日

付款人注意：
1. 根据支付结算办法，上列委托收款（托收承付）款项在付款期限内未提出拒付，即视为同意付款，以此代付款通知。
2. 如需提出全部或部分拒付，应在规定期限内，将拒付理由书并附债务证明退交开户银行。

此联付款人开户银行给付款人按期付款通知

证表 31-2

辽宁增值税专用发票　　　No 00286732

　2100163160

发票联

开票日期：2019年12月14日

购买方	名称	锦州振华棉纺厂	密码区	(略)
	纳税人识别号：	91210711701625531B		
	地址、电话：	锦州市中央大街21号 3215789		
	开户行及账号：	工商银行和平支行 245687		

货物或应税劳务、服务名称	规格型号	单位	数量	单价	金额	税率	税额
自来水 水费		吨	1500	2.00	3000.00	9%	270.00
合计					¥3000.00		¥270.00

价税合计（大写）	 叁仟贰佰柒拾圆整	（小写）¥3270.00

销售方	名称	锦州市自来水公司	备注	
	纳税人识别号：	91210714875156667		
	地址、电话：	锦州市中央大街9号 2145879		
	开户行及账号：	工商银行长成支行 4586234		

收款人：韩伟　　复核：杨丽　　开票人：赵刚　　销售方：（章）

第三联：发票联 购买方记账凭证

证表 31-3

辽宁增值税专用发票

No 00286732

2100163160

抵 扣 联　　　开票日期：2019年12月14日

购买方	名　　称：锦州振华棉纺厂 纳税人识别号：91210711701625318 地址、电话：锦州市中央大街21号 3215789 开户行及账号：工商银行和平支行 245687	密码区	（略）

货物或应税劳务、服务名称	规格型号	单位	数量	单价	金额	税率	税额
*自来水*水费		吨	1500	2.00	3000.00	9%	270.00
合　　计					￥3000.00		￥270.00

价税合计（大写）	⊗ 叁仟贰佰柒拾圆整	（小写）￥3270.00

销售方	名　　称：锦州市自来水公司 纳税人识别号：91210714875156667 地址、电话：锦州市中央大街9号 2145879 开户行及账号：工商银行长成支行 4586234	备注	（发票专用章）

收款人：韩伟　　　复核：杨丽　　　开票人：赵刚　　　销售方：（章）

证表 31-4

锦州振华棉纺厂水费分配表

2019年12月14日

用水单位	用水量	分配率	分配金额
车间管理用水	5000		1000
厂部用水	10000		2000
合　计	15000	0.2	￥3000

编表人：郑涛

证表 32-1

领 料 单

领料单位：生产车间　　　　　　　　　　　　　编号：125
用途：维修　　　　　2019年12月14日　　　　仓库：2号库

材料名称	材料编号	规格	计量单位	数量	单位成本	金额	备注
一般工具			件	20	10.00	200.00	
合计						￥200.00	

发料人：赵炎　　　领料单位负责人：张伟　　　领料人：王慧

财务留存

证表 33－1

辽宁省医疗门诊收费票据

业务流水号：6553982		医疗机构类型：锦州世康医院门诊收费票据				18384677768	
姓名：楚宝权		性别：男	医保类型：自费		社会保障号码：		
项目/规格	数量	金额	个人支付金额	项目/规格	数量	金额	个人支付金额
西药费	1	126.00					
中成药费	1	200.00					
合计（大写）：叁佰贰拾陆元整				￥326.00			
医保统筹支付：		个人账户支付：		其他医保支付：		个人支付金额：	

收款单位：（章）　　　　收款人：　　　　　　　2019 年 12 月 14 日

第一联：收据联　盖章有效

证表 34－1

证表 34－2

辽宁省医疗门诊收费票据

业务流水号：6861984		医疗机构类型：锦州世康医院门诊收费票据				14821675128	
姓名：锦州振华棉纺厂		性别：	医保类型：		社会保障号码：		
项目/规格	数量	金额	个人支付金额	项目/规格	数量	金额	个人支付金额
检查费	1	9346.60					
化验费	1	1000.00					
合计（大写）：壹万零叁佰肆拾陆元陆角整				￥10346.60			
医保统筹支付：		个人账户支付：		其他医保支付：		个人支付金额：	

收款单位：（章）　　　　收款人：　　　　　　　2019 年 12 月 14 日

证表 35-1

中国工商银行 现金支票存根		中国工商银行 **现金支票**	10202××× 01008×××
10202××× 01008×××	付款期限自出票之日起十天	出票日期（大写） 年 月 日　付款行名称： 收款人：　　　　　　　　　　出票人账号：	

附加信息

出票日期　年　月　日
收款人：
金　额：
用　途：
单位主管　　会计

人民币（大写）　　亿千百十万千百十元角分

用途_____　　密码_____

上列款项请从
我账户内支付　　复核：　　记账：
出票人签章

证表 36-1

工资结算表
2019 年 12 月 14 日

单位：锦州振华棉纺厂

车间和部门		应付工资				代扣款项			实发工资	领款人签名
		标准工资	奖金	津贴和补贴	合计	个人所得税	房费	合计		
车间	工人	53000.00	1000.00	3000.00	57000.00	10.00	60.00	70.00	56930.00	略
	管理人员	8000.00			8000.00		20.00	20.00	7980.00	
厂部		5600.00	400.00		6000.00		20.00	20.00	5980.00	
合计		66600.00	1400.00	3000.00	71000.00	10.00	100.00	110.00	70890.00	

证表 37-1

工资费用分配表
2019 年 12 月 15 日

车间及部门	应分配工资额
生产车间工人工资	65000.00
车间管理人员工资	5000.00
行政管理人员工资	6000.00
合计	76000.00

证表 38-1

职工福利费计算表

2019 年 12 月 15 日

应借科目	福利费用
生产成本——车间	9100.00
制造费用——车间	700.00
管理费用	840.00
合　计	10640.00

证表 39-1

工会经费计算表

2019 年 12 月 15 日

车间及部门	应分配工资额	提取比例	应计提工会经费
生产车间工人	65000.00		1300.00
车间管理人员	5000.00		100.00
行政管理人员	6000.00		120.00
合　计	76000.00	2%	1520.00

证表 40-1

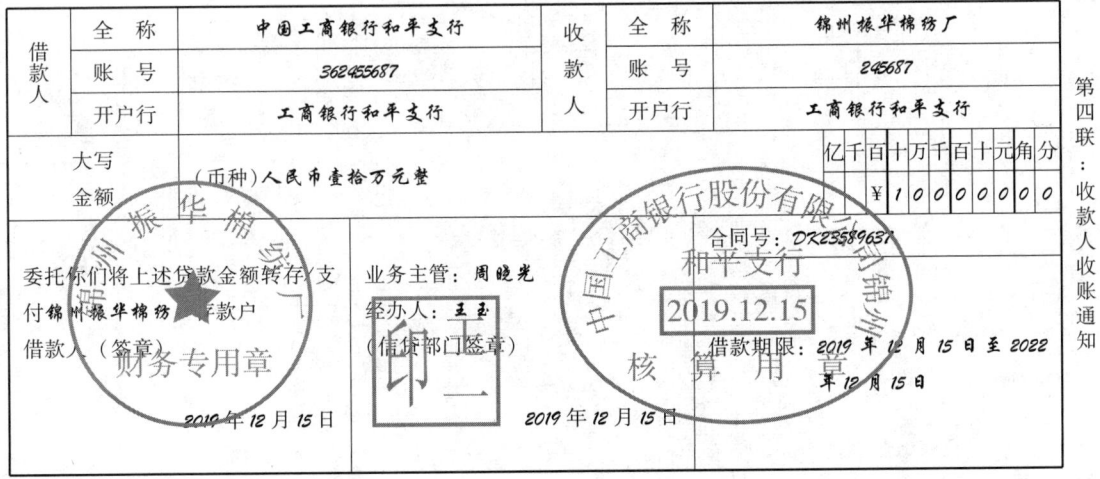

凭证代码：3056

证表 41－1

中国工商银行计息凭证（支款通知）

2019 年 12 月 15 日

户　名	锦州振华棉纺厂			账　号	245687
计息起止时间	2019 年 10 月 1 日至 2019 年 12 月 31 日			左列贷款利息业已从你单位账户扣付	
贷款种类	贷款账号	计息日贷款余额	年利率	月计收利息金额	
	1236	60000.00	8%	400.00	
				银行签章	
				转账日期：　年　月　日	
利息金额 人民币（大写）	壹仟贰佰元整　　　￥1200.00				

证表 41－2

应付利息计算表

2019 年 12 月 15 日

贷款项目	贷款期限	本　金	年利率	月提取额
流动资金借款	1 年	60000.00	8%	400.00
合　计				￥400.00

编表人：郑涛

证表 42－1

中国工商银行利息传票（收账通知）

2019 年 12 月 15 日

付款人	账　号	1125468792		收款人	账　号	245687		利息回单
	户　名	短期借款利息支出			户　名	锦州振华棉纺厂		
	开户银行	锦州市分行营业部			开户银行	工商银行和平支行		
	期限：		利率：			利息：￥300.00		
			复核员：		记账员：			

证表 43-1

中国工商银行 转账支票存根 10202××× 00211×××	中国工商银行 转账支票（辽）	10202××× 00211×××

附加信息 _____

出票日期　年　月　日
收款人：
金额：
用途：
单位主管　　会计

本支票付款期限十天

出票日期（大写）　年　月　日　　付款行名称：
收款人：　　　　　　　　　　　　　出票人账号：

人民币（大写）　　　　　　亿千百十万千百十元角分

用途_____　　　　密码_____
　　　　　　　　　行号_____

上列款项请从
我账户内支付　　　　　复核　　记账
出票人签章

证表 43-2

辽宁增值税普通发票　　No 00284521

2100173160

发票联　　　　　开票日期：2019年12月15日

购买方	名　称：锦州振华棉纺厂 纳税人识别号：91210711701625318 地址、电话：锦州市中央大街21号 3215789 开户行及账号：工商银行和平支行 245687	密码区	（略）	第三联：发票联 购买方记账凭证

货物或应税劳务、服务名称	规格型号	单位	数量	单价	金额	税率	税额
印刷品 华兴日报	2020.1~12	份	1		700.00	9%	63.00
合　　计					¥700.00		¥63.00

价税合计（大写）　⊗ 柒佰陆拾叁圆整　　　　　（小写）¥763.00

销售方	名　称：锦州市华兴日报社 纳税人识别号：91210714587123657 地址、电话：锦州市郑州大街78号 9321547 开户行及账号：工商银行滨河支行 654871-14	备注	（发票专用章）

收款人：韩力　　复核：杨夏　　开票人：赵为　　销售方：（章）

证表 44-1

领 料 单

领料单位：生产车间　　　　　　　　　　　　　编号：126
用途：维修　　　　2019年12月15日　　　　　　仓库：2号库

材料名称	材料编号	规格	计量单位	数量	单位成本	金额	备注
专用工具			件	5	100.00	500.00	
合计						¥500.00	

财务留存

发料人：赵炎　　　　领料单位负责人：张伟　　　　领料人：王慧

证表 45-1

辽宁增值税专用发票

2100163160

发票联

No 00576412

开票日期：2019 年 12 月 17 日

购买方	名称：锦州振华棉纺厂 纳税人识别号：912107117016255318 地址、电话：锦州市中央大街21号 3215789 开户行及账号：工商银行和平支行 245687	密码区	（略）

货物或应税劳务、服务名称	规格型号	单位	数量	单价	金额	税率	税额
小型货车		辆	1	40000.00	40000.00	13%	5200.00
合　计					¥40000.00		¥5200.00

价税合计（大写）	⊗ 肆万伍仟贰佰圆整	（小写） ¥45200.00

销售方	名称：长春长虹汽车有限公司 纳税人识别号：91220254789654237 地址、电话：长春市山东街19号 3125789 开户行及账号：工商银行长城支行 7365489	备注	（发票专用章）

收款人：王兴　　复核：楚洋　　开票人：陈岩　　销售方：（章）

第三联：发票联　购买方记账凭证

证表 45-2

辽宁增值税专用发票

2100173130

发票联

No 00364688

开票日期：2019 年 12 月 17 日

购买方	名称：锦州振华棉纺厂 纳税人识别号：912107117016255318 地址、电话：锦州市中央大街21号 3215789 开户行及账号：工商银行和平支行 245687	密码区	（略）

货物或应税劳务、服务名称	规格型号	单位	数量	单价	金额	税率	税额
运输服务 运费					3100.00	9%	279.00
合　计					¥3100.00		¥279.00

价税合计（大写）	⊗ 叁仟叁佰柒拾玖圆整	（小写） ¥3379.00

销售方	名称：长春市长云运输有限公司 纳税人识别号：912205478213654712 地址、电话：长春市滨河路124号 5421745 开户行及账号：工商银行滨河支行 5421368-46	备注	长春-锦州 小型货车 （发票专用章）

收款人：王玉　　复核：孙敏　　开票人：卫红　　销售方：（章）

第三联：发票联　购买方记账凭证

证表 45-3

托收凭证（付款通知）

5

委托日期 2019 年 12 月 17 日　　　　　付款期限　年　月　日

业务类型	委托收款（□邮划、□电划）	托收承付（□邮划、☑电划）		
付款人	全称	锦州振华棉纺厂	收款人 全称	长春长虹汽车有限公司
	账号	245687	账号	7365489
	地址	辽宁省锦州市 开户行 工商银行和平支行	地址	吉林省长春市 开户行 工商银行长城支行
金额	人民币（大写）肆万捌仟伍佰柒拾玖元整			¥ 48579.00
款项内容	货款	托收凭证名称	发票	附寄单证张数 4
商品发运情况	公路运输	合同名称号码	略	

此联付款人开户银行给付款人按期付款通知

备注：（中国工商银行股份有限公司锦州和平支行 2019.12.17）

付款人注意：
1. 根据支付结算办法，上列委托收款（托收承付）款项在付款期限内未提出拒付，即视为同意付款，以此代付款通知。
2. 如需提出全部或部分拒付，应在规定期限内，将拒付理由书并附债务证明退交开户银行。

付款人开户银行收到日期：　　年　月　日　　收款人开户银行签章　　年　月　日

复核：　　记账：

证表 45-4

固定资产验收交接单

2019 年 12 月 17 日　　　　　　　　　　金额单位：元

资产编号	资产名称	计量单位	发票价格	其他费用	合计
1023	小型货车	辆	40000.00	3100.00	43100.00
资金来源			使用年限（年）	20 年	（略）
制造厂家	长春长虹汽车有限公司		预计净残值率	4%	附属设备 无
制造日期及编号	2019 年 10 月		年折旧率	4.8%	
使用部门	行政管理部门		系数		

交验部门主管：　设备科：　点交人：王宏　接管部门主管：王军　接管人：张力

证表 46－1

固定资产折旧计算表

2019 年 12 月 18 日

固定资产项目		年折旧率	上月计提		上月增加		上月减少		本月计提	
			原值	折旧额	原值	折旧额	原值	折旧额	原值	折旧额
车间房屋建筑物		2.4%	1110385	2220.77					1110385	2220.77
车间机器设备	A 型纺织机	4.8%	200000	800.00					200000	800.00
	B 型纺织机	4.8%	300000	1200.00					300000	1200.00
	C 型纺织机	4.8%	360000	1440.00					360000	1440.00
	小计		860000	3440.00					860000	3440.00
厂部房屋建筑物		2.4%	850000	1700.00					850000	1700.00
合　　计			2820385	7360.77					2820385	7360.77

证表 47－1

固定资产报废申请书

申报单位：锦州振华棉纺厂

名　称	单　位	数　量	原始价值（元）	已提折旧（元）	净值（元）
A 型纺织机	台	1	200000.00	192000.00	8000.00
预计年限（年）	实际使用年限（年）	支付清理费（元）	收回残料（元）		
20	20	206.00	3000.00		
建造单位	建造年份	出厂号	申报报废原因	使用期限已满	
沈阳机械厂	1999 年 12 月	00235			
资产管理部门意见	同意报废 2019 年 12 月 19 日		厂部意见	同意报废 2019 年 12 月 19 日	

证表 47－2

固定资产卡片

单位：元

名　称	A 型纺织机	资产编号	150
制造厂	沈阳机械厂	出厂时间	1999 年 12 月
使用单位	锦州振华棉纺厂生产车间	资产原值	200000.00
附件或附属物	（略）	启用年月	1999 年 12 月份
调拨转移记录		折旧年限	20 年
中间停用记录		预计净残值率	4%
清理报废记录		已提折旧	192000.00

证表47-3

中国农业银行 转账支票（辽）

10202×××
00121×××

出票日期（大写）：贰零壹玖年壹拾贰月壹拾玖日
收款人：锦州振华棉纺厂
付款行名称：农业银行南桥办事处
出票人账号：2154896

人民币（大写）：叁仟元整　¥30000.00

用途：收购废品

上列款项请从我账户内支付
出票人签章

密码_____
复核　记账

证表47-4

ICBC 中国工商银行　进账单（收账通知）　3

20821146

年　月　日

出票人	全称		收款人	全称		此联是收款人开户银行交给收款人的收账通知
	账号			账号		
	开户银行			开户银行		
金额	人民币（大写）				亿 千 百 十 万 千 百 十 元 角 分	
票据种类		票据张数				
票据号码						

复核：　　　记账：　　　收款人开户银行签章

证表 47-5

辽宁增值税普通发票

 2100173130

发票联

№ 00365428

开票日期：2019 年 12 月 19 日

购买方	名　　　称：锦州振华棉纺厂 纳税人识别号：912107117016255318 地址、电话：锦州市中央大街21号 3215789 开户行及账号：工商银行和平支行 245687	密码区	（略）	第三联：发票联　购买方记账凭证

货物或应税劳务、服务名称	规格型号	单位	数量	单价	金额	税率	税额
装卸搬运费					200.00	3%	6.00
合　　计					￥200.00		￥6.00

价税合计（大写）	⊗ 贰佰零陆圆整	（小写）￥206.00

销售方	名　　　称：锦州市运输公司 纳税人识别号：917101254712546324 地址、电话：锦州市滨河路57号 542789 开户行及账号：工商银行滨河支行 254754	备注	

收款人：王建　　　　复核：孙雷　　　　开票人：卫林　　　　销售方：（章）

证表 47-6

固定资产清理结果报告单

2019 年 12 月 19 日　　　　　　　　　　　　　　　　　　　单位：元

项　目	固定资产净值	固定资产清理收入	固定资产清理费用	固定资产清理损失
金　额	8000.00	3000.00	206.00	5206.00

证表 48-1

出差旅费报销单

单位：车间　　　　　　　　　　　　　　　　　　　　　　　　2019 年 12 月 20 日填

月	日	时间	出发地	月	日	时间	到达地	机票费	车（船）费	卧铺费	夜行车补助		市内交通费		宿费		出差补助		其他	合计
											小时	金额	实支	包干	标准	实支	天数	金额		
12	17		锦州	12	17		兴城		80				40			380				500
12	20		兴城	12	20		锦州		80									360		440
		合计							160				40			380		360		￥940

出差任务	开会	报销金额（大写）	人民币：玖佰肆拾零元零角零分		预借金额	
		单位领导	王一	部门负责人 王齐	出差人 樊文	报销金额	￥940.00
						结余或超支	

会计主管人员　赵宾　　　　　记账　　　　　审核　孙小岩　　　　　附单据 7 张

证表 49-1

制造费用分配表

2019 年 12 月 20 日

车间	应借科目	生产工时	分配金额
生产车间	生产成本——基本生产成本（棉纱）	400	
合计			

证表 50-1

产品成本计算单

车间名称：
产品名称：　　　　　2019 年 12 月 21 日　　　　　在产品完工程度 50%

项目	直接材料	燃料及动力	直接人工	制造费用	合计
月初在产品成本					
本月生产费用					
生产费用合计					
单位成本					
本月完工产品成本					
月末在产品成本					

证表 50-2

产成品入库单

2019 年 12 月 21 日　　　　　　　　　　　　　仓库：2 号库

品名	规格	单位	数量	单位成本	金额
棉纱		吨	22		
负责人 张伟	仓库负责人 赵炎	入库经手人 李超		合计	

证表 51-1

辽宁增值税专用发票

2100175130

此联不作报销、扣税凭证使用

No 00328104

开票日期： 年 月 日

第一联：记账联 销售方记账凭证

购货方	名　　称：					密码区	（略）		
	纳税人识别号：								
	地址、电话：								
	开户行及账号：								

货物或应税劳务、服务名称	规格型号	单位	数量	单价	金额	税率	税额
合　　计							

价税合计（大写）		（小写）

销货方	名　　称：		备注	
	纳税人识别号：			
	地址、电话：			
	开户行及账号：			

收款人：　　　　复核：　　　　开票人：　　　　销售方：（章）

证表 51-2

商业承兑汇票

出票日期（大写）　壹零壹玖年壹拾贰月贰拾贰日

2 01 GA 00030124

此联收款人开户行随托收凭证寄付款行作借方凭证

出票人全称	锦州商贸城	收款人	全　　称	锦州振华棉纺厂
出票人账号	2145873		账　　号	245687
付款行全称	农业银行凌河支行		开户银行	工商银行和平支行

出票金额	人民币（大写）　叁拾捌万肆仟贰佰元整	亿千百十万千百十元角分 ¥ 3 8 4 2 0 0 0

汇票到期日（大写）	贰零贰零年零叁月贰拾贰日	交易合同号码	

本汇票已经承兑，到期无条件支付票款	本汇票请予以承兑于到期日付款
（锦州商贸城财务专用章）　（李伟印）　承兑人签章	（锦州商贸城财务专用章）　（李伟印）　出票人签章
承兑日期　　年　月　日	

证表 52－1

库存现金清点表
2019 年 12 月 22 日

账面余额	实际库存额	长款	短款	原因	备注
3465.60	3415.60		50.00	待查	

出纳：（略）　　　　　会计：郑涛　　　　　财务科长：赵宾

证表 53－1

存货清查报告单
2019 年 12 月 23 日

存货名称	单位	数量		盘盈			盘亏			进项税额转出	原因
		账存	实存	数量	单价	金额	数量	单价	金额		
修理用备件	件	25	24				1	100	100.00	13	被盗
合　计		25	24						100.00	13	

保管员：冯扬　　　　　　　　　　　　　　　　　　　　　会计：郑涛

证表 54－1

财产物资审批报告单

锦州振华棉纺厂：
（1）盘亏的修理用备件，属于库管员冯扬保管不善造成，全部款项 113.00 元，应由其赔偿；
（2）短缺的现金属于出纳员的责任，应由其赔偿。

　　　　　　　　　　　　　　　　　　　　　　　　　主管部门盖章
　　　　　　　　　　　　　　　　　　　　　　　　　2019.12.26

证表 55－1

收 款 收 据

收款日期：　　年　　月　　日　　　　　　№ 0021258

付款单位 （交款人）		收款单位 （收款人）			收款 项目								
人民币 （大写）			千	百	十	万	千	百	十	元	角	分	结算方式
收款事由			经 办	部门									
				人员									
	上述款项照数收讫无误。 收款单位财会专用章： （领款人签章）		会计主管			稽　核			出　纳			交款人	

第二联：收款单位记账凭据

使用范围及规定：（1）本收据只能用于单位内部和单位与单位、单位与个人之间的非经营性经济往来，不得代替发票。（2）结算方式按现金结算、银行结算和转账结算等方式分别填列。（3）作废时，应加盖作废戳记，并同存根一起保存，不得自行销毁。

证表 55－2

收 款 收 据

收款日期：　　年　　月　　日　　　　　　№ 0021259

付款单位 （交款人）		收款单位 （收款人）			收款 项目								
人民币 （大写）			千	百	十	万	千	百	十	元	角	分	结算方式
收款事由			经 办	部门									
				人员									
	上述款项照数收讫无误。 收款单位财会专用章： （领款人签章）		会计主管			稽　核			出　纳			交款人	

第二联：收款单位记账凭据

使用范围及规定：（1）本收据只能用于单位内部和单位与单位、单位与个人之间的非经营性经济往来，不得代替发票。（2）结算方式按现金结算、银行结算和转账结算等方式分别填列。（3）作废时，应加盖作废戳记，并同存根一起保存，不得自行销毁。

证表 56-1

辽宁增值税专用发票　№ 00328105

 2100175130

此联不作报销抵税凭证使用　　开票日期：　年　月　日

购买方	名　　称：		密码区			
	纳税人识别号：					
	地址、电话：		（略）			
	开户行及账号：					
货物或应税劳务、服务名称	规格型号	单位	数量	单价	金额	税率	税额
合　　计							
价税合计（大写）				（小写）			
销售方	名　　称：		备注			
	纳税人识别号：					
	地址、电话：					
	开户行及账号：					

收款人：　　　　　复核：　　　　开票人：　　　　　销售方：（章）

第一联：记账联　销售方记账凭证

证表 56-2

锦州振华棉纺厂

垫付费用报销凭证

2019 年 12 月 27 日

摘　要	费用项目	金　额	备　注
代垫运费	运输费	525.0	
	装卸搬运费		
	包装手续费		
	保险费		
	其他		
	合计	￥525.00	
金额合计（大写）		人民币伍佰贰拾伍元整	

证表56-3

中国工商银行
转账支票存根
10202×××
00211×××

附加信息

出票日期 2019年12月27日
收款人：锦州运输公司

金　额：￥525.00
用　途：代垫运费
单位主管　　会计

证表57-1

中国工商银行
现金支票存根
10202×××
01008×××

附加信息

出票日期　年　月　日
收款人：
金额：
用途：
单位主管　　会计

中国工商银行　现金支票　　10202×××
　　　　　　　　　　　　　01008×××

付款期限自出票之日起十天

出票日期（大写）　年　月　日　付款行名称：
收款人：　　　　　　　　　　　出票人账号：

人民币（大写）　　　　　　　亿千百十万千百十元角分

用途＿＿＿＿＿＿　　密码＿＿＿＿＿＿

上列款项请从
我账户内支付　　复核：　　记账：
出票人签章

· 103 ·

证表 58-1

借 款 单 （记账）

2019年12月27日　　　　　　　　　　　　　　　　　　顺序第　号

借款单位	＊厂供销科	姓 名	＊孙伊	级别	＊	出差地点	＊
						天 数	＊
事由	＊定额备用金	借款金额（大写）	＊人民币壹仟肆佰元整				¥1400.00
部门负责人	同意　王维	借款人签章	孙伊	注意事项	一、有＊者由借款人填写 二、凡借用公款必须使用本单 三、第三联为正式借据由借款人和单位负责人签章 四、出差返回后三天内结算		
单位负责人	王一	审核意见	赵宾 2019.12.27				

第三联：借款记账凭证

（锦州振华瑶厂 现金付讫 2019.12.27）

证表 59-1

出差旅费报销单

单位：厂供销科　　　　　　　　　　　　　　　　　　　2019年12月28日填

月	日	时间	出发地	月	日	时间	到达地	机票费	车（船）费	卧铺费	夜行车补助		市内交通费		宿费		出差补助		其他	合计
											小时	金额	实支	包干	标准	实支	天数	金额		
12	27		锦州	12	27		哈尔滨		100					40		690				830
12	28		哈尔滨	12	28		锦州		100									360		460
		合　计							200			40				690		360		¥1290

出差任务	开会	报销金额（大写）	人民币：⊗万壹仟贰佰玖拾零元零角零分	预借金额	¥1400.00
		单位领导 王一	部门负责人 王维	出差人 韩阳	报销金额	¥1290.00
					结余或超支	

会计主管人员　赵宾　　　　记账　　　　审核　孙小岩　　　　附单据6张

证表 60-1

出差旅费报销单

单位：厂供销科　　　　　　　　　　　　　　　　　　　　　2019 年 12 月 28 日填

月	日	时间	出发地	月	日	时间	到达地	机票费	车（船）费	卧铺费	夜行车补助		市内交通费		宿费		出差补助		其他	合计
											小时	金额	实支	包干	标准	实支	天数	金额		
12	27		锦州	12	27		沈阳	100						40		140				280
12	28		沈阳	12	28		锦州	100											360	460
		合　计						200						40		140			360	¥740

出差任务	开会	报销金额（大写）	人民币：⊗仟柒佰肆拾零元零角零分		预借金额	¥1400.00
		单位领导 王一	部门负责人 王维	出差人 周超	报销金额	¥740.00
					结余或超支	

会计主管人员　赵宾　　　　　记账　　　　　审核　孙小岩　　　　附单据 6 张

证表 61-1

收　款　收　据

收款日期：　　年　　月　　日　　　　　　　　　　　　　　№ 0021260

付款单位（交款人）		收款单位（收款人）		收款项目											结算方式
人民币（大写）				千	百	十	万	千	百	十	元	角	分		
收款事由				经办	部门										
					人员										
上述款项照数收讫无误。 收款单位财会专用章： （领款人签章）				会计主管		稽核		出纳		交款人					

第二联：收款单位记账凭据

使用范围及规定：（1）本收据只能用于单位内部和单位与单位、单位与个人之间的非经营性经济往来，不得代替发票。（2）结算方式按现金结算、银行结算和转账结算等方式分别填列。（3）作废时，应加盖作废戳记，并同存根一起保存，不得自行销毁。

证表62-1

| 中国工商银行 转账支票存根 | 中国工商银行　转账支票 | 10202××× 00211××× |

中国工商银行 转账支票存根
10202×××
00211×××

附加信息

出票日期　年　月　日
收款人：
金额：
用途：
单位主管　　会计

中国工商银行　　转账支票
10202×××
00211×××

出票日期（大写）　年　月　日　付款行名称：
收款人：　　　　　　　　　　出票人账号：
人民币（大写）　　　　　　　亿千百十万千百十元角分

用途_____　　　　　密码_____
　　　　　　　　　　行号_____
上列款项请从
我账户内支付　　　　复核　　记账
出票人签章

本支票付款期限十天

证表62-2

辽宁增值税专用发票

　2100163160

发票联

No 00285124
开票日期：2019年12月29日

购买方	名　称： 锦州振华棉纺厂	密码区	(略)
	纳税人识别号：912107117016255318		
	地址、电话：锦州市中央大街21号 3215789		
	开户行及账号：工商银行和平支行 245687		

货物或应税劳务、服务名称	规格型号	单位	数量	单价	金　额	税率	税额
*广告服务*广告费					1000.00	3%	30.00
合　计					￥1000.00		￥30.00

| 价税合计（大写） | ⊗ 壹仟零叁拾圆整 | （小写）￥1030.00 |

销售方	名　称： 锦州市广告公司	备注	
	纳税人识别号：912107145458742L		
	地址、电话：锦州市中央大街125号 3215478		
	开户行及账号：工商银行城南支行 5781254-25		

收款人：韩双　　　复核：杨艳红　　　开票人：赵西　　　销售方：（章）

证表 63-1

辽宁增值税普通发票

  2100173160

发票联

№ 00252418

开票日期：2019年12月29日

购买方	名　　　称：锦州振华棉纺厂 纳税人识别号：912107117016255318 地　址、电　话：锦州市中央大街21号 3215789 开户行及账号：工商银行和平支行 245687	密码区	（略）

货物或应税劳务、服务名称	规格型号	单位	数量	单价	金　额	税率	税　额
*餐饮服务*餐饮服务					600.00	6%	36.00
合　　　　计					￥600.00		￥36.00

价税合计（大写）	⊗ 陆佰叁拾陆圆整	（小写）￥636.00

销售方	名　　　称：锦州市顺达酒店 纳税人识别号：912107145215478961 地　址、电　话：锦州市郑州大街12号 8456324 开户行及账号：工商银行城南支行 857426-84	备注	（发票专用章）

收款人：伍双　　　复核：石红　　　开票人：周西　　　销售方：（章）

证表 64-1

中国工商银行
转账支票存根
10202×××
00211×××

附加信息

出票日期　　年　月　日
收款人：
金额：
用途：
单位主管　　　会计

中国工商银行　转账支票（辽）　　10202×××　　00211×××

本支票付款期限十天

出票日期（大写）　　年　月　日　　付款行名称：
收款人：　　　　　　　　　　　　　出票人账号：

人民币（大写）　　　　　　　　　亿千百十万千百十元角分

用途：　　　　　　　　密码：
　　　　　　　　　　　行号：
上列款项请从
我账户内支付
出票人签章　　　　　复核：　　记账：

证表 64-2

收 款 收 据

收款日期：2019 年 12 月 29 日　　　　　　　№ 002568

付款单位 (交款人)	锦州振华棉纺厂	收款单位 (收款人)	锦州市民政局	收款项目	捐赠收入
人民币 (大写)	壹仟元整	千百十万千百十元角分 ￥ 1 0 0 0 0 0		结算方式	转账
收款事由	收到捐赠款	部门		经办人员	李海
上述款项照数收讫无误。 收款单位财会专用章： （领款人签章）		会计主管 冯大力	稽核 古兵	出纳 王明	交款人 章苗

第三联：付款单位记账凭据

使用范围及规定：（1）本收据只能用于单位内部和单位与单位、单位与个人之间的非经营性经济往来，不得代替发票。（2）结算方式按现金结算、银行结算和转账结算等方式分别填列。（3）作废时，应加盖作废戳记，并同存根一起保存，不得自行销毁。

证表 65-1

坏账准备计算表

年　月　日　　　　　　　　　　　　　单位：元

项　目	账面余额	提取比例	应提准备数	账面已提数	应补提（或冲减）数
应收账款					
其他应收款					
合　计					

证表 66-1

产成品出库单

2019 年 12 月 29 日　　　　　　　　　仓库：2 号库

品　名	规　格	单　位	数　量	单位成本	金　额
棉纱		吨	0.50		
负责人 张伟	仓库负责人	出库 赵炎	经手人 李超	合　计	

113

证表66-2

产成品出库单

2019 年 12 月 29 日   仓库：*2 号库*

品　名	规　格	单　位	数　量	单位成本	金　额
棉纱		吨	1		
负责人	张伟	仓库负责人	赵炎	出库经手人	李超	合　计	

证表66-3

产成品出库单

2019 年 12 月 29 日   仓库：*2 号库*

品　名	规　格	单　位	数　量	单位成本	金　额
棉纱		吨	2		
负责人	张伟	仓库负责人	赵炎	出库经手人	李超	合　计	

证表66-4

产成品出库单

2019 年 12 月 29 日   仓库：*2 号库*

品　名	规　格	单　位	数　量	单位成本	金　额
棉纱		吨	6		
负责人	张伟	仓库负责人	赵炎	出库经手人	李超	合　计	

证表66-5

产成品出库单

2019 年 12 月 29 日   仓库：*2 号库*

品　名	规　格	单　位	数　量	单位成本	金　额
棉纱		吨	17		
负责人	张伟	仓库负责人	赵炎	出库经手人	李超	合　计	

证表66-6

产品销售成本计算单

年　月　日   单位：元

产品名称	计量单位	销售数量	单位成本	总成本
合　计				

证表 67-1

增值税计算表

年　月　日　　　　　　　　　　　　　　　　　　单位：元

项　目	当期销项税额	当期进项税额	当期进项税额转出	当期应交增值税
金　额				

证表 68-1

城市维护建设税和教育费附加计算表

年　月　日　　　　　　　　　　　　　　　　　　单位：元

项　目	计税依据	比　例	金　额
应交城市维护建设税			
应交教育费附加			
合　计			

证表 69-1

损益类账户（收入收益类）

年　月　日　　　　　　　　　　　　　　　　　　单位：元

账户名称	金　额
主营业务收入	
营业外收入	
合　计	

证表 69-2

损益类账户（成本支出类）

年　月　日　　　　　　　　　　　　　　　　　　单位：元

账户名称	金　额
主营业务成本	
税金及附加	
信用减值损失	
营业外支出	
销售费用	
管理费用	
财务费用	
合　计	

证表 70-1

应交所得税计算表

年　月　日　　　　　　　　　　　　　　　　　　单位：元

项　　目	金　　额	备　　注
利润总额		
调整项目		
应纳税所得额		
所得税税率	25%	
应交纳所得税税额		

证表 73-1

提取盈余公积计算表

年　月　日　　　　　　　　　　　　　　　　　　单位：元

项　　目	税后净利润	提取比例	提取额
法定盈余公积			
任意盈余公积			
合　计			

证表 74-1

利润分配明细表

年　月　日　　　　　　　　　　　　　　　　　　单位：元

利润分配明细项目	金　　额	备　　注

证表 75－1

本期发生额和余额表

会计科目	本期发生额		期末余额	
	借方发生额	贷方发生额	借方余额	贷方余额

续表

会计科目	本期发生额		期末余额	
	借方发生额	贷方发生额	借方余额	贷方余额

续表

会计科目	本期发生额		期末余额	
	借方发生额	贷方发生额	借方余额	贷方余额

目 录

库存现金日记账 …………………………………………………………………………… 1
银行存款日记账 …………………………………………………………………………… 5
明细账（三栏式）………………………………………………………………………… 11
明细账（多栏式）………………………………………………………………………… 41
  应交税费（增值税）明细账 ………………………………………………………… 45
  生产成本明细账（基本生产）……………………………………………………… 47
  制造费用明细账 ……………………………………………………………………… 48
  管理费用明细账 ……………………………………………………………………… 49
  财务费用明细账 ……………………………………………………………………… 50
  销售费用明细账 ……………………………………………………………………… 51
  主营业务收入明细账 ………………………………………………………………… 52
  主营业务成本明细账 ………………………………………………………………… 52
  营业外收入明细账 …………………………………………………………………… 53
  营业外支出明细账 …………………………………………………………………… 54
  固定资产及累计折旧明细账 ………………………………………………………… 55
  本年利润明细账 ……………………………………………………………………… 59
  在途物资明细账 ……………………………………………………………………… 60
  原材料明细账 ………………………………………………………………………… 61
  周转材料明细账 ……………………………………………………………………… 63
  库存商品明细账 ……………………………………………………………………… 64
总账 ………………………………………………………………………………………… 65
资产负债表 ………………………………………………………………………………… 93
利润表 ……………………………………………………………………………………… 95

库存现金日记账

账簿使用登记表

单位名称		印花粘贴处
账簿名称		
起讫页数	自　　页起至　　页止共　　页	
启用日期	年　　月　　日	
停用日期	年　　月　　日	

经管人员姓名	接管日期	交出日期	经管人员盖章	会计主管人员盖章
	年　月　日	年　月　日		
	年　月　日	年　月　日		
	年　月　日	年　月　日		
	年　月　日	年　月　日		
	年　月　日	年　月　日		
	年　月　日	年　月　日		

备注		单位公章

库存现金日记账

第　　页

年		凭证号	摘要	对方科目	借方										贷方										借或贷	余额									
月	日				亿	千	百	十	万	千	百	十	元	角	分	亿	千	百	十	万	千	百	十	元	角	分	亿	千	百	十	万	千	百	十	元	角	分

库存现金日记账

第　　页

年		凭证号	摘要	对方科目	借方										贷方										借或贷	余额									
月	日				亿	千	百	十	万	千	百	十	元	角	分	亿	千	百	十	万	千	百	十	元	角	分	亿	千	百	十	万	千	百	十	元	角	分

库存现金日记账

第　　页

年		凭证号	摘要	对方科目	借方										贷方										借或贷	余额									
月	日				亿	千	百	十	万	千	百	十	元	角	分	亿	千	百	十	万	千	百	十	元	角	分		亿	千	百	十	万	千	百	十	元	角	分

库存现金日记账

第　　页

年		凭证号	摘要	对方科目	借方										贷方										借或贷	余额									
月	日				亿	千	百	十	万	千	百	十	元	角	分	亿	千	百	十	万	千	百	十	元	角	分		亿	千	百	十	万	千	百	十	元	角	分

银行存款日记账

账 簿 使 用 登 记 表

单 位 名 称		印花粘贴处
账 簿 名 称		
起 讫 页 数	自　　页起至　　页止共　　页	
启 用 日 期	年　　月　　日	
停 用 日 期	年　　月　　日	

经管人员姓名	接 管 日 期	交 出 日 期	经管人员盖章	会计主管人员盖章
	年　月　日	年　月　日		
	年　月　日	年　月　日		
	年　月　日	年　月　日		
	年　月　日	年　月　日		
	年　月　日	年　月　日		
	年　月　日	年　月　日		

备注		单 位 公 章

银行存款日记账

年		凭证号	摘要	对方科目	借方										贷方										借或贷	余额									
月	日				亿	千	百	十	万	千	百	十	元	角	分	亿	千	百	十	万	千	百	十	元	角	分		亿	千	百	十	万	千	百	十	元	角	分

银行存款日记账

年		凭证号	摘要	对方科目	借方										贷方										借或贷	余额									
月	日				亿	千	百	十	万	千	百	十	元	角	分	亿	千	百	十	万	千	百	十	元	角	分	亿	千	百	十	万	千	百	十	元	角	分

银行存款日记账

年		凭证号	摘要	对方科目	借方										贷方										借或贷	余额									
月	日				亿	千	百	十	万	千	百	十	元	角	分	亿	千	百	十	万	千	百	十	元	角	分		亿	千	百	十	万	千	百	十	元	角	分

银行存款日记账

年		凭证号	摘要	对方科目	借方										贷方										借或贷	余额									
月	日				亿	千	百	十	万	千	百	十	元	角	分	亿	千	百	十	万	千	百	十	元	角	分		亿	千	百	十	万	千	百	十	元	角	分

明细账（三栏式）

账簿使用登记表

单 位 名 称		印花粘贴处
账 簿 名 称		
起 讫 页 数	自　　页起至　　页止共　　页	
启 用 日 期	年　　月　　日	
停 用 日 期	年　　月　　日	

经管人员姓名	接 管 日 期	交 出 日 期	经管人员盖章	会计主管人员盖章
	年　月　日	年　月　日		
	年　月　日	年　月　日		
	年　月　日	年　月　日		
	年　月　日	年　月　日		
	年　月　日	年　月　日		
	年　月　日	年　月　日		

备注		单 位 公 章

目 录 表

科目代号	科目名称	子 目	细 目	账 页	
				起 页	止 页

目 录 表

科目代号	科目名称	子 目	细 目	账 页	
				起 页	止 页

明 细 账

会计科目_____ 细目_____ 子目_____ 第_____页

年	凭证号	摘要	借方 十亿千百十万千百十元角分	贷方 十亿千百十万千百十元角分	借或贷	余额 十亿千百十万千百十元角分
月 日						

明 细 账

会计科目_____ 细目_____ 子目_____ 第_____页

年	凭证号	摘要	借方 十亿千百十万千百十元角分	贷方 十亿千百十万千百十元角分	借或贷	余额 十亿千百十万千百十元角分
月 日						

明 细 账

会计科目_____   细目_____   子目_____   第_____页

年		凭证号	摘要	借方	贷方	借或贷	余额
月	日			十亿千百十万千百十元角分	十亿千百十万千百十元角分		十亿千百十万千百十元角分

明 细 账

会计科目_____   细目_____   子目_____   第_____页

年		凭证号	摘要	借方	贷方	借或贷	余额
月	日			十亿千百十万千百十元角分	十亿千百十万千百十元角分		十亿千百十万千百十元角分

明 细 账

会计科目_____ 细目_____ 子目_____ 第_____页

年		凭证号	摘要	借方											贷方											借或贷	余额										
月	日			十	亿	千	百	十	万	千	百	十	元	角	分	十	亿	千	百	十	万	千	百	十	元	角	分		十	亿	千	百	十	万	千	百	十	元	角	分

明 细 账

会计科目_____ 细目_____ 子目_____ 第_____页

年		凭证号	摘要	借方											贷方											借或贷	余额										
月	日			十	亿	千	百	十	万	千	百	十	元	角	分	十	亿	千	百	十	万	千	百	十	元	角	分		十	亿	千	百	十	万	千	百	十	元	角	分

明 细 账

会计科目_____ 细目_____ 子目_____ 第_____页

年		凭证号	摘要	借方											贷方											借或贷	余额										
月	日			十	亿	千	百	十	万	千	百	十	元	角	分	十	亿	千	百	十	万	千	百	十	元	角	分		十	亿	千	百	十	万	千	百	十	元	角	分

明 细 账

会计科目_____ 细目_____ 子目_____ 第_____页

年		凭证号	摘要	借方											贷方											借或贷	余额										
月	日			十	亿	千	百	十	万	千	百	十	元	角	分	十	亿	千	百	十	万	千	百	十	元	角	分		十	亿	千	百	十	万	千	百	十	元	角	分

明 细 账

会计科目_____ 细目_____ 子目_____ 第____页

年 月 日	凭证号	摘要	借方 十亿千百十万千百十元角分	贷方 十亿千百十万千百十元角分	借或贷	余额 十亿千百十万千百十元角分

明 细 账

会计科目_____ 细目_____ 子目_____ 第____页

年 月 日	凭证号	摘要	借方 十亿千百十万千百十元角分	贷方 十亿千百十万千百十元角分	借或贷	余额 十亿千百十万千百十元角分

明 细 账

会计科目_____ 细目_____ 子目_____ 第_____页

年		凭证号	摘要	借方											贷方											借或贷	余额										
月	日			十	亿	千	百	十	万	千	百	十	元	角	分	十	亿	千	百	十	万	千	百	十	元	角	分		十	亿	千	百	十	万	千	百	十	元	角	分

明 细 账

会计科目_____ 细目_____ 子目_____ 第_____页

年		凭证号	摘要	借方											贷方											借或贷	余额										
月	日			十	亿	千	百	十	万	千	百	十	元	角	分	十	亿	千	百	十	万	千	百	十	元	角	分		十	亿	千	百	十	万	千	百	十	元	角	分

明 细 账

会计科目_____ 细目_____ 子目_____ 第_____页

年		凭证号	摘要	借方											贷方											借或贷	余额										
月	日			十	亿	千	百	十	万	千	百	十	元	角	分	十	亿	千	百	十	万	千	百	十	元	角	分		十	亿	千	百	十	万	千	百	十	元	角	分

明 细 账

会计科目_____ 细目_____ 子目_____ 第_____页

年		凭证号	摘要	借方											贷方											借或贷	余额										
月	日			十	亿	千	百	十	万	千	百	十	元	角	分	十	亿	千	百	十	万	千	百	十	元	角	分		十	亿	千	百	十	万	千	百	十	元	角	分

明 细 账

会计科目_____　　　细目_____　　　子目_____　　　第_____页

年		凭证号	摘要	借方											贷方											借或贷	余额										
月	日			十	亿	千	百	十	万	千	百	十	元	角	分	十	亿	千	百	十	万	千	百	十	元	角	分		十	亿	千	百	十	万	千	百	十	元	角	分

明 细 账

会计科目_____　　　细目_____　　　子目_____　　　第_____页

年		凭证号	摘要	借方											贷方											借或贷	余额										
月	日			十	亿	千	百	十	万	千	百	十	元	角	分	十	亿	千	百	十	万	千	百	十	元	角	分		十	亿	千	百	十	万	千	百	十	元	角	分

明 细 账

会计科目_____   细目_____   子目_____   第_____页

年		凭证号	摘要	借方											贷方											借或贷	余额										
月	日			十	亿	千	百	十	万	千	百	十	元	角	分	十	亿	千	百	十	万	千	百	十	元	角	分		十	亿	千	百	十	万	千	百	十	元	角	分

明 细 账

会计科目_____   细目_____   子目_____   第_____页

年		凭证号	摘要	借方											贷方											借或贷	余额										
月	日			十	亿	千	百	十	万	千	百	十	元	角	分	十	亿	千	百	十	万	千	百	十	元	角	分		十	亿	千	百	十	万	千	百	十	元	角	分

明 细 账

会计科目_____　　　细目_____　　　子目_____　　　第_____页

年		凭证号	摘要	借方										贷方										借或贷	余额									
月	日			十亿	亿	千	百	十万	万	千	百	十	元	角	分	十亿	亿	千	百	十万	万	千	百	十	元	角	分		十亿	亿	千	百	十万	万	千	百	十	元	角	分

明 细 账

会计科目_____　　　细目_____　　　子目_____　　　第_____页

年		凭证号	摘要	借方										贷方										借或贷	余额									
月	日			十亿	亿	千	百	十万	万	千	百	十	元	角	分	十亿	亿	千	百	十万	万	千	百	十	元	角	分		十亿	亿	千	百	十万	万	千	百	十	元	角	分

明 细 账

会计科目_____ 细目_____ 子目_____ 第____页

年		凭证号	摘要	借方 十亿千百十万千百十元角分	贷方 十亿千百十万千百十元角分	借或贷	余额 十亿千百十万千百十元角分
月	日						

明 细 账

会计科目_____ 细目_____ 子目_____ 第____页

年		凭证号	摘要	借方 十亿千百十万千百十元角分	贷方 十亿千百十万千百十元角分	借或贷	余额 十亿千百十万千百十元角分
月	日						

明　细　账

会计科目＿＿＿＿＿＿＿＿　　　细目＿＿＿＿＿＿＿＿　　　子目＿＿＿＿＿＿＿＿　　　第＿＿＿＿＿＿页

年	凭证号	摘要	借方 十亿千百十万千百十元角分	贷方 十亿千百十万千百十元角分	借或贷	余额 十亿千百十万千百十元角分
月 日						

明　细　账

会计科目＿＿＿＿＿＿＿＿　　　细目＿＿＿＿＿＿＿＿　　　子目＿＿＿＿＿＿＿＿　　　第＿＿＿＿＿＿页

年	凭证号	摘要	借方 十亿千百十万千百十元角分	贷方 十亿千百十万千百十元角分	借或贷	余额 十亿千百十万千百十元角分
月 日						

明 细 账

会计科目_____ 细目_____ 子目_____ 第____页

年		凭证号	摘要	借方											贷方											借或贷	余额										
月	日			十	亿	千	百	十	万	千	百	十	元	角	分	十	亿	千	百	十	万	千	百	十	元	角	分		十	亿	千	百	十	万	千	百	十	元	角	分

明 细 账

会计科目_____ 细目_____ 子目_____ 第____页

年		凭证号	摘要	借方											贷方											借或贷	余额										
月	日			十	亿	千	百	十	万	千	百	十	元	角	分	十	亿	千	百	十	万	千	百	十	元	角	分		十	亿	千	百	十	万	千	百	十	元	角	分

明 细 账

会计科目_____　　　　细目_____　　　　子目_____　　　　第_____页

年 月 日	凭证号	摘要	借方 十亿千百十万千百十元角分	贷方 十亿千百十万千百十元角分	借或贷	余额 十亿千百十万千百十元角分

明 细 账

会计科目_____　　　　细目_____　　　　子目_____　　　　第_____页

年 月 日	凭证号	摘要	借方 十亿千百十万千百十元角分	贷方 十亿千百十万千百十元角分	借或贷	余额 十亿千百十万千百十元角分

明 细 账

| 会计科目_____ | | | 细目_____ | 子目_____ | 第____页 |

年 月 日	凭证号	摘要	借方 十亿千百十万千百十元角分	贷方 十亿千百十万千百十元角分	借或贷	余额 十亿千百十万千百十元角分

明 细 账

| 会计科目_____ | | | 细目_____ | 子目_____ | 第____页 |

年 月 日	凭证号	摘要	借方 十亿千百十万千百十元角分	贷方 十亿千百十万千百十元角分	借或贷	余额 十亿千百十万千百十元角分

明 细 账

会计科目_____　　细目_____　　子目_____　　第_____页

年		凭证号	摘要	借方											贷方											借或贷	余额										
月	日			十	亿	千	百	十	万	千	百	十	元	角	分	十	亿	千	百	十	万	千	百	十	元	角	分		十	亿	千	百	十	万	千	百	十	元	角	分

明 细 账

会计科目_____　　细目_____　　子目_____　　第_____页

年		凭证号	摘要	借方											贷方											借或贷	余额										
月	日			十	亿	千	百	十	万	千	百	十	元	角	分	十	亿	千	百	十	万	千	百	十	元	角	分		十	亿	千	百	十	万	千	百	十	元	角	分

明 细 账

会计科目_____　　　细目_____　　　子目_____　　　第_____页

年		凭证号	摘要	借方											贷方											借或贷	余额										
月	日			十	亿	千	百	十	万	千	百	十	元	角	分	十	亿	千	百	十	万	千	百	十	元	角	分		十	亿	千	百	十	万	千	百	十	元	角	分

明 细 账

会计科目_____　　　细目_____　　　子目_____　　　第_____页

年		凭证号	摘要	借方											贷方											借或贷	余额										
月	日			十	亿	千	百	十	万	千	百	十	元	角	分	十	亿	千	百	十	万	千	百	十	元	角	分		十	亿	千	百	十	万	千	百	十	元	角	分

明 细 账

会计科目_____　　细目_____　　子目_____　　第_____页

年 月 日	凭证号	摘要	借方 千 百 十 万 千 百 十 元 角 分	贷方 千 百 十 万 千 百 十 元 角 分	借或贷	余额 千 百 十 万 千 百 十 元 角 分

明 细 账

会计科目_____　　细目_____　　子目_____　　第_____页

年 月 日	凭证号	摘要	借方 千 百 十 万 千 百 十 元 角 分	贷方 千 百 十 万 千 百 十 元 角 分	借或贷	余额 千 百 十 万 千 百 十 元 角 分

明 细 账

会计科目_____　　细目_____　　子目_____　　第____页

年		凭证号	摘要	借方											贷方											借或贷	余额										
月	日			十亿	亿	千	百	十万	万	千	百	十元	元	角	分	十亿	亿	千	百	十万	万	千	百	十元	元	角	分		十亿	亿	千	百	十万	万	千	百	十元	元	角	分

明 细 账

会计科目_____　　细目_____　　子目_____　　第____页

年		凭证号	摘要	借方											贷方											借或贷	余额										
月	日			十亿	亿	千	百	十万	万	千	百	十元	元	角	分	十亿	亿	千	百	十万	万	千	百	十元	元	角	分		十亿	亿	千	百	十万	万	千	百	十元	元	角	分

明 细 账

会计科目_____ 细目_____ 子目_____ 第_____页

年		凭证号	摘要	借方											贷方											借或贷	余额										
月	日			十	亿	千	百	十	万	千	百	十	元	角	分	十	亿	千	百	十	万	千	百	十	元	角	分		十	亿	千	百	十	万	千	百	十	元	角	分

明 细 账

会计科目_____ 细目_____ 子目_____ 第_____页

年		凭证号	摘要	借方											贷方											借或贷	余额										
月	日			十	亿	千	百	十	万	千	百	十	元	角	分	十	亿	千	百	十	万	千	百	十	元	角	分		十	亿	千	百	十	万	千	百	十	元	角	分

明 细 账

会计科目_____　　细目_____　　子目_____　　第_____页

年		凭证号	摘要	借方											贷方											借或贷	余额										
月	日			十	亿	千	百	十	万	千	百	十	元	角	分	十	亿	千	百	十	万	千	百	十	元	角	分		十	亿	千	百	十	万	千	百	十	元	角	分

明 细 账

会计科目_____　　细目_____　　子目_____　　第_____页

年		凭证号	摘要	借方											贷方											借或贷	余额										
月	日			十	亿	千	百	十	万	千	百	十	元	角	分	十	亿	千	百	十	万	千	百	十	元	角	分		十	亿	千	百	十	万	千	百	十	元	角	分

明 细 账

会计科目_____ 细目_____ 子目_____ 第_____页

年		凭证号	摘要	借方											贷方											借或贷	余额										
月	日			十	亿	千	百	十	万	千	百	十	元	角	分	十	亿	千	百	十	万	千	百	十	元	角	分		十	亿	千	百	十	万	千	百	十	元	角	分

明 细 账

会计科目_____ 细目_____ 子目_____ 第_____页

年		凭证号	摘要	借方											贷方											借或贷	余额										
月	日			十	亿	千	百	十	万	千	百	十	元	角	分	十	亿	千	百	十	万	千	百	十	元	角	分		十	亿	千	百	十	万	千	百	十	元	角	分

明 细 账

会计科目_____ 细目_____ 子目_____ 第____页

年		凭证号	摘要	借方										贷方										借或贷	余额										
月	日			十	亿	千	百	十	万	千	百	十	元	角	分	十	亿	千	百	十	万	千	百	十	元	角	分		十	亿	千	百	十	万	千	百	十	元	角	分

明 细 账

会计科目_____ 细目_____ 子目_____ 第____页

年		凭证号	摘要	借方										贷方										借或贷	余额										
月	日			十	亿	千	百	十	万	千	百	十	元	角	分	十	亿	千	百	十	万	千	百	十	元	角	分		十	亿	千	百	十	万	千	百	十	元	角	分

明 细 账

会计科目_____ 细目_____ 子目_____ 第_____页

年 月 日	凭证号	摘要	借方 十 亿 千 百 十 万 千 百 十 元 角 分	贷方 十 亿 千 百 十 万 千 百 十 元 角 分	借或贷	余额 十 亿 千 百 十 万 千 百 十 元 角 分

明 细 账

会计科目_____ 细目_____ 子目_____ 第_____页

年 月 日	凭证号	摘要	借方 十 亿 千 百 十 万 千 百 十 元 角 分	贷方 十 亿 千 百 十 万 千 百 十 元 角 分	借或贷	余额 十 亿 千 百 十 万 千 百 十 元 角 分

明 细 账

会计科目_____   细目_____   子目_____   第____页

年		凭证号	摘要	借方											贷方											借或贷	余额										
月	日			十	亿	千	百	十	万	千	百	十	元	角	分	十	亿	千	百	十	万	千	百	十	元	角	分		十	亿	千	百	十	万	千	百	十	元	角	分

明 细 账

会计科目_____   细目_____   子目_____   第____页

年		凭证号	摘要	借方											贷方											借或贷	余额										
月	日			十	亿	千	百	十	万	千	百	十	元	角	分	十	亿	千	百	十	万	千	百	十	元	角	分		十	亿	千	百	十	万	千	百	十	元	角	分

明 细 账

会计科目_____ 细目_____ 子目_____ 第____页

年	凭证号	摘要	借方 十亿千百十万千百十元角分	贷方 十亿千百十万千百十元角分	借或贷	余额 十亿千百十万千百十元角分
月 日						

明 细 账

会计科目_____ 细目_____ 子目_____ 第____页

年	凭证号	摘要	借方 十亿千百十万千百十元角分	贷方 十亿千百十万千百十元角分	借或贷	余额 十亿千百十万千百十元角分
月 日						

明细账（多栏式）

账 簿 使 用 登 记 表

单 位 名 称		印花粘贴处
账 簿 名 称		
起 讫 页 数	自　　页起至　　页止共　　页	
启 用 日 期	年　　　月　　　日	
停 用 日 期	年　　　月　　　日	

经管人员姓名	接 管 日 期	交 出 日 期	经管人员盖章	会计主管人员盖章
	年　月　日	年　月　日		
	年　月　日	年　月　日		
	年　月　日	年　月　日		
	年　月　日	年　月　日		
	年　月　日	年　月　日		
	年　月　日	年　月　日		

备注		单位公章

目 录 表

科目代号	科目名称	子 目	细 目	账 页	
				起 页	止 页

目 录 表

科 目 代 号	科目名称	子 目	细 目	账 页	
				起 页	止 页

应交税费（增值税）明细账

二级科目：_____ 第___页

年	凭证号	摘要	借方			合计	贷方			借或贷	余额
月 日			进项税额	已交税金	转出未交增值税		销项税额	进项税额转出			

应交税费（增值税）明细账

第　　页

二级科目：

年		凭证号	摘要	借方				贷方		借或贷	余额
月	日			合计	进项税额	已交税金	转出未交增值税	合计	销项税额	进项税额转出		

生产成本明细账（基本生产）

车间名称：
产品名称：　　　　　　　　　　　　　　　　　　　　第　　页

年		凭证号数	摘要	借方金额				
月	日			直接材料	燃料及动力	直接人工	制造费用	合　计

制造费用明细账

车间名称： 第 页

年		凭证号数	摘要	借方发生额							贷方合计	余额
月	日			职工薪酬	职工福利费	折旧费	水电费	办公费	差旅费	其他	合计		

管理费用明细账

第　　页

年		凭证号数	摘要	借方发生额								贷方合计	余额
月	日			职工薪酬	职工福利费	折旧费	水电费	办公费	差旅费	其他	合计		

财务费用明细账

第　　页

年		凭证号数	摘要	借方金额				贷方金额	余额
月	日			利息支出	手续费	其他	合计		
				十万千百十元角分	十万千百十元角分	十万千百十元角分	十万千百十元角分	十万千百十元角分	十万千百十元角分

销售费用明细账

第　　页

年	凭证号数	摘要	借方金额			贷方金额	余额
月 日			包装费	广告费	其他	合计		
			十万千百十元角分	十万千百十元角分	十万千百十元角分	十万千百十元角分	十万千百十元角分	十万千百十元角分

主营业务收入明细账

类别_____品名_____计量单位_____   第   页

年		凭证号	摘要	借方				贷方				余额			
月	日			数量	单价	金额	十万千百十元角分	数量	单价	金额	十万千百十元角分	数量	单价	金额	十万千百十元角分

主营业务成本明细账

类别_____品名_____计量单位_____   第   页

年		凭证号	摘要	借方				贷方				余额			
月	日			数量	单位成本	金额	十万千百十元角分	数量	单位成本	金额	十万千百十元角分	数量	单位成本	金额	十万千百十元角分

营业外收入明细账

第　　页

年	月	日	凭证号	摘要	借方金额 十万千百十元角分	贷方发生额			合计	余额
						罚款净收入 十万千百十元角分	非流动资产处置利得 十万千百十元角分	盘盈利得 十万千百十元角分	其他 十万千百十元角分	十万千百十元角分	十万千百十元角分

· 53 ·

营业外支出明细账

第　　页

年		凭证号	摘要	借方发生额				贷方金额	金额
月	日			非流动资产处置损失	捐赠支出	非常损失	其他	合计	
				十万千百十元角分	十万千百十元角分	十万千百十元角分	十万千百十元角分	十万千百十元角分	十万千百十元角分

固定资产及累计折旧明细账

二级科目_____   第_____页

年		凭证号数	摘要	原值			折旧			净值
月	日			借方	贷方	余额	借方	贷方	余额	

固定资产及累计折旧明细账

二级科目_____   第_____页

年		凭证号数	摘要	原值			折旧			净值
月	日			借方	贷方	余额	借方	贷方	余额	

固定资产及累计折旧明细账

二级科目_____　　　　　　　　　　　　　　　　第_____页

年		凭证号数	摘要	原值			折旧			净值
月	日			借方	贷方	余额	借方	贷方	余额	

固定资产及累计折旧明细账

二级科目_____　　　　　　　　　　　　　　　　第_____页

年		凭证号数	摘要	原值			折旧			净值
月	日			借方	贷方	余额	借方	贷方	余额	

固定资产及累计折旧明细账

二级科目_____　　　　　　　　　　　　　　第_____页

年		凭证号数	摘要	原值			折旧			净值
月	日			借方	贷方	余额	借方	贷方	余额	

固定资产及累计折旧明细账

二级科目_____　　　　　　　　　　　　　　第_____页

年		凭证号数	摘要	原值			折旧			净值
月	日			借方	贷方	余额	借方	贷方	余额	

固定资产及累计折旧明细账

二级科目_____   第_____页

年		凭证号数	摘要	原值			折旧			净值
月	日			借方	贷方	余额	借方	贷方	余额	

固定资产及累计折旧明细账

二级科目_____   第_____页

年		凭证号数	摘要	原值			折旧			净值
月	日			借方	贷方	余额	借方	贷方	余额	

本年利润明细账

第　　页

年		凭证号	摘要	借方金额								贷方金额				借或贷	余额
月	日			主营业务成本	税金及附加	销售费用	管理费用	财务费用	营业外支出	信用减值损失	所得税费用	转入未分配利润	合计	主营业务收入	营业外收入	转入未分配利润	合计		

在途物资明细账

名称或类别：＿＿＿＿＿＿＿＿ 计量单位：＿＿＿＿＿＿＿＿ 第　　页

年		凭证号	摘要	购入数量	单位进价	借方			贷方				余额
月	日					买价	运杂费	借方合计	入库日期		凭证号	摘要	实际成本
						百十万千百十元角分	百十万千百十元角分	百十万千百十元角分	月	日			百十万千百十元角分	百十万千百十元角分

原 材 料 明 细 账

名称_____

规格_____ 计量单位_____ 第_____页

年		凭证编号	摘要	收入（借方）			发出（贷方）			结存（余额）		
月	日			数量	单位成本	金额 十万千百十元角分	数量	单位成本	金额 十万千百十元角分	数量	单位成本	金额 十万千百十元角分

原 材 料 明 细 账

名称_____

规格_____ 计量单位_____ 第_____页

年		凭证编号	摘要	收入（借方）			发出（贷方）			结存（余额）		
月	日			数量	单位成本	金额 十万千百十元角分	数量	单位成本	金额 十万千百十元角分	数量	单位成本	金额 十万千百十元角分

原 材 料 明 细 账

名称_____

规格_____ 计量单位_____ 第_____页

年		凭证编号	摘要	收入(借方)									发出(贷方)									结存(余额)								
月	日			数量	单位成本	金额							数量	单位成本	金额							数量	单位成本	金额						
						十	万	千	百	十	元	角	分			十	万	千	百	十	元	角	分			十	万	千	百	十	元	角	分

原 材 料 明 细 账

名称_____

规格_____ 计量单位_____ 第_____页

年		凭证编号	摘要	收入(借方)									发出(贷方)									结存(余额)								
月	日			数量	单位成本	金额							数量	单位成本	金额							数量	单位成本	金额						
						十	万	千	百	十	元	角	分			十	万	千	百	十	元	角	分			十	万	千	百	十	元	角	分

周 转 材 料 明 细 账

名称_____

规格_____ 计量单位_____ 第_____页

年		凭证编号	摘要	收 入（借 方）			发 出（贷 方）			结 存（余 额）		
月	日			数量	单位成本	金额 十万千百十元角分	数量	单位成本	金额 十万千百十元角分	数量	单位成本	金额 十万千百十元角分

周 转 材 料 明 细 账

名称_____

规格_____ 计量单位_____ 第_____页

年		凭证编号	摘要	收 入（借 方）			发 出（贷 方）			结 存（余 额）		
月	日			数量	单位成本	金额 十万千百十元角分	数量	单位成本	金额 十万千百十元角分	数量	单位成本	金额 十万千百十元角分

库 存 商 品 明 细 账

名称_____

规格_____ 计量单位_____   第_____页

年		凭证编号	摘要	收入（借方）			发出（贷方）			结存（余额）		
月	日			数量	单位成本	金额 十万千百十元角分	数量	单位成本	金额 十万千百十元角分	数量	单位成本	金额 十万千百十元角分

库 存 商 品 明 细 账

名称_____

规格_____ 计量单位_____   第_____页

年		凭证编号	摘要	收入（借方）			发出（贷方）			结存（余额）		
月	日			数量	单位成本	金额 十万千百十元角分	数量	单位成本	金额 十万千百十元角分	数量	单位成本	金额 十万千百十元角分

总　　账

账 簿 使 用 登 记 表

单 位 名 称		印花粘贴处
账 簿 名 称		
起 讫 页 数	自　　页起至　　页止共　　页	
启 用 日 期	年　　月　　日	
停 用 日 期	年　　月　　日	

经管人员姓名	接 管 日 期	交 出 日 期	经管人员盖章	会计主管人员盖章
	年　月　日	年　月　日		
	年　月　日	年　月　日		
	年　月　日	年　月　日		
	年　月　日	年　月　日		
	年　月　日	年　月　日		
	年　月　日	年　月　日		

备注		单 位 公 章

目 录 表

科目代号	科目名称	账 页	
		起 页	止 页

目 录 表

科目代号	科目名称	账 页	
		起 页	止 页

总 账

会计科目＿＿＿＿＿＿＿＿　　　　　　　　　　　　　　　　　　　第＿＿＿＿＿页

年		凭证号	摘要	借方 十亿千百十万千百十元角分	贷方 十亿千百十万千百十元角分	借或贷	余额 十亿千百十万千百十元角分
月	日						

总 账

会计科目＿＿＿＿＿＿＿＿　　　　　　　　　　　　　　　　　　　第＿＿＿＿＿页

年		凭证号	摘要	借方 十亿千百十万千百十元角分	贷方 十亿千百十万千百十元角分	借或贷	余额 十亿千百十万千百十元角分
月	日						

总 账

会计科目_____　　　　　　　　　　　　　　　　　　　第_____页

年		凭证号	摘要	借方											贷方											借或贷	余额										
月	日			十	亿	千	百	十	万	千	百	十	元	角	分	十	亿	千	百	十	万	千	百	十	元	角	分		十	亿	千	百	十	万	千	百	十	元	角	分

总 账

会计科目_____　　　　　　　　　　　　　　　　　　　第_____页

年		凭证号	摘要	借方											贷方											借或贷	余额										
月	日			十	亿	千	百	十	万	千	百	十	元	角	分	十	亿	千	百	十	万	千	百	十	元	角	分		十	亿	千	百	十	万	千	百	十	元	角	分

总　　账

会计科目_____　　　　　　　　　　　　　　　　　第_____页

年		凭证号	摘要	借方											贷方											借或贷	余额										
月	日			十	亿	千	百	十	万	千	百	十	元	角	分	十	亿	千	百	十	万	千	百	十	元	角	分		十	亿	千	百	十	万	千	百	十	元	角	分

总　　账

会计科目_____　　　　　　　　　　　　　　　　　第_____页

年		凭证号	摘要	借方											贷方											借或贷	余额										
月	日			十	亿	千	百	十	万	千	百	十	元	角	分	十	亿	千	百	十	万	千	百	十	元	角	分		十	亿	千	百	十	万	千	百	十	元	角	分

总 账

会计科目_____　　　　　　　　　　　　　　　第_____页

年		凭证号	摘要	借方										贷方										借或贷	余额									
月	日			十	亿	千	百	十	万	千	百	十	元	角	分	十	亿	千	百	十	万	千	百	十	元	角	分		十	亿	千	百	十	万	千	百	十	元	角	分

总 账

会计科目_____　　　　　　　　　　　　　　　第_____页

年		凭证号	摘要	借方										贷方										借或贷	余额									
月	日			十	亿	千	百	十	万	千	百	十	元	角	分	十	亿	千	百	十	万	千	百	十	元	角	分		十	亿	千	百	十	万	千	百	十	元	角	分

总　　账

会计科目＿＿＿＿＿＿＿＿　　　　　　　　　　　　　　　　　第＿＿＿＿页

年		凭证号	摘要	借方										贷方										借或贷	余额									
月	日			十	亿	千	百	十	万	千	百	十	元	角	分	十	亿	千	百	十	万	千	百	十	元	角	分		十	亿	千	百	十	万	千	百	十	元	角	分

总　　账

会计科目＿＿＿＿＿＿＿＿　　　　　　　　　　　　　　　　　第＿＿＿＿页

年		凭证号	摘要	借方										贷方										借或贷	余额									
月	日			十	亿	千	百	十	万	千	百	十	元	角	分	十	亿	千	百	十	万	千	百	十	元	角	分		十	亿	千	百	十	万	千	百	十	元	角	分

总 账

会计科目_____   第_____页

年		凭证号	摘要	借方 十亿千百十万千百十元角分	贷方 十亿千百十万千百十元角分	借或贷	余额 十亿千百十万千百十元角分
月	日						

总 账

会计科目_____   第_____页

年		凭证号	摘要	借方 十亿千百十万千百十元角分	贷方 十亿千百十万千百十元角分	借或贷	余额 十亿千百十万千百十元角分
月	日						

总 账

会计科目_____　　　　　　　　　　　　　　　　第_____页

年		凭证号	摘要	借方											贷方											借或贷	余额										
月	日			十	亿	千	百	十	万	千	百	十	元	角	分	十	亿	千	百	十	万	千	百	十	元	角	分		十	亿	千	百	十	万	千	百	十	元	角	分

总 账

会计科目_____　　　　　　　　　　　　　　　　第_____页

年		凭证号	摘要	借方											贷方											借或贷	余额										
月	日			十	亿	千	百	十	万	千	百	十	元	角	分	十	亿	千	百	十	万	千	百	十	元	角	分		十	亿	千	百	十	万	千	百	十	元	角	分

总 账

会计科目_____   第_____页

年		凭证号	摘要	借方 十亿千百十万千百十元角分	贷方 十亿千百十万千百十元角分	借或贷	余额 十亿千百十万千百十元角分
月	日						

总 账

会计科目_____   第_____页

年		凭证号	摘要	借方 十亿千百十万千百十元角分	贷方 十亿千百十万千百十元角分	借或贷	余额 十亿千百十万千百十元角分
月	日						

总 账

会计科目_____　　　　　　　　　　　　　第_____页

年		凭证号	摘要	借方 十亿千百十万千百十元角分	贷方 十亿千百十万千百十元角分	借或贷	余额 十亿千百十万千百十元角分
月	日						

总 账

会计科目_____　　　　　　　　　　　　　第_____页

年		凭证号	摘要	借方 十亿千百十万千百十元角分	贷方 十亿千百十万千百十元角分	借或贷	余额 十亿千百十万千百十元角分
月	日						

总 账

会计科目_____　　　　　　　　　　　　　　　　　　第_____页

年		凭证号	摘要	借方											贷方											借或贷	余额										
月	日			十	亿	千	百	十	万	千	百	十	元	角	分	十	亿	千	百	十	万	千	百	十	元	角	分		十	亿	千	百	十	万	千	百	十	元	角	分

总 账

会计科目_____　　　　　　　　　　　　　　　　　　第_____页

年		凭证号	摘要	借方											贷方											借或贷	余额										
月	日			十	亿	千	百	十	万	千	百	十	元	角	分	十	亿	千	百	十	万	千	百	十	元	角	分		十	亿	千	百	十	万	千	百	十	元	角	分

总　　账

会计科目＿＿＿＿＿＿＿＿　　　　　　　　　　　　　　　　　　第＿＿＿＿＿＿页

年		凭证号	摘要	借　方											贷　方											借或贷	余　额										
月	日			十	亿	千	百	十	万	千	百	十	元	角	分	十	亿	千	百	十	万	千	百	十	元	角	分		十	亿	千	百	十	万	千	百	十	元	角	分

总　　账

会计科目＿＿＿＿＿＿＿＿　　　　　　　　　　　　　　　　　　第＿＿＿＿＿＿页

年		凭证号	摘要	借　方											贷　方											借或贷	余　额										
月	日			十	亿	千	百	十	万	千	百	十	元	角	分	十	亿	千	百	十	万	千	百	十	元	角	分		十	亿	千	百	十	万	千	百	十	元	角	分

总　　账

会计科目_____　　　　　　　　　　　　　　　　第_____页

年		凭证号	摘要	借方											贷方											借或贷	余额										
月	日			十	亿	千	百	十	万	千	百	十	元	角	分	十	亿	千	百	十	万	千	百	十	元	角	分		十	亿	千	百	十	万	千	百	十	元	角	分

总　　账

会计科目_____　　　　　　　　　　　　　　　　第_____页

年		凭证号	摘要	借方											贷方											借或贷	余额										
月	日			十	亿	千	百	十	万	千	百	十	元	角	分	十	亿	千	百	十	万	千	百	十	元	角	分		十	亿	千	百	十	万	千	百	十	元	角	分

总　　账

会计科目＿＿＿＿＿＿＿＿　　　　　　　　　　　　　　　　　　第＿＿＿＿页

年		凭证号	摘要	借方											贷方											借或贷	余额										
月	日			十	亿	千	百	十	万	千	百	十	元	角	分	十	亿	千	百	十	万	千	百	十	元	角	分		十	亿	千	百	十	万	千	百	十	元	角	分

总　　账

会计科目＿＿＿＿＿＿＿＿　　　　　　　　　　　　　　　　　　第＿＿＿＿页

年		凭证号	摘要	借方											贷方											借或贷	余额										
月	日			十	亿	千	百	十	万	千	百	十	元	角	分	十	亿	千	百	十	万	千	百	十	元	角	分		十	亿	千	百	十	万	千	百	十	元	角	分

总　　账

会计科目_____　　　　　　　　　　　　　　　　　第_____页

年		凭证号	摘要	借方											贷方											借或贷	余额										
月	日			十	亿	千	百	十	万	千	百	十	元	角	分	十	亿	千	百	十	万	千	百	十	元	角	分		十	亿	千	百	十	万	千	百	十	元	角	分

总　　账

会计科目_____　　　　　　　　　　　　　　　　　第_____页

年		凭证号	摘要	借方											贷方											借或贷	余额										
月	日			十	亿	千	百	十	万	千	百	十	元	角	分	十	亿	千	百	十	万	千	百	十	元	角	分		十	亿	千	百	十	万	千	百	十	元	角	分

总 账

会计科目＿＿＿＿＿＿＿＿　　　　　　　　　　　　　　　　　第＿＿＿＿＿＿页

年		凭证号	摘要	借方											贷方											借或贷	余额										
月	日			十	亿	千	百	十	万	千	百	十	元	角	分	十	亿	千	百	十	万	千	百	十	元	角	分		十	亿	千	百	十	万	千	百	十	元	角	分

总 账

会计科目＿＿＿＿＿＿＿＿　　　　　　　　　　　　　　　　　第＿＿＿＿＿＿页

年		凭证号	摘要	借方											贷方											借或贷	余额										
月	日			十	亿	千	百	十	万	千	百	十	元	角	分	十	亿	千	百	十	万	千	百	十	元	角	分		十	亿	千	百	十	万	千	百	十	元	角	分

总 账

会计科目_____　　　　　　　　　　　第_____页

年		凭证号	摘要	借方											贷方											借或贷	余额										
月	日			十	亿	千	百	十	万	千	百	十	元	角	分	十	亿	千	百	十	万	千	百	十	元	角	分		十	亿	千	百	十	万	千	百	十	元	角	分

总 账

会计科目_____　　　　　　　　　　　第_____页

年		凭证号	摘要	借方											贷方											借或贷	余额										
月	日			十	亿	千	百	十	万	千	百	十	元	角	分	十	亿	千	百	十	万	千	百	十	元	角	分		十	亿	千	百	十	万	千	百	十	元	角	分

总　　账

会计科目_____　　　　　　　　　　　　　　　第_____页

年		凭证号	摘要	借方											贷方											借或贷	余额										
月	日			十	亿	千	百	十	万	千	百	十	元	角	分	十	亿	千	百	十	万	千	百	十	元	角	分		十	亿	千	百	十	万	千	百	十	元	角	分

总　　账

会计科目_____　　　　　　　　　　　　　　　第_____页

年		凭证号	摘要	借方											贷方											借或贷	余额										
月	日			十	亿	千	百	十	万	千	百	十	元	角	分	十	亿	千	百	十	万	千	百	十	元	角	分		十	亿	千	百	十	万	千	百	十	元	角	分

总　账

会计科目＿＿＿＿＿＿＿＿　　　　　　　　　　　　　　　　　　第＿＿＿＿页

年		凭证号	摘要	借方											贷方											借或贷	余额										
月	日			十	亿	千	百	十	万	千	百	十	元	角	分	十	亿	千	百	十	万	千	百	十	元	角	分		十	亿	千	百	十	万	千	百	十	元	角	分

总　账

会计科目＿＿＿＿＿＿＿＿　　　　　　　　　　　　　　　　　　第＿＿＿＿页

年		凭证号	摘要	借方											贷方											借或贷	余额										
月	日			十	亿	千	百	十	万	千	百	十	元	角	分	十	亿	千	百	十	万	千	百	十	元	角	分		十	亿	千	百	十	万	千	百	十	元	角	分

总　　账

会计科目＿＿＿＿＿＿＿＿＿　　　　　　　　　　　　　　　　　　　　　第＿＿＿＿＿页

年		凭证号	摘要	借方 十亿千百十万千百十元角分	贷方 十亿千百十万千百十元角分	借或贷	余额 十亿千百十万千百十元角分
月	日						

总　　账

会计科目＿＿＿＿＿＿＿＿＿　　　　　　　　　　　　　　　　　　　　　第＿＿＿＿＿页

年		凭证号	摘要	借方 十亿千百十万千百十元角分	贷方 十亿千百十万千百十元角分	借或贷	余额 十亿千百十万千百十元角分
月	日						

总 账

会计科目_____　　　　　　　　　　　　　　　　第_____页

年		凭证号	摘要	借方											贷方											借或贷	余额										
月	日			十	亿	千	百	十	万	千	百	十	元	角	分	十	亿	千	百	十	万	千	百	十	元	角	分		十	亿	千	百	十	万	千	百	十	元	角	分

总 账

会计科目_____　　　　　　　　　　　　　　　　第_____页

年		凭证号	摘要	借方											贷方											借或贷	余额										
月	日			十	亿	千	百	十	万	千	百	十	元	角	分	十	亿	千	百	十	万	千	百	十	元	角	分		十	亿	千	百	十	万	千	百	十	元	角	分

总 账

会计科目＿＿＿＿＿＿＿＿　　　　　　　　　　　　　　　　　第＿＿＿＿页

年		凭证号	摘要	借方											贷方											借或贷	余额										
月	日			十亿	千	百	十万	千	百	十	元	角	分	十亿	千	百	十万	千	百	十	元	角	分		十亿	千	百	十万	千	百	十	元	角	分

总 账

会计科目＿＿＿＿＿＿＿＿　　　　　　　　　　　　　　　　　第＿＿＿＿页

年		凭证号	摘要	借方											贷方											借或贷	余额										
月	日			十亿	千	百	十万	千	百	十	元	角	分	十亿	千	百	十万	千	百	十	元	角	分		十亿	千	百	十万	千	百	十	元	角	分

总 账

会计科目＿＿＿＿＿＿＿＿ 第＿＿＿＿页

年		凭证号	摘要	借方											贷方											借或贷	余额										
月	日			十	亿	千	百	十	万	千	百	十	元	角	分	十	亿	千	百	十	万	千	百	十	元	角	分		十	亿	千	百	十	万	千	百	十	元	角	分

总 账

会计科目＿＿＿＿＿＿＿＿ 第＿＿＿＿页

年		凭证号	摘要	借方											贷方											借或贷	余额										
月	日			十	亿	千	百	十	万	千	百	十	元	角	分	十	亿	千	百	十	万	千	百	十	元	角	分		十	亿	千	百	十	万	千	百	十	元	角	分

总　　账

会计科目_____　　　　　　　　　　　　　　　　　第_____页

年		凭证号	摘要	借方											贷方											借或贷	余额										
月	日			十	亿	千	百	十	万	千	百	十	元	角	分	十	亿	千	百	十	万	千	百	十	元	角	分		十	亿	千	百	十	万	千	百	十	元	角	分

总　　账

会计科目_____　　　　　　　　　　　　　　　　　第_____页

年		凭证号	摘要	借方											贷方											借或贷	余额										
月	日			十	亿	千	百	十	万	千	百	十	元	角	分	十	亿	千	百	十	万	千	百	十	元	角	分		十	亿	千	百	十	万	千	百	十	元	角	分

总 账

会计科目_____　　　　　　　　　　　　第_____页

年		凭证号	摘要	借方 十亿千百十万千百十元角分	贷方 十亿千百十万千百十元角分	借或贷	余额 十亿千百十万千百十元角分
月	日						

总 账

会计科目_____　　　　　　　　　　　　第_____页

年		凭证号	摘要	借方 十亿千百十万千百十元角分	贷方 十亿千百十万千百十元角分	借或贷	余额 十亿千百十万千百十元角分
月	日						

资产负债表（简表）

会企01表

编制单位： 年 月 日 单位：元

资产	期末余额	上年年末余额	负债和所有者权益（或股东权益）	期末余额	上年年末余额
流动资产：			流动负债：		
货币资金			短期借款		
交易性金融资产			交易性金融负债		
应收票据			应付票据		
应收账款			应付账款		
预付款项			预收款项		
其他应收款			合同负债		
存货			应付职工薪酬		
合同资产			应交税费		
持有待售资产			其他应付款		
一年内到期的非流动资产			持有待售负债		
其他流动资产			一年内到期的非流动负债		
流动资产合计			其他流动负债		
非流动资产：			流动负债合计		
债权投资			非流动负债：		
其他债权投资			长期借款		
长期应收款			应付债券		
长期股权投资			长期应付款		
其他权益工具投资			预计负债		
其他非流动金融资产			递延收益		
投资性房地产			递延所得税负债		
固定资产			其他非流动负债		
在建工程			非流动负债合计		
生产性生物资产			负债合计		
无形资产			所有者权益（或股东权益）：		
开发支出			实收资产（或股本）		
商誉			资本公积		
长期待摊费用			其他综合收益		
递延所得税资产			盈余公积		
其他非流动资产			未分配利润		
非流动资产合计			所有者权益（或股东权益）合计		
资产总计			负债和所有者权益（或股东权益）总计		

利润表（简表）

会企 02 表

编制单位：　　　　　　　　　年　月　　　　　　　　　　单位：元

项　目	本期金额	上期金额
一、营业收入		
减：营业成本		
税金及附加		
销售费用		
管理费用		
研发费用		
财务费用		
其中：利息费用		
利息收入		
加：其他收益		
投资收益（损失以"－"号填列）		
其中：对联营企业和合营企业的投资收益		
公允价值变动收益（损失以"－"号填列）		
信用减值损失（损失以"－"号填列）		
资产减值损失（损失以"－"号填列）		
资产处置收益（损失以"－"号填列）		
二、营业利润（亏损以"－"号填列）		
加：营业外收入		
减：营业外支出		
三、利润总额（亏损总额以"－"号填列）		
减：所得税费用		
四、净利润（净亏损以"－"号填列）		
五、其他综合收益的税后净额		